Wanderführer Odenwald

Die schönsten Wanderungen

- Rundwanderungen
- Streckenwanderungen

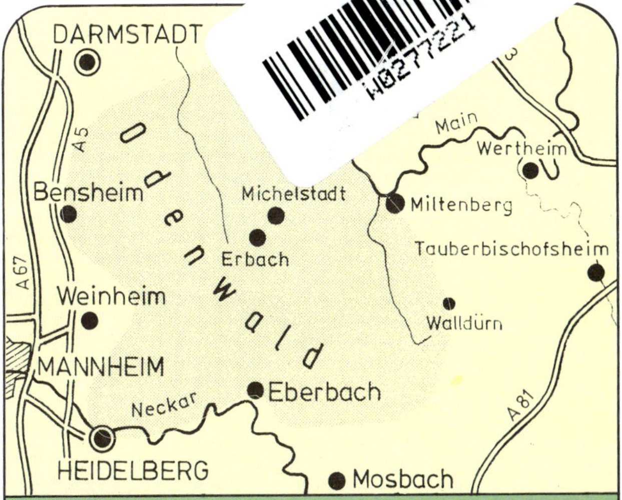

In Zusammenarbeit mit dem Deutschen Jugendherbergswerk

Kompass-Wanderführer

Wanderführer Odenwald

Ausgewählt, begangen
und beschrieben
von Heribert Schiller

Deutscher Wanderverlag
Dr. Mair & Schnabel & Co. · Stuttgart

wandern + radwandern

Die große Wanderbuch-Reihe
für grenzenloses Wandern

Gesamte Kartographie:
Ing.-Büro Adolf Benjes

Umschlagbild:

Amorbach
(*Foto:* Ulrich Schnabel)

Bild auf Seite 2:

Blick auf Burg Lindenfels
(*Foto:* Stadt Lindenfels)

ISBN 3-8134-0161-8

3. Auflage 1990

Satz: Remsdruckerei Schwäbisch Gmünd
Druck: Siegfried Roth, D-7311 Owen/Teck
Printed in Germany

INHALT

Rundwanderungen

Heppenheim, Marktplatz
Verkehrsverbindungen zu Tour 36, 37, 62, 74
(Foto: Verkehrs- und Presseamt Heppenheim)

Streckenwanderungen

Lehrpfade

Bilderverzeichnis

Orts- und Sachverzeichnis

Nummernangaben der betreffenden Wanderungen

Zu Tour 2, 59 **Mümling mit Rathaus und evangelische Stadtkirche**
(Foto: Stadtverwaltung Erbach)

Zu Tour 21 **Fürth** (Foto: Verkehrsamt Fürth/Friedrich Kopetzky)

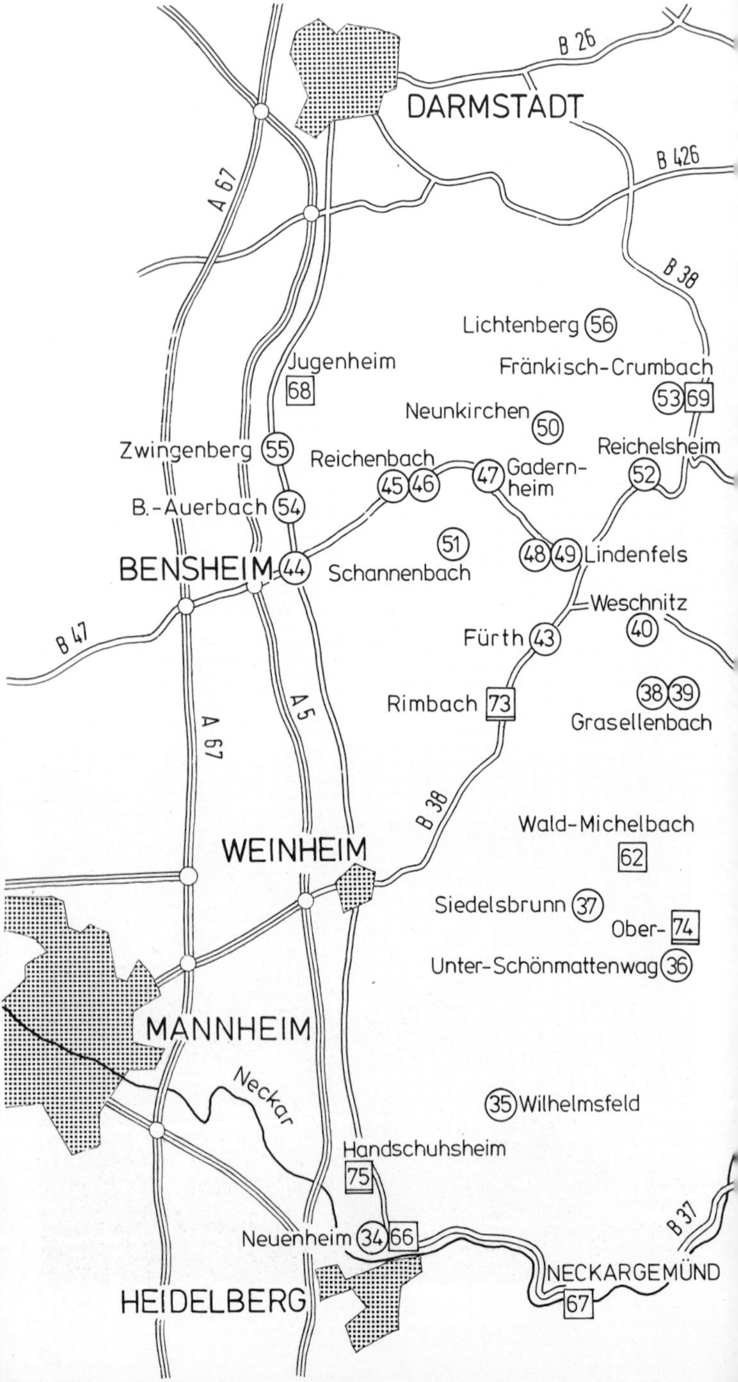
B 26
DARMSTADT
B 426
A 67
B 38
Lichtenberg 56
Jugenheim 68
Fränkisch-Crumbach 53 69
Neunkirchen 50
Zwingenberg 55
Reichenbach 45 46
47 Gadern-heim
Reichelsheim 52
B.-Auerbach 54
BENSHEIM 44
51
Schannenbach
48 49 Lindenfels
Weschnitz 40
B 47
Fürth 43
38 39 Grasellenbach
Rimbach 73
A 67
A 5
B 38
Wald-Michelbach 62
WEINHEIM
Siedelsbrunn 37
Ober- 74
Unter-Schönmattenwag 36
MANNHEIM
Neckar
35 Wilhelmsfeld
Handschuhsheim 75
B 37
Neuenheim 34 66
NECKARGEMÜND 67
HEIDELBERG

60 GROSS-UMSTADT
Nord
B 426
63 Obernburg
59 Breuberg-Neustadt
B 469
Main
58 Annelsbach
Böllstein
57
8 9 Bad König
Kimbach 72
Vielbrunn
10 11 64
MILTENBERG
14 15 16 70
B 47
4 Steinbach
13
Mainbullau
1 2 3 71 MICHELSTADT
42
12
Weckbach
ber-Mossau
B 47
5 6 7
ERBACH
23 Würzberg
17 18 19 AMORBACH
B 460
20 Kirchzell
Reisenkreuz
65
WALLDÜRN 21
31 32 BEERFELDEN
B 45
Gammelsbach
30
Friedrichsdorf
24
BUCHEN 22
25 Reisenbach
B 27
EBERBACH
Waldkatzenbach
28
26 Wagenschwend
urg
27
Mülben
33 61
HIRSCHHORN
29 Zwingenberg
Neckar
Ausgangspunkte der
Rundwanderungen
Streckenwanderungen
Lehrpfade

Der Odenwald

Auf der Strecke durch den Odenwald führt die Bundesstraße 47 die Bezeichnung Nibelungenstraße. Als die Burgunder noch zu Worms am Rhein residierten, sollen sie auf dieser Route in den Odenwald, eines ihrer beliebtesten Jagdreviere, gezogen sein.

Anstelle von Rittern und Reisigen ziehen heute auf dieser Strecke Urlauber und Wochenendausflügler entlang, denn aus dem »öden Wald«, wie eine der Auslegungen des Namens Odenwald lautet, ist längst ein beliebtes Ferien- und Naherholungsgebiet geworden.

Doch trotz eines relativ regen Fremdenverkehrs ist diese Mittelgebirgslandschaft zwischen Rhein, Main und Neckar eine natürliche Insel der Ruhe geblieben. So führen denn auch die schmucken Odenwaldstädtchen und Dörfer, fernab vom gehetzten Alltag, ein mehr oder weniger verträumtes Dasein.

Stolze Burgen und Schlösser, teils mit wertvollen Sammlungen ausgestattet, zeugen von der geschichtlichen Vergangenheit im Odenwald ebenso wie ehrwürdige Baudenkmäler und viele schöne Fachwerkhäuser. Vielfach reichen die großen, weiten Wälder bis an die Ortschaften heran und laden ein zu erholsamen Wanderungen in erfrischender Höhenluft.

Mit 626 Metern Höhe ist der auf einem Plateau im Hohen Odenwald gelegene Katzenbuckel der höchste Odenwaldberg. Er wird gefolgt von der Neunkircher Höhe (605 m) im Nordosten des Mittelgebirges, wo noch eine Reihe weiterer Gipfel die 500-Meter-Marke überschreiten.

Während im allgemeinen für die meisten von uns die Arbeitszeiten kürzer, Urlaub und Freizeit länger werden, nehmen dagegen die Anforderungen, denen wir sowohl am Arbeitsplatz als auch privat ausgesetzt sind, ständig zu, sind Leistungsdruck und Streß der Preis, den wir für den sogenannten Fortschritt zahlen müssen.

Um die Freizeit sinnvoll zu nutzen, um sich richtig zu entspannen und zu erholen, sollte man das Gegenteil von dem tun, wozu man im Alltag kaum Möglichkeit hat: sich in frischer Luft und freier Natur bewegen!

Der sozusagen vor der Haustür der Ballungszentren gelegene Odenwald bietet dafür die idealen Voraussetzungen, gibt es doch in den weiten Wäldern, auf den aussichtsreichen Höhen und in den stillen Tälern noch viele Wege, die von der Motorisierung noch unberührt sind, die dem Wanderer neben heilsamer Ruhe

Zu Tour 8, 9 **Bad König, Schloßplatz mit altem Schloß von 1559 und »neuem« Schloß von 1793** (Foto: Verkehrsbüro der Kurverwaltung Bad König)

schöne, erlebnisreiche und erholsame Stunden in freier Natur gewähren.

Die in diesem Buch empfohlenen Wanderungen stützen sich hauptsächlich auf die Markierungen des rührigen Odenwaldklubs, der dieses Mittelgebirge mit einem wohldurchdachten Netz von Haupt-, Neben- und Randwegen überzogen hat. Hinzu kommen noch die von über 400 Parkplätzen ausgehenden, vom Verein Naturpark-Bergstraße angelegten zahlreichen Rundwanderwege.

Sollten sich, was ich nicht hoffe, irgendwelche Fehler eingeschlichen haben, oder sollte sich im Laufe der Zeit bei Wegverlauf, Markierung oder Sonstigem etwas ändern, dann, lieber Wanderer, teilen Sie das doch dem Verlag mit, damit dieser Wanderführer stets auf den neuesten Stand gebracht werden kann. Für ihre Hilfe ein Dankeschön im voraus.

Bei den in diesem Buch aufgeführten Wanderkarten handelt es sich um die vier Blätter der offiziellen Odenwaldkarte des Naturparkvereins. Die Blätter Nordwest und Nordost hat das Hessische Landesvermessungsamt, Südwest und Südost das Baden-Württembergische Landesvermessungsamt herausgegeben.

Ich hoffe, liebe Wanderfreunde, daß Ihnen das Wandern im Odenwald genauso viel Freude bereitet wie mir, als ich dort für dieses Buch erkundend unterwegs war, und wünsche Ihnen viele schöne, stets vom richtigen Wetter begleitete Stunden beim Wandern, Entdecken und Erleben im Odendwald.

Heribert Schiller

1 Michelstadt – Jagdschloß Eulbach – Ernsbach – Habermannskreuz – Michelstadt

Verkehrsmöglichkeiten Michelstadt liegt im Zentrum des Odenwaldes und im Schnittpunkt zwei bekannter Touristenstraßen, der Ferienstraße Alpen – Ostsee (Bundesstraße 45) und der Nibelungenstraße (Bundesstraße 47). Michelstadt ist auch bequem mit der Bahn zu erreichen; der Ort liegt an der Strecke Darmstadt – Eberbach/Neckar bzw. Frankfurt/Main – Stuttgart (D-Zug-Station). Busverbindung nach Darmstadt, Eberbach, Hanau, Heppenheim, Weinheim, Worms.
Parkmöglichkeiten Großparkplatz an der Bundesstraße 45/47. Von hier direkter Fußweg (etwa 200 Meter) in die Innenstadt.
Wegmarkierungen Gelbes Dreieck bis Jagdschloß Eulbach, weiße Raute bis Ernsbach, auf den Kopf gestelltes gelbes T bis Michelstadt.
Tourenlänge Etwa 15 km.
Wanderzeit Etwa 4$^1/_2$ bis 5 Stunden.
Höhenunterschiede Etwa 350 m.
Wanderkarte 1:50 000 Odenwald, Blatt Nordwest.
Wissenswertes Vom Großparkplatz an der Bundesstraße 45/47 führt ein direkter Fußweg (etwa 200 Meter) in die Altstadt und zum Marktplatz von Michelstadt, der von dem wohl bekanntesten Odenwälder Bauwerk, dem Fachwerk-Rathaus, beherrscht wird. Kenner bezeichnen das Michelstädter Rathaus auch als den wohl originellsten Fachwerkbau Deutschlands. Die offene Halle diente einst zur Abhaltung der Märkte und Gerichtsverhandlungen. Das Obergeschoß mit seinen zwei Erkertürmchen ruht auf zwei mächtigen Eichenpfosten. Durch die Neigung zur Mitte der Fassade lenken sie den Blick auf die überragende, mit einer hohen Haube gekrönten Giebelspitze, die das Rathausglöcklein beherbergt. Das Erbauungsjahr des Rathauses, in gotischen Ziffern an der Nordseite des Gebäudes angebracht, besagt, daß es bereits 1484 – also acht Jahre vor der Entdeckung Amerikas – erstellt wurde.

Die hinter dem Rathaus aufragende, gleichaltrige Kirche enthält bedeutsame Grabdenkmäler von der Gotik an.

Der Marktbrunnen ist eine Stiftung von Graf Georg II. von Erbach-Fürstenau. Das Standbild auf dem Brunnen stellt den Erzengel Michael mit der Seelenwaage und dem Flammenschwert dar.

Einen weiteren Zeugen geschichtlicher Vergangenheit findet man, wenn man dem Rathaus gegenüber in die Einhardspforte einbiegt: das mächtige Geviert der Kellerei.

Die Michelstädter Kellerei, jene urtümliche Burg, ist übrigens der älteste Teil des Städtchens. Im Kellereihof, gesäumt von der mächtigen Zehntscheuer und einem schönen Treppenaufgang, finden heute Freilichtspiele und Konzerte statt.

In der oberen Pfarrgasse steht das Färberhaus, das am besten erhaltene Patrizierhaus Michelstadts, und in der Mauerstraße eine der ältesten (1791 erbauten) Synagogen Deutschlands. Hier lehrte von 1822 bis 1847 der Rabbiner Sekkel Löw Wormser, bekannt als Bal-Schem (Wundermann) von Michelstadt. Heute befindet sich in dem Gebäude ein jüdisches Museum.

Beachtenswert sind u. a. auch die westlich des Bahnhofs gelegene Einhardsbasilika von 827, das Elfenbeinmuseum, das Spielzeugmuseum und das Odenwaldmuseum.

Weitere Informationen über das altehrwürdige Odenwaldstädtchen Michelstadt erhält man im Städtischen Verkehrsbüro am Marktplatz, das auch, jeweils Mittwoch um 10 Uhr und nach Vereinbarung, Stadtführungen anbietet.

Das an der B 47 (Nibelungenstraße) zwischen Michelstadt und Amorbach gelegene Eulbach wird bereits 819 urkundlich erwähnt. Im Dreißigjährigen Krieg wurde das kleine Bauerndorf völlig verwüstet und nicht wieder aufgebaut. Der letzte regierende Erbacher Graf, Franz I., erweiterte 1802 das im Jahre 1770 in der Gemarkung Eulbach im ländlichen Stil erbaute Jägerhaus zum Jagdschloß, das den Erbacher Grafen noch heute als Wohnsitz dient.

Nach Plänen des Kurmainzischen und Kurpfälzischen Hofgartenbaudirektors Friedrich Ludwig von Skell ließ Graf Franz I. gegenüber dem Jagdschloß einen weitläufigen Park im Stil eines englischen Landschaftsgartens anlegen.

Im Park befinden sich Rekonstruktionen von zwei ehemaligen römischen Kastelltoren der Kastelle Eulbach und Würzberg, der Stumpf eines Römerturms, verschiedener Votivsteine, Altäre und Grabsteine.

Neben dem herrlichen Baumbesstand, den verschiedenen Denkmälern, den künstlichen Teichen und der Ruine »Eberhardsburg« kann man in dem reichbestückten Wildgehege heimische Tiere beobachten.

Eine besondere Attraktion bilden die hier seit 1952 erfolgreich gezüchteten Wisente (Büffel).

Der Eulbacher Park ist während des ganzen Jahres täglich in der Zeit von 8.30 bis 17 Uhr geöffnet.

Tourenbeschreibung Ausgehend vom Michelstädter Marktplatz folgen wir zunächst der leicht aufwärts führenden *Braunstraße*, biegen dann mit dem Markierungszeichen gelbes Dreieck nach

Wildpark
Römischer Turm
Michelstädter
Stadtwald
Römischer Turm
Michelstadt
Steinbach
Jagdschloß Eulbach
Forsthaus Silvan
Henningstein
Georgsbuche
Emilienhütte
B 47
Stockheim
Gaststätte
Habermanns-Kreuz
Mangelsbach
B 47
Dorf Erbach
Ernsbach
Erbach
Würzberg
0
0,5
2 km

links in den *Wingertsweg* ein und folgen diesem, weiter ansteigend, bis zum Stadtrand.

Geradeaus weiter und auf einem Feldweg zum Wald. Vorbei an der *Georgsbuche* zur *Emilienhütte* und rechts einbiegend auf eine Forststraße, auf der wir nach etwa 300 Metern den links des Weges stehenden *Henningstein* passieren. Etwa 15 Minuten später erreichen wir das *Forsthaus Silvan* und wandern von hier auf dem *Forstmeister-Louis-Weg* hinüber zur B 47 (Nibelungenstraße).

Ein kurzes Stück an dieser Straße entlang und zum Eingang des *Englischen Gartens*.

Nach einem eventuellen Besuch und/oder einer Einkehr in der Gaststätte Forsthaus (Mittwoch Ruhetag) setzen wir unsere Wanderung fort. Auf dem mit einer weißen Raute markierten Wanderweg geht es, jetzt auf der anderen Straßenseite und am *Jagdschloß Eulbach* vorbei, zunächst ein Stück des Herweges zurück. Dann auf einem Waldpfad weiter bis zum Straßenabzweig Würzberg. Hier knickt unser Weg nach links ab und zieht neben der Straße im Wald entlang.

Nach etwa 500 Metern verlassen wir den Wald, überqueren die Straße und folgen bei der *Waldabteilung Vogelherdschlag* einer Forststraße talwärts bis zum Waldende.

Aus dem Wald tretend sehen wir bereits die ersten Häuser des kleinen Ortes *Ernsbach* vor uns liegen. Auf jetzt befestigtem Weg wandern wir am oberen Dorfrand entlang. Bei der ersten nach rechts abzweigenden Straße verlassen wir das Wegzeichen weiße Raute und folgen dieser Straße abwärts. In die Querstraße biegen wir erneut nach rechts ein und entdecken am Laternenmast unser neues Markierungszeichen, das auf den Kopf gestellte, gelbe T.

Wir gehen auf der Straße hinab zur Ortsmitte von *Ernsbach*. Unten schwenken wir nach links und wandern rechts haltend an der *Gaststätte Dorfgemeinschaftshaus* und am *Kindergarten* vorbei aus dem Ort.

Dem zur Bundesstraße 47 (Nibelungenstraße) führenden Sträßchen folgen wir etwa 500 Meter. Dort, wo das Sträßchen in eine Linkskurve geht und nach rechts ein Fahrweg in den Wald führt, müssen wir Obacht geben.

Wir gehen noch ein paar Schritte auf der Straße weiter und entdecken, daß nach rechts ein Trampelpfad in den Wald führt. Das ist unser Weg. Er bringt uns, steil ansteigend, hinauf zur Nibelungenstraße (Bundesstraße 47), die wir bei der Bushaltestelle Habermannskreuz erreichen.

Wir gehen auf der Straße etwa 100 Meter nach links, überqueren die Straße und folgen einem Fahrweg, vorbei an der *Ausflugsgaststätte Habermannskreuz* (Name nach den Herren von Habern, Gefolgsmannen der Grafen von Erbach), zum Wald.

Auf gut markiertem Weg wandern wir durch den Wald abwärts und nach dessen Ende auf einem Fahrweg geradeaus weiter auf das vor uns liegende Michelstadt zu. Dort überqueren wir den *Stadtring* und bummeln auf der *Friedhofstraße* abwärts und zurück zum Ausgangspunkt.

2 Michelstadt – Waldhorn – Mossauer Höhe – Kreuzeiche – Herrnrod – Sophienhöhe – Waldhorn – Michelstadt

Verkehrsmöglichkeiten Siehe Wanderung Nr. 1.
Parkmöglichkeiten Großparkplatz an der Bundesstraße 45/47.
Wegmarkierungen Gelbes Dreieck bis Mossauer Höhe, weißer Strich bis Herrnrod, rotes Andreaskreuz bis Waldhorn, gelbes Dreieck bis Michelstadt.
Tourenlänge Etwa 12½ km.
Wanderzeit Etwa 3 bis 3½ Stunden.
Höhenunterschiede Etwa 350 m.
Wanderkarte 1:50 000 Odenwald, Blatt Nordwest.
Anmerkung Bei der Kreuzeiche kann man nach links abbiegen und mit der örtlichen Markierung Nr. 1 zum Silberbrünnchen wandern. Von dort weiter, wie bei Hauptwanderung beschrieben. Die Route verkürzt sich dadurch um etwa 2½ Kilometer oder um eine gute halbe Stunde Wanderzeit.
Wissenswertes Michelstadt siehe Wanderung Nr. 1.
Tourenbeschreibung Vom Parkplatz zum *Wiesenweg* und nach rechts zur *Kellereibergstraße*, wo wir die Markierung gelbes Dreieck finden.

Wir folgen diesem Zeichen nach rechts zur nahen Bundesstraße 45/47, welche wir bei der Ampelanlage überqueren. Drüben geht es auf dem *Hammerweg* weiter, über die *Mümling*, die Gleise, durch die Bahnunterführung und auf der *Mossauer Straße* bergauf zum Ortsende und geradewegs weiter, auf einem von alten Bäumen gesäumten Sträßchen zum *Gasthaus Waldhorn.*

Die Route führt am Wanderparkplatz (links) und dem Sportflugplatz (rechts) vorbei und zieht, etwa am Ende des Flugplatzes, nach links in den Wald.

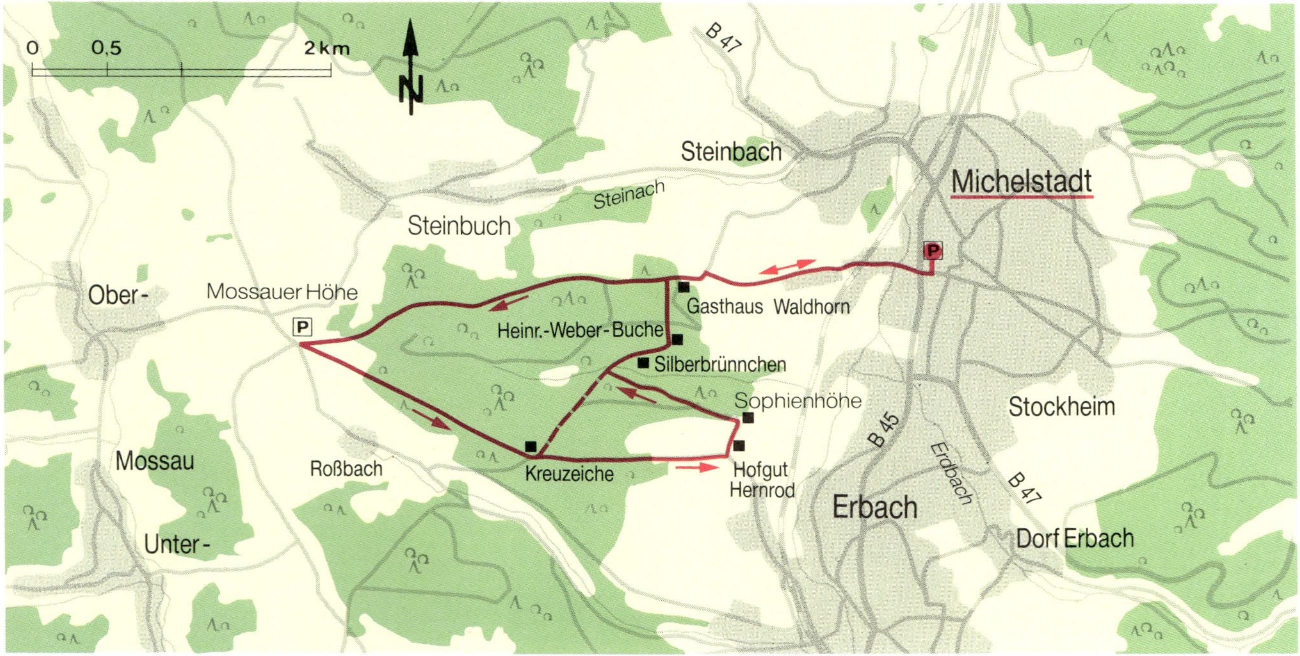
0
0,5
2 km
B 47
Steinbach
Michelstadt
Steinach
Steinbuch
Ober-
Mossauer Höhe
P
P
Gasthaus Waldhorn
Heinr.-Weber-Buche
Silberbrünnchen
Sophienhöhe
Stockheim
B 45
Erdbach
B 47
Mossau
Roßbach
Kreuzeiche
Hofgut
Hernrod
Erbach
Dorf Erbach
Unter-

Ein Waldweg bringt uns zu einer Forststraße, der wir in bisheriger Richtung folgen.

Dort, wo die Forststraße einen Linksbogen macht, verlassen wir diese und gehen, an der Schranke vorbei, geradeaus weiter bis zum Waldende und über freies Feld zum Wanderparkplatz auf der *Mossauer Höhe.*

Von hier oben schweift der Blick fast ungehindert hinüber zu den westlichen und südlichen Erhebungen des Odenwaldes sowie talwärts zu den Dörfern Steinbuch und Roßbach.

Vom Parkplatz gehen wir wenige Schritte auf dem Herweg zurück und bei der Wegdreiteilung auf dem mittleren Weg zum Wald. Auf der sogenannten *Schwarzen Chaussee*, die mit Weißstrich markiert ist, wandern wir hinab zur *Kreuzeiche* (Abkürzungsmöglichkeit) und weiter bis zum Waldende.

Auf einem Fahrweg geht es weiter bis zur Wegekreuzung am *Hofgut Herrnrod.*

Hier treffen wir auf die Markierung rotes Andreaskreuz, biegen diesem folgend links ab und wandern am Waldrand entlang hinauf zum *Aussichtspavillon Sophienhöhe*, mit schönem Blick hinab auf die im Mümlingtal gelegenen Städtchen Erbach und Michelstadt.

Weiter geht es mit dem roten Andreaskreuz. Bei der Weggabel halten wir uns rechts. Nach etwa 1 km verlassen wir die

Zu Tour 1, 2, 3, 71 **Michelstadt** (Foto: Ulrich Schnabel, Archiv DWV)

Forststraße nach rechts und steigen auf einem Pfad hinab zu einer weiteren Forststraße.

Auf dieser kurz nach links und zum *Silberbrünnchen*, wo von der Kreuzeiche kommend die örtliche Markierung Nr. 1 zu uns stößt.

Mit einem großen Schritt überschreiten wir den Silberbrünnlein genannten kleinen Bach und wandern auf einer Forststraße leicht bergauf bis zur *Revierförster-Heinrich-Weber-Buche.*

Wir biegen hier nach links ab und steigen, einem Waldweg folgend, leicht aufwärts zu einer Forststraße, in die wir nach rechts einbiegen.

Nach etwa 200 Metern geht es links ab in den *Parkweg* und zum *Gasthaus Waldhorn.*

Von hier wandern wir auf dem Herweg zurück nach *Michelstadt.*

3 Michelstadt – Weiten-Gesäß – Wildpark Eulbach – Emilienhütte – Eulbacher Weg – Parkplatz Waldschwimmbad

Verkehrsmöglichkeiten Siehe Wanderung Nr. 1.
Parkmöglichkeiten Parkplatz im Kühgrund beim Waldschwimmbad. Anfahrt ab Michelstadt in Richtung Weiten-Gesäß und rechts ab zum Waldschwimmbad.
Wegmarkierungen Gelbes Quadrat bis Weiten-Gesäß, blaues, auf den Kopf gestelltes T bis Eulbach, gelbes Dreieck bis Emilienhütte, ohne Markierung bis Parkplatz Waldschwimmbad.
Tourenlänge Etwa 13 km.
Wanderzeit Etwa 4 Stunden.
Höhenunterschiede Insgesamt etwa 320 m.
Wanderkarte 1:50 000 Odenwald, Blatt Nordwest.
Anmerkungen Die Wanderung kann in der Zeit vom 1. 9. bis 15. 10. nicht unternommen werden, da der durch das Waldschutzgebiet Wildpark Eulbach führende Weg während der Zeit vom 1. September bis 15. Oktober jeden Jahres für jeglichen Verkehr, einschließlich Fußgänger, gesperrt ist. Darüber hinaus ist dieser Weg (Müllersweg) für folgende Zeiten gesperrt: vom 16. Oktober bis 30 April jeden Jahres von 18 bis 7 Uhr und vom 1. Mai bis 31. August jeden Jahres von 20 bis 7 Uhr. Das Betreten des Wildparks außerhalb des Wanderweges ist verboten. Hunde sind an der Leine zu führen.

Wissenswertes Michelstadt und Eulbach siehe Wanderung Nr. 1. Der Ort Weiten-Gesäß, heute Michelstadt eingemeindet, liegt im oberen Teil eines Seitentales der Mümling.

Tourenbeschreibung Wir gehen vom *Parkplatz* am *Michelstädter Waldschwimmbad* entlang in Richtung Stadt und zu der nach Weiten-Gesäß führenden Straße, wo wir auf die Wegmarkierung gelbes Quadrat treffen.

Wir folgen diesem Zeichen bergauf bis zum Stadtrand, biegen nach links in den Wald ab und wandern durch diesen, vorbei am Hochbehälter, letztlich die Weiten-Gesäßer-Straße querend, zum Parkplatz auf der *Weiten-Gesäßer Höhe.*

Nach Passieren des Parkplatzes halten wir uns links und wandern, zunächst durch den Wald und später über Felder mit schönen Ausblicken, nach *Weiten-Gesäß.*

Auf der Hauptstraße gehen wir bergauf bis zum Ortsende.

Hier wechseln wir beim Wegweiser (nach Eulbach durch den Wildpark 50 Minuten) zur Markierung des auf den Kopf gestellten, blauen T, folgen diesem Zeichen zum Wald und steigen durch diesen, über den *Zuckerbuckel*, zum *Katzenbuckel* auf.

Nach etwa 1 km erreichen wir die Einzäunung des *Wildparks Eulbach*, den wir durch ein Tor betreten. (Tor wieder schließen!)

Auf dem Weg durch den Wildpark gilt das unter Anmerkungen Gesagte: Der markierte Weg darf auf keinen Fall verlassen werden. Nach gut halbstündiger Wanderung verlassen wir den Wildpark wieder durch ein Holzgatter und erreichen wenig später die *Nibelungenstraße* (Bundesstraße) bei Eulbach.

Wer den *Englischen Garten* besuchen oder in der Gaststätte Forsthaus (Mittwoch Ruhetag) Rast machen will, geht hier nach links. Wir anderen wenden nach rechts und wandern mit der Markierung gelbes Dreieck auf dem *Forstmeister-Louis-Weg* zum *Forsthaus Silvan* und weiter, auf dem Hauptweg bleibend, durch den Wald, vorbei am *Henningstein*, zur *Emilienhütte.*

Hier zweigt der mit dem gelben Dreieck markierte Wanderweg nach links ab, wir jedoch bleiben auf der Forststraße *Eulbacher Weg* und erreichen nach etwa halbstündiger Wanderzeit eine quer laufende Forststraße, der wir nach rechts folgen.

Wenig später kommen wir an eine Weggabel, halten uns links und wandern auf dieser mit den örtlichen Wegzeichen 1 + 2 gekennzeichneten Forststraße zurück zum *Parkplatz Waldschwimmbad.*

4 Steinbach – Gasthaus Spreng – Mossauer Höhe – Gasthaus Waldhorn – Steinbach

Verkehrsmöglichkeiten Steinbach liegt an der B 47 (Nibelungenstraße) unmittelbar bei Michelstadt. Bahnstation ist Michelstadt (5 Minuten), siehe Wanderung Nr. 1.

Parkmöglichkeiten Parkplatz Einhardsbasilika, Zufahrt ausgeschildert.

Wegmarkierungen Gelbes Quadrat bis Kainsbacher Höhe, blaues Kreuz bis Parkplatz Mossauer Höhe, gelbes Dreieck bis Gasthaus Waldhorn, rotes Andreaskreuz bis Steinbach.

Tourenlänge Etwa 18 km.

Wanderzeit Etwa 5 Stunden.

Höhenunterschiede Insgesamt etwa 300 m.

Wanderkarte 1:50 000 Odenwald, Blatt Nordwest.

Anmerkungen Die Wanderung kann auch beim Bahnhof in Michelstadt begonnen werden. Von dort führt die Markierung gelbes Quadrat über die Bahnlinie und die Mümling hinüber nach Steinbach zur Einhardsbasilika.

Wissenswertes Der Name Steinbach, der wohl vom »steinigen Bach« herrührt, taucht erstmals 1095 in einer Urkunde, zusammen mit dem Nachbarort Asselbrunn (»Ameslabruno«), auf.

Die Einhardsbasilika in Steinbach ist eines der ältesten und kunstgeschichtlich wichtigsten Baudenkmäler Deutschlands. Im Jahre 815 erhielt Einhard und seine Gemahlin Imma durch Schenkung von Ludwig dem Frommen die »cella michlinstat«. In der Absicht, hier seinen Lebensabend zu verbringen, ließ er im heutigen Steinbach eine Basilika bauen und diese mit Reliquien des heiligen Petrus und Marcellinus versehen, die sein Schreiber Ratleich aus Rom geholt hatte.

Doch bereits im Jahre 828, ein Jahr nach Vollendung der Basilika, ließ Einhard, durch Traumerscheinungen veranlaßt, die Gebeine nach Seligenstadt bringen, wo diese heute noch ruhen.

Danach standen Kirche und Klostergebäude leer, bis sie 1073 Abt Udalrich von Lorsch renovieren und eine Probstei errichten ließ. Nach der Auflösung des Lorscher Klosters um 1232 wurde die Steinbacher Basilika mit Benediktinerinnen besetzt. Dieses Nonnenkloster wurde 1535 aufgehoben.

1542 erwarben die Grafen von Erbach das Gebäude und errichteten darin ein Hospital. Nach dem 30jährigen Krieg verfiel die Basilika und wurde teilweise als Feldscheune benutzt.

Erst im Jahre 1873 erinnerte man sich wieder an die eigentliche Funktion des Gebäudes.

Dadurch, daß die Basilika nie durch irgendwelche Umbauten den Wandlungen des Zeitgeschmacks angepaßt wurde, präsentiert sie sich heute sowohl den Fachgelehrten als auch interessierten Besuchern als unverfälschtes Zeugnis des schlichten karolingischen Baustils.

Hinter dem Parkplatz steht an der Mümling *Schloß Fürstenau.* Es wurde um das Jahr 1300 von dem Mainzer Erzbischof Gerhard von Eppstein erbaut und sollte vorwiegend dem Schutz der mainzischen Besitzungen und des Klosters Steinbach (Einhardsbasilika) dienen.

Interessant dabei ist, daß die Burg auf erbachischem Gebiet, also auf fremdem Grund und Boden errichtet wurde. Doch bereits 1355 gab Mainz die Burg an die Schenken von Erbach. Sie wurde zum Sitz der Grafen zu Erbach-Fürstenau, einer Linie, die bei der Teilung des Grafenhauses 1717 entstand.

Um- und Ausbauten, besonders im 16. und 17. Jahrhundert, ließen aus der Burg ein Residenzschloß entstehen.

Fürstenau besteht aus einem Hauptbau (»Altes Schloß«), dessen hervorspringende Flügel durch einen formschönen Renaissance-Schwibbogen (1588) verbunden wurden.

Tourenbeschreibung Mit den Wegzeichen gelbes Quadrat und rotes Andreaskreuz biegen wir, vom Parkplatz ausgehend, in die *Höhenstraße* ein. Bereits nach etwa 100 Metern leitet ein Hinweisschild nach links zur *Einhardsbasilika.* Diese kann (Oktober bis März geschlossen) täglich, außer Montag, besichtigt werden.

Nach dem Abstecher zur Einhardsbasilika steigen wir die steile Höhenstraße bergan. Auf der Höhe biegen wir nach rechts ab und wandern, mit herrlichen Rundblicken, über freie Flur bis an eine Weggabel. Hier verläßt uns das rote Andreaskreuz nach rechts. Wir folgen dem gelben Quadrat und wandern am Wald entlang bis an eine quer laufende Forststraße, in die wir nach links einschwenken.

Nach etwa 200 Metern kommen wir an dem links des Weges gelegenen *Wanderparkplatz »Einhardsquelle«* vorbei. Kurz danach biegt unser Weg nach rechts ab und führt durch den Wald bergauf.

Wer zur Einhardsquelle will, geht beim Wegabzweig noch ein kurzes Stück geradeaus und biegt beim Hinweisschild zur nahen *»Einhardsquelle«* ab.

Nach dem Waldende zieht der markierte Weg durch freie Flur hinüber zur mächtigen *»Russeneiche«*. Sehr schöner Rundblick. Rechts unten im Tal sehen wir die mächtigen Parabolantennen der Satellitenempfangsstation ESOC.

Der Weg biegt scharf nach links ab, um nach etwa 50 Metern bereits wieder nach rechts zu schwenken.

Wir kommen an die Straße Brombachtal – Rehbach, in die wir nach links einbiegen. Unten im Tal sehen wir die Häuser von Rehbach liegen, verlassen die Straße nach rechts und wandern, einem Fahrweg folgend, über freies Feld Richtung Wald.

Kurz vor Erreichen desselben mündet die markierte Route in die B 47 (Nibelungenstraße) und zieht etwa 500 Meter an dieser entlang. Dann geht es rechts ab, am Waldsaum entlang und durch Wald, zu der nach Langenbrombach führenden Straße.

Diese wird gequert und nach links zum *Gasthaus Spreng* angestiegen. Wir überqueren die B 47 und steigen drüben, am Zaun entlang, kurz zur *Kainsbacher Höhe* an (Rundblick).

Hier treffen wir auf das Markierungszeichen blaues Kreuz und folgen diesem, links abbiegend, zum Wald. Nach leichtem Anstieg kommen wir zu dem an der Straße (Spreng – Mossau) gelegenen *Parkplatz »Spreng«*.

Wir überschreiten die Straße und wandern in der Folge, auf gut markiertem Weg, etwa 3 km durch den Wald und anschließend auf der aussichtsreichen *Hohen Straße* geradewegs weiter zum Wanderparkplatz auf der *Mossauer Höhe.*

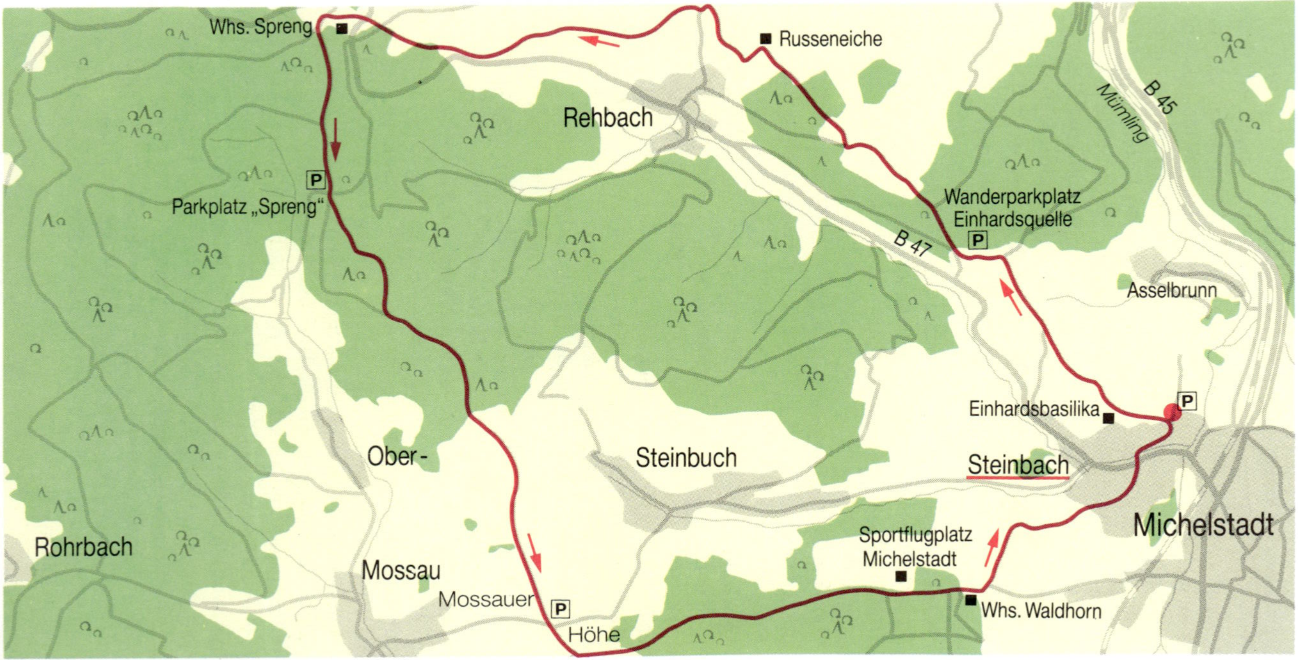
Whs. Spreng
Russeneiche
Rehbach
Mümling
B 45
Parkplatz „Spreng“
Wanderparkplatz
Einhardsquelle
B 47
Asselbrunn
Einhardsbasilika
Ober-
Steinbuch
Steinbach
Michelstadt
Sportflugplatz
Michelstadt
Rohrbach
Mossau
Mossauer
Höhe
Whs. Waldhorn

Hier wechseln wir erneut die Markierung. Mit dem gelben Dreieck wandern wir, links abbiegend, zum Wald und durch diesen bis an einen asphaltierten Fahrweg, dem wir nach rechts folgen.

Es geht vorbei am *Sportflugplatz Michelstadt* zum nahen *Gasthaus Waldhorn*, wo wir auf die Markierung rotes Andreaskreuz treffen, die uns nach Steinbach zurückführt.

Wir gehen mit diesem Zeichen, am Gasthaus vorbei, ein kurzes Stück abwärts, biegen dann nach links ab und sehen wenig später bereits die ersten Häuser von Steinbach im Tal vor uns liegen.

In den quer laufenden Fahrweg biegen wir nach rechts ein und wandern, am Wasserbehälter vorbei, hinab nach Steinbach und zu der durch den Ort führenden Bundesstraße 47 (Nibelungenstraße). Wir überqueren diese Straße bei der Ampelanlage und gehen durch die Brücken-, Schloß- und Einhardstraße zurück zum Parkplatz.

5 Erbach – Herrnrod – Kreuzeiche – Mossauer Höhe – Sophienhöhe – Erbach

Verkehrsmöglichkeiten Erbach ist mit dem Auto über die Bundesstraße 45 (Deutsche Ferienstraße Alpen – Ostsee), die Bundesstraße 47 (Nibelungenstraße) und die Bundesstraße 460 (Siegfriedstraße) gut zu erreichen. Erbach ist D-Zug-Halt an der Strecke Darmstadt – Eberbach/Neckar. Busverbindungen nach Bensheim, Darmstadt, Eberbach, Heppenheim, Worms.
Parkmöglichkeiten Am Bahnhofsplatz.
Wegmarkierungen Weißer Strich bis Mossauer Höhe, gelbes Dreieck bis Waldhorn, rotes Andreaskreuz bis Erbach.
Tourenlänge Etwa 11 km.
Wanderzeit Etwa 3 Stunden.
Höhenunterschiede Insgesamt etwa 330 m.
Wanderkarte 1:50 000 Odenwald, Blatt Nordwest.
Wissenswertes Mittelpunkt des alten, im Mümlingtal gelegenen Städtchens Erbach ist das Schloß. Die dort untergebrachten, interessanten Waffensammlungen, Glasmalereien sowie die bedeutendste Geweihsammlung Deutschlands lohnen einen Besuch ebenso wie ein Bummel durch die historische Altstadt, das sogenannte »Städtl«.

Beim Schloß das 1545 erbaute und 1593 erweiterte Rathaus mit Glockenturm, Erbacher Elle und Pranger. Der Echterhof,

Zu Tour 5, 6, 7 **Erbach, Schloß des Grafen zu Erbach-Erbach**

(Foto: Stadtverwaltung Erbach)

Habermannsburg, das Tempelhaus und die evangelische Stadtkirche sind Zeugen bedeutender Zeitepochen des Erbacher Landes.

Der letzte regierende Erbacher Graf, Franz I., führte 1783 in Erbach die Elfenbeinschnitzerei ein, die heute noch hier heimisch ist. Die kunsthandwerklichen Betriebe, im besonderen die der Elfenbeinschnitzer, aber auch die der Töpfer, Küfer, Bernstein- und Diamantenschleifer, sind besondere Anziehungspunkte für die Besucher des Mümlingstädtchens.

Sehenswert ist das in Europa einmalige Elfenbeinmuseum mit Bernsteinabteilung. Es ist in der Erbacher Festhalle, Otto-Glenz-Straße 1, untergebracht und täglich von 10 bis 12.30 Uhr und 14 bis 17 Uhr geöffnet.

Erbach wurde urkundlich 1095 und 1113 als »Ertbach« und 1303 als »castrum Erpach« genannt. Die Herkunft des Namens deutet man vom Erdbach her, der aus dem Dreiseetal kommend, im Stadtteil Dorf-Erbach im Kalkboden verschwindet und im nahen Stockheim wieder aus dem Boden tritt.

Tourenbeschreibung Wir verlassen den Bahnhofsplatz in nördlicher Richtung und gehen durch die kurze, steile *Straße »Hohl«* hinab zur *Sophienstraße*, wo wir auf die OWK-Markierungen rotes Dreieck und weißer Strich treffen.

Diesen Markierungen folgend geht es nach links, durch die Bahnunterführung, steil die Sophienstraße bergan bis zum Stadtrand und geradewegs weiter bis zur Wegverzweigung beim *Hofgut Herrnrod.*

Von hier wandern wir, dem weißen Strich folgend, geradeaus weiter, auf einem Feldweg zum Wald und durch diesen auf der sogenannten *»Schwarzen Chaussee«* zur *Kreuzeiche.*

Kurz nach der Kreuzeiche, bei der *Waldabteilung Alexanderschlag*, gabelt sich der Weg, wir halten uns rechts und wandern, leicht ansteigend, hinauf zum Waldende und weiter über freie Flur zum Wanderparkplatz auf der *Mossauer Höhe.*

Nachdem wir unseren Blick in die Runde, hin zu den südlichen und westlichen Odenwaldbergen sowie hinab zu den in Talmulden liegenden Dörfchen Roßbach und Steinbuch schweifen ließen, geht es von hier aus mit dem gelben Dreieck weiter. Zunächst wandern wir in östlicher Richtung über freies Feld zum

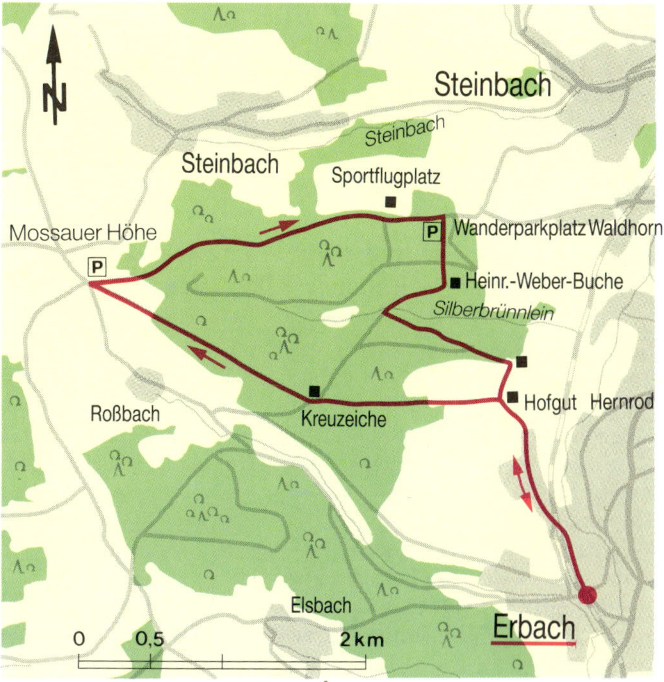

Wald und auf einem Waldweg zu einer Forststraße, welche wir bei einer Schranke erreichen.

Ohne Richtungswechsel geht es auf dieser Forststraße weiter bis schließlich, nach etwa 30 Minuten, unsere Route nach links schwenkt und zum Waldende hinüberführt.

In das dort verlaufende Asphaltsträßchen biegen wir nach rechts ein und wandern, am *Michelstädter Sportflugplatz* vorbei, zum *Wanderparkplatz Waldhorn.*

Hier treffen wir wieder auf das uns vom Wanderbeginn her vertraute Zeichen rotes Andreaskreuz und biegen mit diesem nach rechts in den Parkweg ein. Nach etwa 200 Metern stoßen wir auf eine quer laufende Forststraße, der wir nach rechts folgen. Doch nach etwa 200 Metern heißt es diese Forststraße bereits wieder zu verlassen, nach links abzubiegen und auf einem Waldweg hinab zu wandern, zu einer weiteren Forststraße, die wir bei der *Revierförster-Heinrich-Weber-Buche* erreichen.

Auf der Forststraße geht es bergab zum *Silberbrünnlein.* Mit einem großen Schritt setzen wir über dieses Bächlein und gehen ein kurzes Stück nach links.

Dann rechts ab und auf einem Waldpfad hinauf zu einer Forststraße, der wir nach links, bis zum Waldende und dem dort stehenden *Aussichtspavillon Sophienhöhe*, folgen.

Am Wald entlang, mit schönem Blick ins Mümlingtal und auf Erbach, geht es hinab zur Wegekreuzung beim *Gut Herrnrod*, und auf dem Herweg zurück nach *Erbach.*

6 Erbach – Dorf-Erbach – Dreiseetal – Würzberg – Bullauer Bild – Erbach

Verkehrsmöglichkeiten Siehe Wanderung Nr. 5.
Parkmöglichkeiten Bei der Erbacher Festhalle, Wiesenmarktgelände.
Wegmarkierungen Weiße Raute bis Ernsbach, gelbes, auf den Kopf gestelltes T bis Würzberg, rotes Dreieck bis Bullauer Bild, weißer Strich bis Erbach.
Tourenlänge Etwa 17 km.
Wanderzeit Etwa 5 Stunden.
Höhenunterschiede Insgesamt etwa 320 m.
Wanderkarte 1:50 000 Odenwald, Blatt Nordost.
Anmerkungen Wanderung mit zum Teil kräftigen Steigungen bis Würzberg.

Wissenswertes Erbach siehe Wanderung Nr. 5, Würzberg Nr. 23.

Tourenbeschreibung Vom Parkplatz an der Festhalle ausgehend folgen wir zunächst der *Otto-Glenz-Straße* in südlicher Richtung, überqueren die *Obere Marktstraße* und gehen auf der Straße *Am Drachenfeld* weiter zur *Friedhofstraße.*

Bei der AOK biegen wir in diese nach links ein und gehen, jetzt mit dem Wegzeichen weiße Raute, zum Stadtteil *Dorf-Erbach.* – Hier gehen wir auf der *Dreiseetalstraße*, rechts haltend, aus dem Ort und biegen kurz danach nach links auf einen in das Dreiseetal führenden Fahrweg ein.

Dieser führt uns an Fischteichen und der Freizeitanlage mit zwei (noch vorhandenen) Seen vorbei, leicht ansteigend, durch das stille *Dreiseetal.*

Kurz nachdem wir den rechts des Weges stehenden Wasserbehälter passiert haben, kommen wir an eine Weggabel. Hier zweigt die weiße Raute nach links ab. Auf einem Holzabfuhrweg geht es kurz bergan, schließlich rechts ab und auf einem Waldpfad steil hinauf zum Waldende.

Am Waldrand entlang, nach links zu einem geteerten Fahrweg, in den wir nach rechts einschwenken und hinauf wandern zu einem eingezäunten Anwesen, in dem sich allerlei Tiere (Pferde, Wildschweine, Ziegen, Hühner, Enten usw.) tummeln.

Mit Blick auf das im Tal gelegene Dörfchen Ernsbach geht es weiter zu einem Querweg, auf diesem wenige Schritte nach links und gleich wieder nach rechts, jetzt bereits zusammen mit dem von Ernsbach heraufkommenden, neuen Wegzeichen, dem gelben, auf den Kopf gestellten T.

Nach wenigen Metern verläßt uns die weiße Raute nach rechts. Wir gehen mit dem auf den Kopf gestellten T geradeaus weiter, aufwärts zum Wald.

Der Weiterweg, gut markiert, bringt uns durch den Wald, letztlich über freie Flur, hinauf nach *Würzberg.*

Gleich am Ortsbeginn biegen wir, jetzt dem roten Dreieck folgend, rechts ab und folgen dem Fahrsträßchen vorbei am Sportplatz, Friedhof, Wasserbehälter, Sendeanlage und dem *Wanderparkplatz Adlerschlag* zur Wegekreuzung am sogenannten *Jägertor.*

Hier biegen wir rechts ab und wandern am Forsthaus vorbei in Richtung Wald. Bei der Weggabel (mit Baum und Bank) halten wir nach links und tauchen nach etwa 800 Metern in den Wald ein.

Auf der *Bullauer Straße* wandern wir zum *Forsthaus Hubertus.* Kurz danach teilt sich der Weg, wir halten nach rechts, unter-

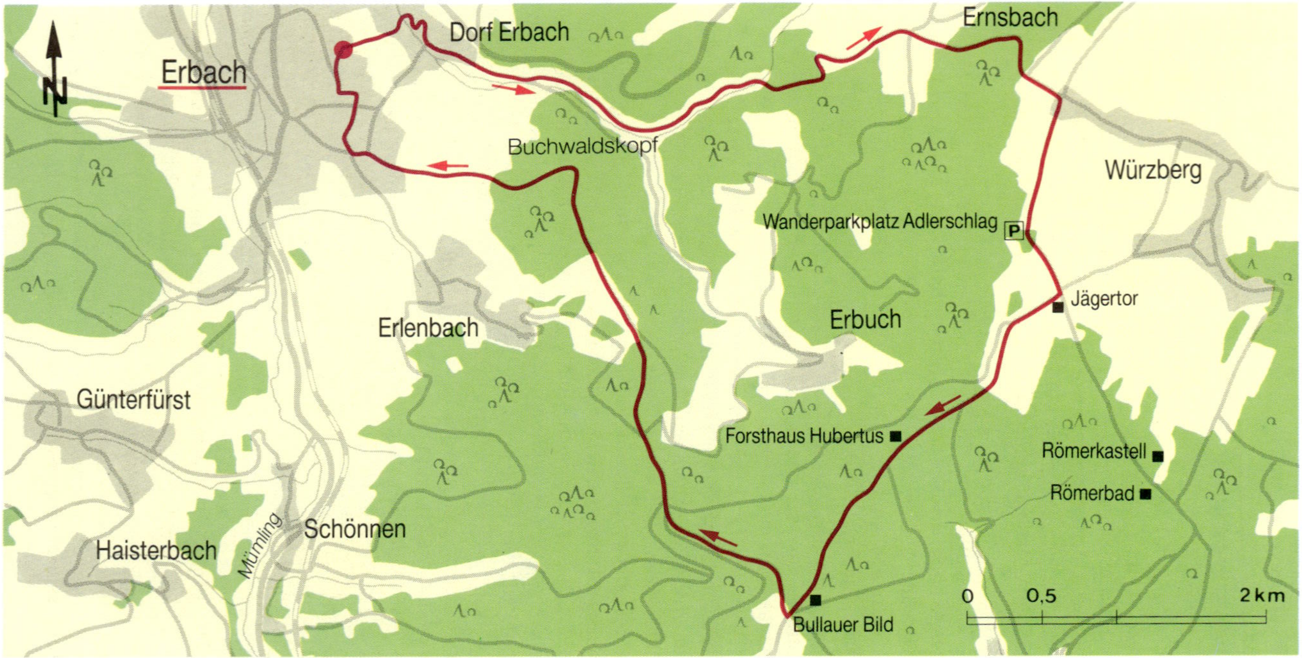
Dorf Erbach
Erbach
Ernsbach
Buchwaldskopf
Würzberg
Wanderparkplatz Adlerschlag
P
Jägertor
Erbuch
Erlenbach
Günterfürst
Forsthaus Hubertus
Römerkastell
Römerbad
Mümling
Schönnen
Haisterbach
Bullauer Bild
0
0,5
2 km

queren eine Stromleitung und wandern, auf teilweise feuchtem Waldweg, geradewegs bis zum Waldende.

Aus dem Wald tretend sehen wir vor uns zwei Häuser stehen. Hier treffen wir auch auf die Markierung weißer Strich, die uns nach Erbach zurückführen wird.

Zunächst wollen wir uns jedoch das sagenumwobene Bullauer Bild ansehen und gehen an den beiden Häusern vorbei, mit dem gelben Dreieck, jetzt auf betoniertem Sträßchen noch etwa 100 Meter weiter. Dann weist eine Tafel »Bildstock« nach rechts in den Wald, und nach wenigen Schritten stehen wir vor dem *Bullauer Bild.*

Der steinerne Bildstock ist in eine dreistämmige Buche eingewachsen und trägt die Jahreszahl 1761. Er wird mit einem spätmittelalterlichen Wallfahrtsweg in Verbindung gebracht.

Vom Bullauer Bild gehen wir das kurze Stück zurück zum Waldrand und folgen dem weißen Strich links ab in den Wald. Auf einem Waldpfad geht es hinab zu der nach Bullau führenden Straße, der wir, rechts einbiegend, etwa 500 Meter bis zum Straßenabzweig nach Erbuch folgen.

Dort führt uns die Markierung wieder in den Wald. Durch den Wald, mit schönen Ausblicken am Wald entlang, und im Wald zum *Buchwaldskopf* und schließlich im Linksbogen hinab zum Waldende.

Mit Blick auf das vor uns im Tal liegende Erbach geht es auf dem *Rolleweg* zurück zur Stadt.

Zu Tour 5, 6, 7 **Jugendherberge Erbach, Eulbacher Straße 33, D-6120 Erbach.** Das Haus liegt am Sportpark in Erbach, vom Bahnhof etwa 20 Minuten Fußweg.

Dort folgen wir nach rechts dem *Kreuzweg* bis zur *Damaschkestraße*, biegen nach rechts in die *Pestalozzistraße* ein, auf der wir zur *Friedhofstraße* und zurück zum Parkplatz an der Festhalle gelangen.

7 Erbach – Herrnrod – Kreuzeiche – Mossauer Höhe – Tränkfeldeiche – Elsbach – Erbach

Verkehrsmöglichkeiten Siehe Wanderung Nr. 5.
Parkmöglichkeiten Am Bahnhofsplatz.
Wegmarkierungen Weißer Strich bis Mossauer Höhe, blaues Kreuz bis zur Wegekreuzung nach der Tränkfeldeiche, weiße Raute bis Erbach.
Tourenlänge Etwa 11 km.
Wanderzeit Etwa 3 Stunden.
Höhenunterschiede Insgesamt etwa 200 m.
Wanderkarte 1:50 000 Odenwald, Blatt Nordwest.
Wissenswertes Erbach siehe Wanderung Nr. 5.

Elsbach, heute Erbach eingemeindet, ist ein kleiner Ort in schöner Höhenlage mit einer Reihe verstreut liegender Höfe. Der Ort wird urkundlich erstmals 1095 als Alingisbach, im Besitz der »cella michlinstat«, genannt.

Tourenbeschreibung Wir wandern von *Erbach* bis zum Parkplatz auf der *Mossauer Höhe*, wie bei Wanderung Nr. 5 beschrieben. – Von hier wandern wir, unter der Führung der Markierung blaues Kreuz, auf der aussichtsreichen *Hohen Straße* in südlicher Richtung zum Wald und an diesem entlang zu der nach Unter-Mossau führenden Straße.

Wir queren die Straße, gehen an dem gegenüber befindlichen Wanderparkplatz vorbei und zur nahen *Tränkfeldeiche*, einem knorrigen Baum, dessen Alter auf über 500 Jahre geschätzt wird und dessen Stammesumfang mit 7 m angegeben wird.

Wir folgen noch etwa 500 Meter der Blaukreuzmarkierung, treffen bei der Wegekreuzung auf das Wegzeichen weiße Raute und folgen dieser Markierung hinab in den Ort *Elsbach*.

Geradewegs durch den Ort und auf der Straße weiter in den Wald. Dort, wo die Straße eine Linkskurve macht, verlassen wir diese, indem wir geradeaus weitergehen und durch den Wald Wald hinab nach *Erbach* wandern.

Auf der *Alten Elsbacher Straße* geht es hinab zur *Mossauer Straße*, links in die *Alfred-Kehrer-Straße*, über die Gleise, links ab und zurück zum *Bahnhofsplatz*.

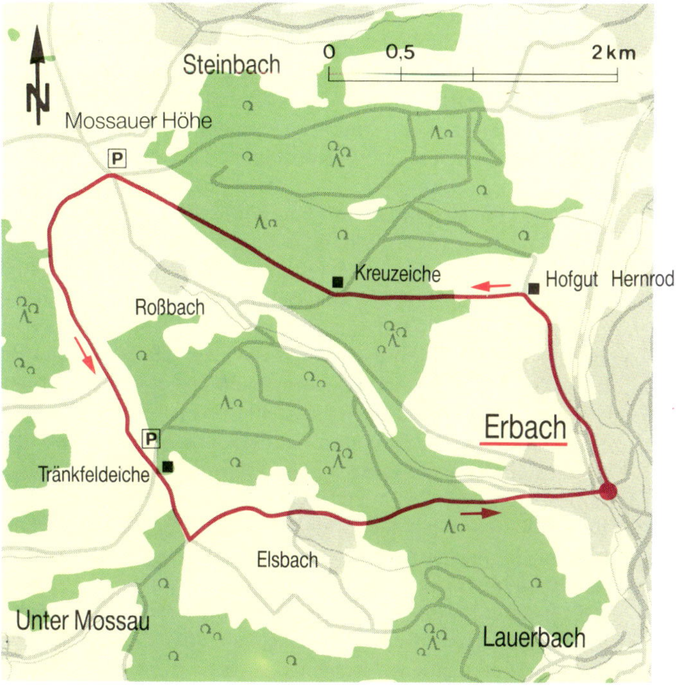

8 Bad König – Hainhaus – Vielbrunn – Weiten-Gesäß – Momart – Bad König

Verkehrsmöglichkeiten Bad König liegt an der Bundesstraße 45 (Deutsche Ferienstraße Alpen – Ostsee) und an der Bundesbahnlinie Darmstadt – Eberbach. Busverbindungen nach Darmstadt, Eberstadt, Vielbrunn.
Parkmöglichkeiten Gegenüber dem Kurgarten in der Frankfurter Straße, Schulstraße, Bachgasse, Schloßplatz, am Bahnhof und am Freibad.
Wegmarkierungen Gelber Strich bis Hainhaus, rotes Dreieck bis Vielbrunn, gelbes Quadrat bis Weiten-Gesäß, blaues, auf den Kopf gestelltes T bis Bad König.
Tourenlänge Etwa 20 km.
Wanderzeit Etwa 6 Stunden.
Höhenunterschiede Insgesamt etwa 480 m.
Wanderkarte 1:50 000 Odenwald, Blatt Nordost.

Anmerkungen Gute Markierung auch innerhalb des Stadtgebietes von Bad König.

Wissenswertes Bad König ist das einzige Heilbad im Odenwald. Die Heilquellen wurden durch Zufall beim Bohren eines Brunnens entdeckt. Die Trink- und Badekuren kommen bei Stoffwechselkrankheiten und Kreislaufstörungen zur Anwendung.

Bad König geht vermutlich auf eine römische Siedlung zurück. Der Name hat mehrfach eine Wandlung erfahren. 806 bis 815 Cunticha, 847 Quinticha, 1115 Quinteca, 1321 Küntich, später Kuntiche und Koniche, was schließlich zu König führte. Das Prädikat Bad führt der Ort seit 1948. Auf dem Friedhof in Bad König liegt der Nordpolforscher Karl Weyprecht begraben. Er leitete zusammen mit Payer die österreichische Polarexpedition, die 1873 das Franz-Josefs-Land entdeckte. Weyprecht verbrachte als Sohn eines gräflichen Beamten seine Kindheit in Bad König.

Hainhaus siehe Wanderung Nr. 9, Vielbrunn Nr. 10.

Tourenbeschreibung Vom *Parkplatz am Schwimmbad* gehen wir, dem gelben Strich folgend, durch die Bahnunterführung und rechts haltend, auf der *Schwimmbadstraße* zur *Bahnhofstraße*, in welche wir beim Brunnen nach rechts einschwenken.

Nach wenigen Metern biegen wir nach links in die *Weyprechtstraße* ein und folgen unserem Wegzeichen, später durch die *Oskar-Zimper-Straße* gehend, bergauf.

Anschließend wandern wir, gemeinsam mit der örtlichen Markierung Nr. 4, auf einem 1964 angelegten Naturlehrpfad entlang. Informationstafeln geben Auskunft über Waldbäume und die einheimische Vogelwelt. Etwas später zieht der Weg hinunter zu dem an der Straße nach Vielbrunn gelegenen *Gesundheitsbrunnen* mit einer über 100 Jahre alten, etwa 30 Meter hohen Fichte, an der ein Spruch angebracht ist, der an das im Odenwald geübte Brauchtum des Brunnenschmückens erinnert.

Wir gehen auf der Straße ein kurzes Stück in Richtung Vielbrunn, biegen halb links ab und gehen über die Böschung hoch zum Wald. Im Wald weiter bergan, bei der Weggabel links haltend, zu einer mächtigen Buche, dem sogenannten *»Baum im Odenwald«*, am Westrand einer großen Lichtung.

Wir überqueren die landwirtschaftlich genutzte Lichtung in östlicher Richtung. Unten im Tal liegt Kimbach. Drüben am Wald entdecken wir wieder die Markierung. Auf einem Waldpfad wandern wir, in gut 10 Minuten, hinüber zur *Waldgaststätte Hainhaus*.

Hier führte einst der ältere Limes vorbei, der sich von Wörth bis Wimpfen erstreckte und etwa um 90 n. Chr. unter Kaiser

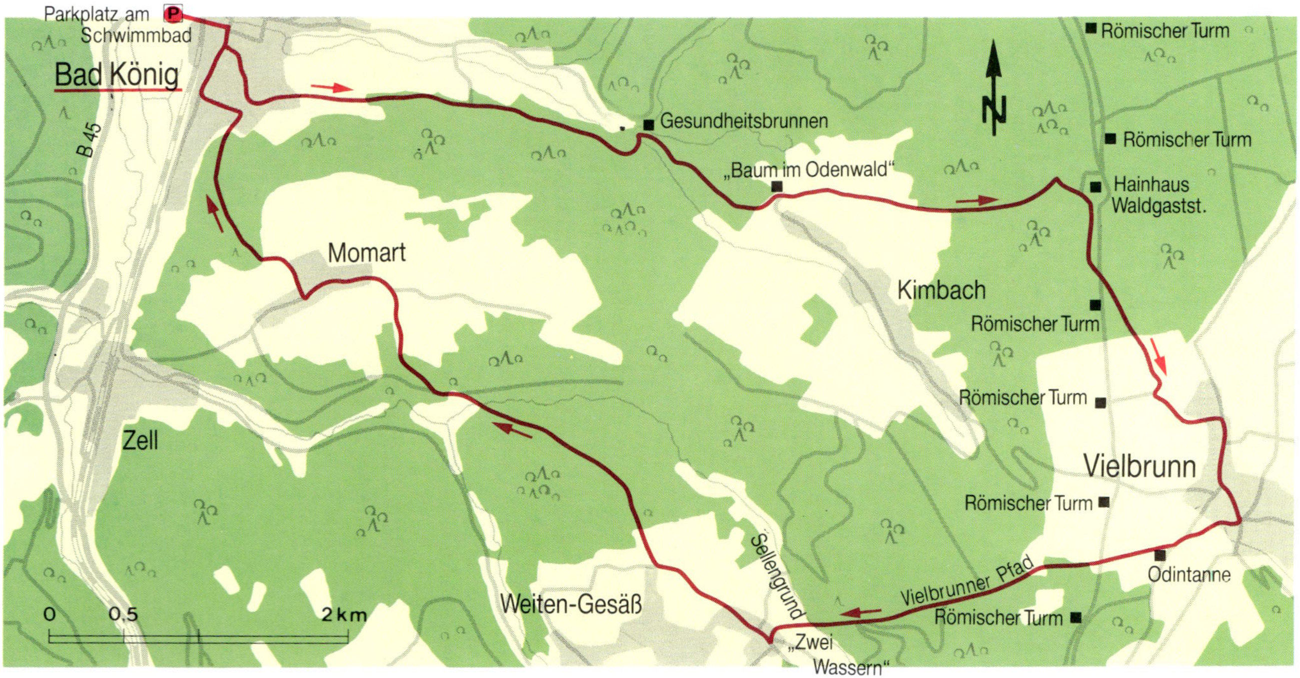

Parkplatz am
Schwimmbad
Bad König
B 45
Gesundheitsbrunnen
„Baum im Odenwald“
Momart
Zell
Kimbach
Römischer Turm
Römischer Turm
Hainhaus
Waldgastst.
Römischer Turm
Römischer Turm
Vielbrunn
Römischer Turm
Odintanne
Vielbrunner Pfad
Römischer Turm
Sellengrund
„Zwei
Wassern“
Weiten-Gesäß
0
0,5
2 km

Domitian angelegt wurde. Von dem einstigen Kastell Hainhaus ist lediglich noch der Wall zu erkennen. (Siehe auch Wanderung Nr. 9.)

Ab Hainhaus gehen wir, jetzt dem roten Dreieck folgend, nach rechts, an den Nebengebäuden vorbei, durch den Wald zur Straße. Wir folgen dieser ein kurzes Stück, um schließlich nach links, wieder in den Wald, einzutauchen. Schon bald ist der Waldrand erreicht, und vor uns sehen wir bereits Vielbrunn liegen.

Über freie Flur geht es weiter, an einem Fabrikgebäude vorbei, und auf der *Römerstraße* hinein nach *Vielbrunn.*

Geradewegs weiter, ein Stück die *Kimbacher Straße* entlang und schließlich links ab in den *Falterweg*, an dessen Ende wir auf das Markierungszeichen gelbes Dreieck treffen.

Bei der *Odintanne* biegen wir mit dem neuen Wegzeichen rechts ab, überqueren die nach Eulbach führende Straße und wandern auf dem gut markierten *Vielbrunner Pfad*, auf teilweise steinigem Weg, hinab in den *Sellengrund* und anschließend über Felder und Wiesen hinauf nach *Weiten-Gesäß.*

Hier wechseln wir erneut die Markierung und biegen gleich am oberen Ortsrand mit dem von Eulbach kommenden, auf den Kopf gestellten blauen T rechts ab.

Durch freie Flur geht es in nordwestlicher Richtung über die Höhe (Rundblick), an einigen Häusern vorbei, zum Wald.

Der Weg führt durch den Wald bergab zu den *»Zwei Wassern«*, wo der Talgrund überquert wird. Links haltend geht es hinauf nach *Momart*, einem Ortsteil von Bad König.

Auf der *Hohen Straße* hinab in den Ort. Beim Haus Nr. 44 nach rechts (Wegweiser: Bad König) in den *Talblickweg*, noch einmal nach rechts und auf dem *Hauswiesenweg* hinab zum Ortsende.

Auf der Straße bis zum Wald, in den Wald und auf einem parallel zur Straße verlaufenden Waldweg hinab zum Ortsbeginn von *Bad König.*

Nach links in die *Waldstraße* und steil hinab zur *Bahnhofstraße.* Auf dieser stadteinwärts bis zur *Schwimmbadstraße* und zurück zum Parkplatz.

9 Bad König – Toter Mann – Hainhaus – Gesundheitsbrunnen – Bad König

Verkehrsmöglichkeiten Siehe Wanderung Nr. 8.
Parkmöglichkeiten Gegenüber dem Kurgarten in der Frankfurter Straße, Schulstraße, Bachgasse, Schloßplatz, am Bahnhof und am Freibad.
Wegmarkierungen Auf den Kopf gestelltes blaues T bis Toter Mann, rotes Dreieck bis Hainhaus, gelber Strich bis Bad König.
Tourenlänge Etwa 16 km. **Wanderzeit** Etwa 4 Stunden.
Höhenunterschiede Insgesamt etwa 280 m.
Wanderkarte 1:50 000 Odenwald, Blatt Nordwest.
Anmerkungen Gute Markierung auch innerhalb des Stadtgebietes von Bad König.
Wissenswertes Bad König siehe Wanderung Nr. 8.

Das Römerkastell Hainhaus war, wie seine Nachbarkastelle Lützelbach und Eulbach, ein Numeruskastell für eine Einheit von 150 Mann. Seine Größe betrug 72×79 Meter = 0,56 Hektar. Es wurde wie die anderen Limesanlagen um 100 n. Chr. angelegt und bestand bis etwa 155 n. Chr.

Im Kastellgebäude bauten die Fürsten von Löwenstein-Wertheim-Rosenberg im 18. Jh. ein Jagdschloß, wobei der Innenraum des Kastells zerstört wurde. Die ehemalige Kastellumwallung läßt sich als Wall und Graben noch gut verfolgen. Die Steinsessel auf dem Ostwall, nahe dem ehemaligen römischen Haupttor, wurden 1809 von der fürstlichen Familie aufgestellt.

Tourenbeschreibung Vom *Parkplatz am Schwimmbad* aus gehen wir durch die Bahnunterführung und rechts haltend auf der *Schwimmbadstraße* zum Brunnen am Beginn der Spielstraße.

Mit dem blauen, auf den Kopf gestellten T geht es durch die *Elisabethen-, Alexander-, Kimbacher-* und *Mainstraße* hinauf zur *Siegfried-Anlage* mit schönem Ausblick.

Auf gut markierter Route geht es ein gutes Stück durch Wiesen und Felder zum Wald am *Grohberg*. Wir wandern am Waldrand entlang weiter, wobei sich immer wieder schöne Ausblicke bieten, und betreten beim *Großen Saubusch* den Wald.

Durch Mischwald geht es zur Anhöhe *Toter Mann*. Hier treffen wir auf die Markierung rotes Dreieck, der wir nach rechts folgen. Wir wandern auf der alten *Höchster Straße* nach Südosten, halten uns bei der Weggabel links, überqueren später die Straße und wandern, jetzt in südlicher Richtung, am ehemaligen *Limes* entlang, zum *Parkplatz Hainhaus*.

Hier wechseln wir wieder die Markierung und wandern, dem gelben Strich folgend, auf einem guten Waldweg gen Osten.

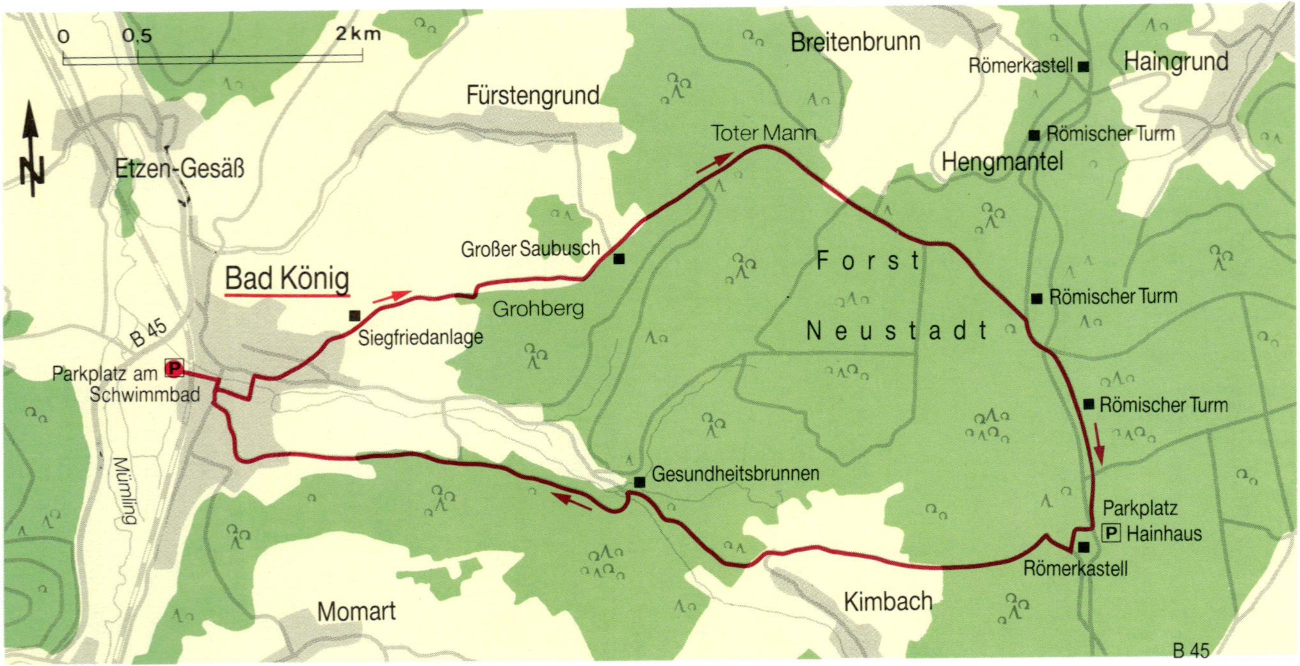
0
0,5
2 km
N
Etzen-Gesäß
Fürstengrund
Breitenbrunn
Römerkastell
Haingrund
Römischer Turm
Toter Mann
Hengmantel
Bad König
Großer Saubusch
Forst
Neustadt
Römischer Turm
Grohberg
Siegfriedanlage
B 45
Parkplatz am
Schwimmbad
Römischer Turm
Gesundheitsbrunnen
Mümling
Parkplatz
Hainhaus
Römerkastell
Momart
Kimbach
B 45

Nach etwa 1 km kommen wir auf eine große Lichtung, die wir mit Blickrichtung auf die am gegenüberliegenden Waldrand stehende mächtige Buche (Naturdenkmal) überqueren. Dabei sehen wir links unten im Tal Kimbach liegen.

Durch den Wald geht es hinab zur Straße und auf dieser zum *Gesundheitsbrunnen* mit Schutzhütte.

Hier heißt es von der Straße nach links abbiegen, über den Bach zu gehen und noch einmal im Wald unterzutauchen. Das Wegstück ist Teil eines 1964 angelegten Lehrpfades. Tafeln informieren uns über Waldbäume und die heimische Vogelwelt.

Links ab, am Friedhof vorbei und auf der *Oskar-Zimper-* und *Weyprechtstraße* hinab zur *Bahnhofstraße*. Kurz nach rechts, beim Brunnen links ab, und auf der *Schwimmbadstraße* zurück zum Parkplatz.

10 Vielbrunn – Eulbach – Weiten-Gesäß – Vielbrunn

Verkehrsmöglichkeiten Der auf einer Hochfläche im inneren Odenwald gelegene Luftkurort Vielbrunn ist sowohl über die B 45 (Abzweig Bad König) als auch über die B 47 (Abzweig Eulbach) gut zu erreichen. Busverbindungen nach Bad König und Michelstadt.
Parkmöglichkeiten Bei der Limeshalle.
Wegmarkierungen Gelbes Quadrat bis Odintanne, rotes Dreieck bis Eulbach, blaues, auf den Kopf gestelltes T bis Weiten-Gesäß, gelbes Quadrat bis Vielbrunn.
Tourenlänge Etwa 12 km.
Wanderzeit Etwa 3 Stunden.
Höhenunterschiede Insgesamt etwa 150 m.
Wanderkarte 1:50 000 Odenwald, Blatt Nordost.
Anmerkungen Diese Wanderung kann in der Zeit vom 1. 9. bis 15. 10. nicht unternommen werden, weil der durch den Wildpark Eulbach führende Wanderweg in dieser Zeit für jeglichen Durchgangsverkehr gesperrt ist. Ansonsten ist dieser Weg jeweils vom 16. 10. bis 30. 4. von 7 bis 18 Uhr und vom 1. 5. bis 31. 8. von 7 bis 20 Uhr begehbar. Dabei ist darauf zu achten, daß der markierte Weg nicht verlassen werden darf. Hunde sind an der Leine zu führen.
Wissenswertes Hügelgräberreste aus der Bronzezeit (800 bis 500 v. Chr.) lassen die Vermutung zu, daß der Raum um Viehbrunn schon sehr früh besiedelt war.

In Amorbach wurde im 8. Jh. eine Benediktiner-Abtei gegründet, die die Besiedelung der Umgebung leitete. Vielbrunn mit Bremhof sowie das Ohrenbachtal kamen alsbald in den Einflußbereich dieses Klosters. In einer Klosterurkunde aus dem 8. Jh. taucht erstmals der Name »Villebrunnen« auf. Es liegt nahe, die Herkunft dieses Namens mit den zahlreichen Quellen in Verbindung zu bringen.

Eulbach siehe Wanderung Nr. 1.

Tourenbeschreibung Wir gehen vom Parkplatz aus zunächst mit der Markierung gelbes Quadrat, am Rathaus und an der Limeshalle vorbei, mit Blickrichtung Kirche, hinab zur Wegekreuzung. Dort biegen wir links ab und gehen den *Schulbuckel* aufwärts. Noch einmal nach links in die *Schulstraße*, an deren Ende wir auf das mit dem *Faltersweg* von rechts kommende rote Dreieck stoßen.

Mit diesem neuen Zeichen wandern wir, an der *Odintanne* vorbei, leicht aufwärts zu den Rastplätzen und rechts haltend in den Wald hinein. Die Route führt in südlicher Richtung über eine Lichtung, kreuzt einen Waldweg und mündet in einen von rechts kommenden Weg ein. Nachdem wir mehrere Wege über-

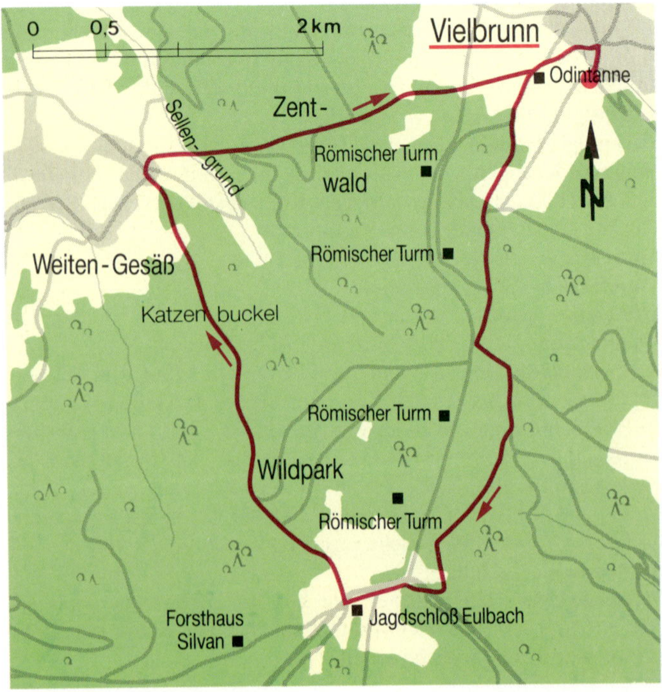

quert haben, geht es ohne Richtungswechsel, einer Wegschneise folgend, zur Straße. Dieser folgen wir ein kurzes Stück und biegen wieder nach links in den Wald ab. An der Weggabel halten wir uns rechts. Durch einen Hohlweg wandernd kommen wir erneut an eine Weggabel, halten uns wiederum rechts und kommen, einem breiten Waldweg folgend, links schwenkend über eine Lichtung zur Bundesstraße 47 (Nibelungenstraße).

Auf der Straße nach rechts zum Straßenabzweig und weiter zum Eingang des *Englischen Gartens* (täglich von 8.30 bis 17 Uhr geöffnet).

Am Ende des Englischen Gartens verlassen wir, mit der Markierung blaues, auf den Kopf gestelltes T, die Straße nach rechts und betreten durch ein Holzgatter den *Wildpark Eulbach.*

Auf dem markierten *Müllerweg*, der nicht verlassen werden darf (!), durchqueren wir den Park in nordwestlicher Richtung. Nach etwa 3 km verlassen wir den Wildpark durch ein weiteres Tor.

Auf einem befestigten Waldweg geht es, mit Blick auf Weiten-Gesäß, an einer Unterstellhütte vorbei, hinab zum Ortsbeginn von *Weiten-Gesäß.*

An der Wegekreuzung biegen wir, jetzt der Markierung gelbes Quadrat folgend, rechts ab. Der Weg führt uns zunächst hinab in den *Sellengrund*, über den Bach und auf dem teilweise steinigen *Vielbrunner Pfad* durch den Wald bergauf zur Straße *Eulbach – Hainhaus.*

Zu Tour 22 **Radwandergruppe im Mühltal Buchen**
(Foto: Verkehrsamt Buchen/Wolfgang Mackert)

Wir überqueren die Straße und sehen am Waldende bereits Vielbrunn vor uns liegen. Ohne Richtungswechsel geht es weiter bis zur *Odintanne*, und von dort auf dem Herweg zurück nach *Vielbrunn.*

11 Vielbrunn – Ohrenbachtal – Lauseiche – Bremhof – Vielbrunn

Verkehrsmöglichkeiten Siehe Wanderung Nr. 10.
Parkmöglichkeiten Bei der Limeshalle.
Wegmarkierungen Gelbes Quadrat bis Parkplatz Geierstal, Nr. 2 und gelbes Quadrat bis Lauseiche, blaues Andreaskreuz bis Bremhof, Nr. 3 bis Vielbrunn.
Tourenlänge Etwa 11 km.
Wanderzeit Etwa 3 Stunden.
Höhenunterschiede Insgesamt etwa 200 m.
Wanderkarte 1:50 000 Odenwald, Blatt Nordost.
Wissenswertes Vielbrunn siehe Wanderung Nr. 10.
Tourenbeschreibung Vom Parkplatz an der Limeshalle gehen wir, mit Markierung gelbes Quadrat, in Richtung Wald und biegen nach der Holzscheune und vor der Wegschranke scharf links ab.

Auf einem Pfad geht es hinab zu einer Forststraße, in die wir nach links einbiegen. Auf dieser Forststraße geht es gleich wieder rechts schwenkend und deren weiterem Verlauf folgend, mit mehrmaligem Richtungswechsel, einen Bach überquerend, zu der von Vielbrunn hinab ins Ohrenbachtal führenden Straße.

Auf dieser Straße geht es dann hinab zu dem im *Ohrenbachtal*, der ehemaligen Geyersmühle gegenüberliegenden *Parkplatz Geierstal.*

Der dort aufgestellten Übersichtstafel entnehmen wir, daß der hier abgehende Rundwanderweg Nr. 2 auf unsere Markierung gelbes Quadrat trifft, und wir, wenn wir diesen Weg nehmen, ein weiteres Stück Straßenwanderung vermeiden.

Also folgen wir der Nr. 2 auf einer Holzbrücke über den *Ohrenbach*, steigen die Böschung hoch, überqueren einen Weg und biegen in den folgenden nach links ein. Der Weg, jetzt auch wieder mit dem gelben Quadrat markiert, führt in Serpentinen durch den Wald hinauf zu der an einer Wegekreuzung stehenden mächtigen *Lauseiche.* – Ein hier von der Stadt Miltenberg aufgestellter Grenzstein dokumentiert, daß hier bayerisches Gebiet beginnt. Rastmöglichkeit.

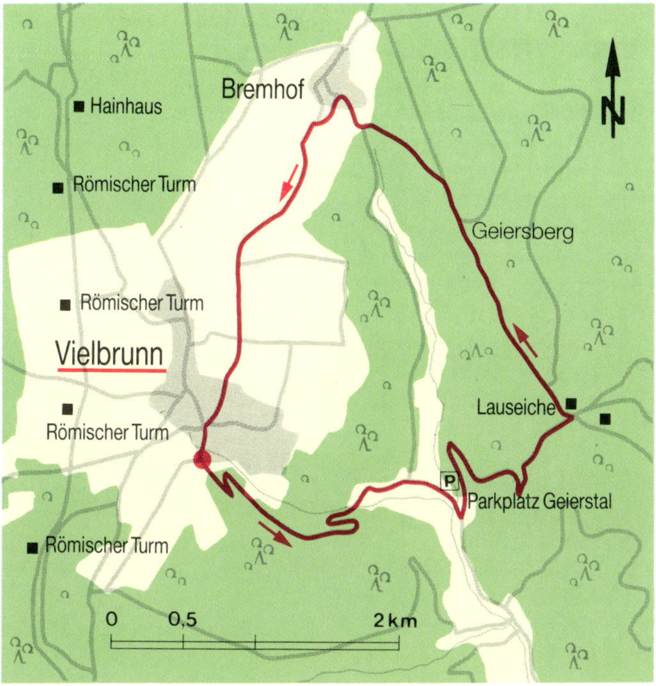

Bei der Lauseiche wechseln wir die Markierung und gehen, mit dem roten Andreaskreuz, auf einem breiten Weg, auf der Höhe des *Geiersberges*, nordwärts.

Nach etwa 3 Kilometern zweigt der markierte Weg nach links ab hinab zum Waldende und weiter Richtung Bremhof.

In *Bremhof* verlassen wir am südlichen Ortsrand das blaue Andreaskreuz, entdecken an einem Baum die örtliche Markierung Nr. 3, biegen nach links ab und wandern auf einem Wirtschaftsweg geradewegs zurück nach *Vielbrunn*.

12 Weckbach – Gönzer Sattel – Gönz – Gönzer Tal – Weckbach

Verkehrsmöglichkeiten Der im Ohrenbachtal gelegene Ort wird entweder über Bad König – Vielbrunn oder über die B 469, Abzweig in Weilbach, angefahren.
Parkmöglichkeiten In der Ortsmitte.
Wegmarkierungen Gelbes Dreieck bis etwa 600 Meter nach Gönzer Sattel, dann ohne Markierung zurück nach Weckbach.
Tourenlänge Etwa 10 km.
Wanderzeit Etwa 2½ Stunden.
Höhenunterschiede Insgesamt etwa 210 m.
Wanderkarte 1:50 000 Odenwald, Blatt Nordost.
Wissenswertes Der kleine Ort Weckbach liegt im Ohrenbachtal, im bayerischen Teil des Odenwaldes. In Gönz ist sozusagen die Welt zu Ende, der im stillen Tal des Gönzbaches gelegene, ebenfalls bayerische Ort, ist von Weckbach aus lediglich über eine Stichstraße zu erreichen.
Tourenbeschreibung Mit dem gelben Dreieck wandern wir an der Kirche vorbei, biegen nach links und beim Kindergarten rechts ab, hinauf zum Ortsende.

Rechter Hand steht die 1927 erbaute *Schutzengel-Kapelle.* Der Wanderweg führt in den Wald und durch diesen, an den links von uns liegenden Gipfeln des Weckberges und des Gönzsteins vorbei, zwar stetig aber mäßig bergauf. Der Weg ist gut markiert und wird mehrfach von schönen Aussichten unterbrochen.

Schließlich biegt der Weg nach links ab und führt leicht abwärts zu einer Wegspinne am *Gönzer Sattel.*

Wir folgen ab hier noch etwa 600 Meter dem gelben Dreieck und treffen dann auf eine quer laufende Forststraße, wo die Markierung nach rechts abgeht.

Wir wenden nach links und folgen dem unmarkierten Forststräßchen durch Hangwald talwärts. Nach der großen Rechtskurve (im Tal ist bereits das Gönzer Tal sichtbar) müssen wir achtgeben, damit wir den nach links abzweigenden Fußweg nicht verpassen. Er bringt uns hinab in den Talgrund.

Dort biegen wir nach links auf den Talweg ein und bummeln durch das stille Tal geradewegs nach *Gönz* (Einkehrmöglichkeit).

Auf bereits unter Wissenswertes erwähnter, kaum befahrener Stichstraße wandern wir durch das *Gönzer Tal* zurück nach *Weckbach.*

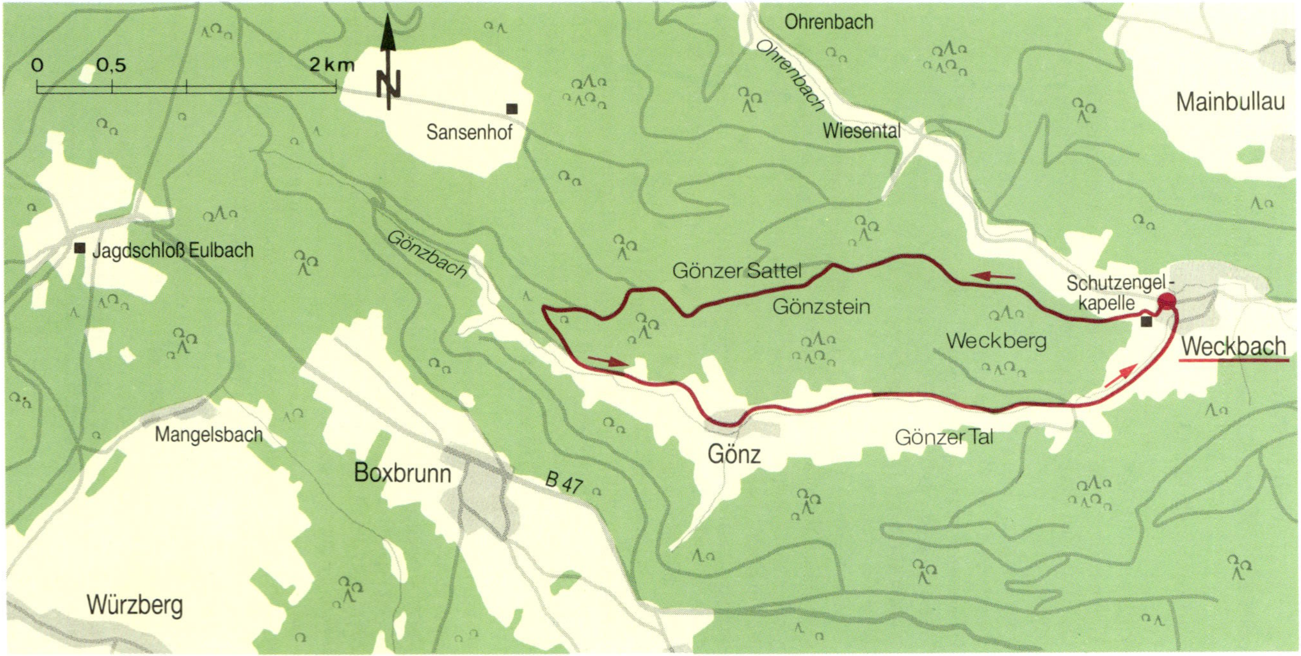
0
0,5
2 km
N
Ohrenbach
Ohrenbach
Mainbullau
Sansenhof
Wiesental
Jagdschloß Eulbach
Gönzbach
Gönzer Sattel
Gönzstein
Schutzengel-
kapelle
Weckberg
Weckbach
Mangelsbach
Boxbrunn
B 47
Gönz
Gönzer Tal
Würzberg

13 Mainbullau – Lauseiche – Rüdenau – Heunesäulen – Mainbullau

Verkehrsmöglichkeiten Bundesstraße 47 bzw. 469 bis Miltenberg. Stichstraße nach Mainbullau.
Parkmöglichkeiten Im Ort.
Wegmarkierungen Blaues Andreaskreuz bis Lauseiche, gelbes Quadrat bis Parkplatz Springquelle, blaues Andreaskreuz bis Mainbullau.
Tourenlänge Etwa 15 km.
Wanderzeit Etwa 4 Stunden.
Höhenunterschiede Insgesamt etwa 280 m.
Wanderkarte 1:50 000 Odenwald, Blatt Nordost.
Anmerkungen Die Wanderung kann auch von Rüdenau aus gestartet werden.
Wissenswertes Weder die Herkunft noch der Verwendungszweck der Heunesäulen (auch Hainesäulen genannt), dieser riesigen, etwa 7 Meter langen (Durchmesser 1,20 m) Säulenschäfte, ist eindeutig geklärt. Während man einerseits davon ausgeht, daß sie im 10. Jahrhundert gefertigt wurden und für den Bau des alten Mainzer Doms bestimmt waren, deuten römische Münzfunde auf eine noch ältere Entstehung hin.

Im 17. Jahrhundert waren es noch 14 Säulen. Je eine davon wurde 1880 in das Bayerische Nationalmuseum München und das Germanische Nationalmuseum Nürnberg verfrachtet. Eine wurde an der Mainpromenade in Miltenberg aufgestellt, eine weitere der Stadt Mainz zu ihrem tausendjährigen Geburtstag (1975) geschenkt. Vier, so verlautet, wurden zu Mühlsteinen verarbeitet. An den verbliebenen Säulen weisen weitere vier entsprechende Bearbeitungsspuren auf.

Tourenbeschreibung Unter Führung des blauen Andreaskreuzes verlassen wir Mainbullau in westlicher Richtung und wandern auf einem für den öffentlichen Verkehr gesperrten Sträßchen geradewegs zum Wald.

Durch diesen geht es, kaum merklich ansteigend, zu der wenig ausgepägten Anhöhe des *Steinkopfes* und danach leicht abwärts zum *Roten Bild*, einem Marterl mit geschnitztem Madonnenkopf.

Weiter geht es mit dem blauen Andreaskreuz, bei der Weggabel nach links und an einer alten *Römerschanze* vorbei, zur *Lauseiche*. (Rastplatz, Grenzstein der Stadt Miltenberg.)

Beim Wegweiser an der Kreuzung gehen wir, jetzt unter der Führung der Markierung gelbes Quadrat, nach rechts.

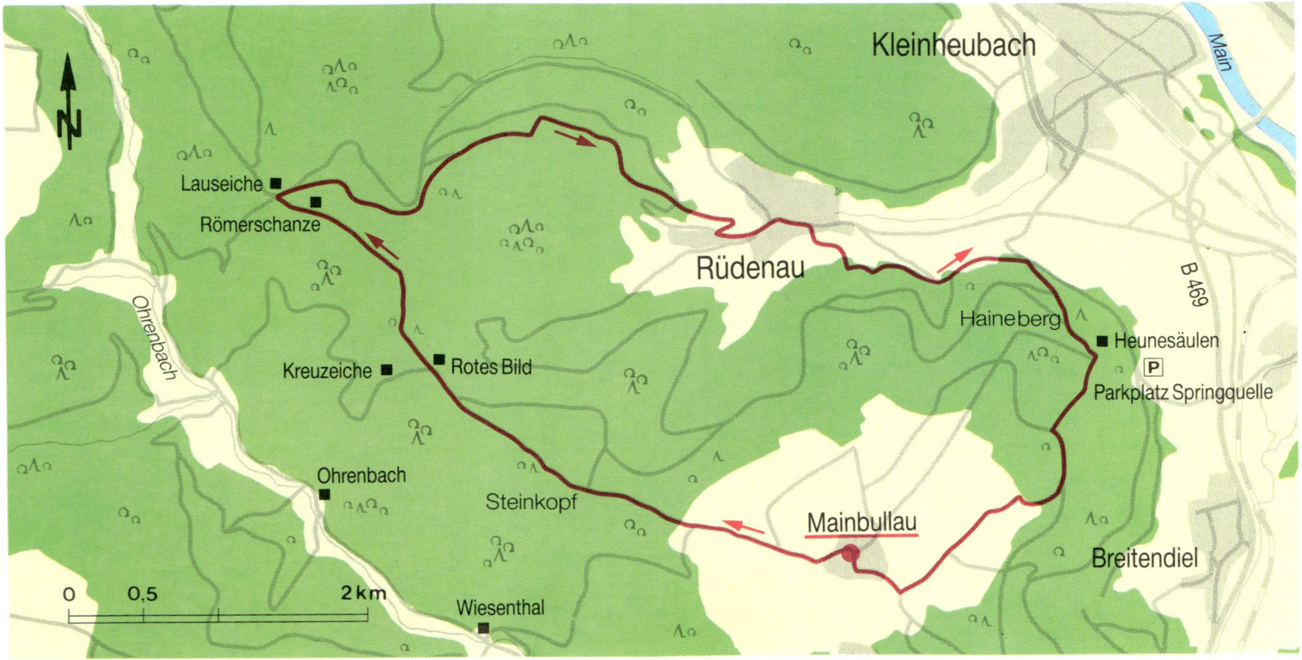
Kleinheubach
Main
Rüdenau
B 469
Haineberg
Heunesäulen
Parkplatz Springquelle
Lauseiche
Römerschanze
Kreuzeiche
Rotes Bild
Ohrenbach
Ohrenbach
Steinkopf
Mainbullau
Breitendiel
Wiesenthal
0
0,5
2 km

Wir bleiben ergo auf bayerischem Gebiet und wandern, auf gut markiertem Weg, an einer Schutzhütte vorbei, in einer knappen Stunde hinab nach *Rüdenau.*

Die OKW-Markierung leitet uns sicher durch den Ort, der auf eine über tausendjährige, wechselhafte Geschichte zurückblikken kann. In westlicher Richtung geht es nach dem Ortsende etwa 2 km am Talhang entlang.

Das unten im Maintal gelegene Kleinheubach kommt in Sicht. Wenig später wird der Blick frei auf Großheubach und das hoch über dem Ort thronende Kloster Engelberg (siehe Wanderung Nr. 15). Später tangiert der markierte Weg die Landstraße und bringt uns zum *Parkplatz Springquelle.*

Hier wechseln wir wieder zu der uns bereits vom Tourenbeginn her bekannten Markierung blaues Andreaskreuz, welches uns, leicht ansteigend, zu den sogenannten *Heunesäulen* (auch Hainesäulen genannt) bringt.

Über Treppen geht es hinauf zur Straße und auf dieser bergwärts bis zur Rechtskurve. Dort verlassen wir diese wieder und gehen geradezu in den Wald. Bei der Weggabel geht es nach links, bei der Kreuzung halb rechts und schließlich, mit einem kurzen Rechtsschwenk, wieder aus dem Wald.

Auf einem Wirtschaftsweg leicht aufwärts und in das nach und nach vor uns auftauchende *Mainbullau* zurück.

14 Miltenberg – Greinberg – Miltenberg

Verkehrsmöglichkeiten Das an einem Mainknie, im bayerischen Teil des Odenwalds, gelegene Miltenberg ist aus allen Richtungen, über gut ausgebaute Straßen, letztlich über die B 469, zu erreichen. Bahnstation an der Strecke Frankfurt – Aschaffenburg – Ulm. Busverbindungen nach Heidelberg, Wertheim, Würzburg. Schiffsverkehr Wertheim – Miltenberg – Aschaffenburg.

Parkmöglichkeiten Mainufer-Anlagen.

Wegmarkierungen Blaues Andreaskreuz bis Greinberg. Rückweg blaues Andreaskreuz und gelbes Dreieck.

Tourenlänge Etwa 8 km.

Wanderzeit Etwa 2½ Stunden.

Höhenunterschiede Etwa 330 m.

Wissenswertes Der mittelalterliche Stadtkern von Miltenberg, mit seinen ansprechenden Fachwerkbauten, der Marktplatz mit dem aus dem Jahre 1583 stammenden Brunnen und die doppelzeilige, bergaufwärts ziehende Fachwerkhäuserschlucht des »Schnatterlochs«, zieht jeden Besucher in seinen Bann. Elly Heuss-Knapp schrieb: »Miltenberg erschien mir immer als der Mittelpunkt Deutschlands. Der malerische Marktplatz mit dem Brunnen ist für mich das Mittelalter schlechthin.« Das Gasthaus »Riesen«, ein typischer Renaissancefachwerkbau, wird schon 1504 als Fürstenherberge genannt. Die erste schriftliche Erwähnung des »Riesen« erfolgte jedoch bereits im Jahre 1411. Es gilt allgemein als das älteste Gasthaus Deutschlands.

Die katholische Stadtpfarrkirche St. Jakobus d. Ä., urprünglich ein Bauwerk aus dem 14. Jahrhundert, wurde im 18. und 19. Jahrhundert mehrfach verändert. Das Gotteshaus birgt in seinem Inneren eine Reihe interessanter Kleinodien. Die klassizistischen, das Stadtbild beherrschenden Rotsandsteintürme der Kirche wurden 1830 errichtet.

Zu Tour 14, 15, 16, 70 **Miltenberg**
(Foto: Städtisches Verkehrsbüro/Jürgen Leuner)

Sehenswert im Stadtgebiet sind ferner das alte Rathaus, ehemals das einzige Kauf- und Warenhaus zwischen Würzburg und Frankfurt. Hier mußten fremde Kaufleute ihre Waren einlagern und verkaufen. Im Obergeschoß des Gebäudes befand sich das Tanzhaus für gesellige Veranstaltungen und Theateraufführungen.

Ebenfalls am Marktplatz steht das schöne Gebäude der ehemaligen Amtskellerei, ein hochgiebeliger Fachwerkbau mit zweigeschoßigem Erker. In dem Haus befindet sich heute das Heimatmuseum.

Hoch über der Stadt die Mildenburg. Sie wurde um 1200 von den Erzbischöfen und Kurfürsten zur Sicherung des Mainzer Kurstaates angelegt. Im Burghof der 4 Meter hohe Teutonenstein, eines der merkwürdigsten Steindenkmäler Deutschlands aus germanisch-römischer Zeit, über dessen Sinn und Zweck bis heute gerätselt wird. – Vom Bergfried großartiger Blick über die Stadt und ins Maintal.

Keimzelle des mittelalterlichen Ortes war eine Zollstelle der Mainzer Erzbischöfe. 1237 wird Miltenberg erstmals als Stadt, Zollstelle und Handelsplatz urkundlich erwähnt.

Ihre große Zeit hatte die »Stadt in Holz« im 14. Jahrhundert, als das Würzburger und das Mainzer Tor zur Befestigung des Ortes und das alte Rathaus sowie die fast vier Kilometer lange Stadtmauer erbaut wurden.

Die Lage am schiffbaren Main und an der Fernhandelsstraße von Köln über Frankfurt nach Nürnberg und die hier vom Mainzer Erzbischof ausgeübten Zoll-, Münz- und Stapelrechte verhalfen der Stadt zu einer erheblichen wirtschaftlichen Bedeutung.

Im Warentransport zu Wasser und zu Lande, im Weinbau und Weinhandel sowie in der Sandsteinverarbeitung gelangten Miltenberger Bürger zu Wohlstand und Ansehen.

1803, nach Auflösung des Mainzer Kurstaates, kam Miltenberg an das Fürstentum Leiningen, das mit Mainer und Würzburger Ämtern für den Verlust seiner linksrheinischen Gebiete entschädigt wurde.

1806, nach Auflösung dieses Fürstentums, kommt die Stadt zunächst zum Großherzogtum Baden, anschließend, 1810, an das Großherzogtum Hessen-Darmstadt. 1816 wird Miltenberg bayerisch.

Den strategisch wichtigen Wert des Mainknies bei Miltenberg erkannten schon die Kelten und Römer. Die Kelten errichteten auf dem Greinberg (Ziel dieser Wanderung) und auf dem benachbarten Wannenberg, über Bürgstadt, mächtige steinerne Ringwallanlagen.

Tourenbeschreibung Nach einem Stadtbummel wandern wir vom *Schnatterloch* aus mit dem blauen Andreaskreuz bergauf, kreuzen den *Conradyweg* und steigen durch ein kleines Felsenmeer zum *Ottostein* an.

Dort biegen wir nach rechts ab und wandern auf einem in etwa ebenen Weg durch den Mischwald am *Schloßberg*. Nach gut 30 Minuten heißt es im spitzen Winkel nach links abzubiegen. Der Weg wird alsbald schmäler und zieht, letztlich in Serpentinen, empor zum *Ringwall* am *Greinberg*.

Wir umrunden den Berg, den Wallanlagen folgend, und gehen anschließend auf dem Herweg zurück bis zur Spitzkehre.

Hier verlassen wir das blaue Andreaskreuz, biegen nach halb links ab und folgen dem unmarkierten Forstweg leicht aufwärts bis zur Weggabel.

Hier nehmen wir den nach rechts abwärts führenden Pfad, der nach wenigen Minuten in einen breiteren Weg mündet, der uns nach rechts zu einem wieder mit einem gelben Dreieck markierten Weg bringt. – Auf diesem wandern wir am Waldhang entlang abwärts. Auf dem Weg zurück zur Stadt ist ein Abstecher nach links, zur *Mildenburg*, empfehlenswert.

15 Miltenberg – Kloster Engelberg – Großheubach – Kleinheubach – Miltenberg

Verkehrsmöglichkeiten Siehe Wanderung Nr. 14.
Parkmöglichkeiten Mainufer-Anlagen.
Wegmarkierungen Roter Punkt bis Kloster Engelberg, schwarzes E auf weißem Grund bis Großheubach, ohne Markierung nach Kleinheubach, blaues R bis Miltenberg.
Tourenlänge Etwa 12 km.
Wanderzeit Etwa 3½ Stunden.
Höhenunterschiede Etwa 150 m.
Wanderkarte 1:50 000 Odenwald, Blatt Nordost.
Wissenswertes Miltenberg siehe Wanderung Nr. 14.

Das 1630 gegründete Kloster Engelberg war ursprünglich ein Kapuzinerkloster. 1828 kamen die Franziskaner auf den Engelberg, um das Kloster weiterzuführen. Dieses ist nicht nur ein beliebtes Ausflugsziel – ein Blick von der Terrasse des Engelberges bleibt sicherlich jedem Besucher unvergeßlich –, sondern auch ein bekannter Wallfahrtsort.

Sehenswert in der Klosterkirche ist vor allem die rechte Seitenkapelle mit der Marienstatue aus dem Jahre 1310 auf dem Gnadenaltar.

Die behagliche Klostergaststätte lädt zum Verweilen ein. Weit und breit bekannt ist die herzhafte Brotzeit mit Emmentaler Käse, selbstgebackenem Gewürzbrot und dunklem Klosterbier. Die Mönche überwachen die Herstellung und Qualität des heute in Miltenberg nach uralten Klosterrezepten gebrauten Bieres.

Weinkenner schätzen den im Engelberger Klostergarten angebauten »guten Tropfen«. Die Klostergaststätte ist täglich, außer Montag (Ruhetag), von 10 bis 18 Uhr geöffnet.

Tourenbeschreibung Vom Marktplatz in Miltenberg über den Main hinüber zum Bahnhof in der Nordstadt, wo die Markierung roter Punkt beginnt. Dieser folgen wir durch die Unterführung, am Sportplatz und Gymnasium vorbei, später nach rechts in die *Engelbergstraße* einbiegend, zum Stadtrand von Miltenberg. Durch Weinberge weiter ansteigend sehen wir im Vorblick bereits das Kloster Engelberg. Beim Steinkreuz nach rechts, die Stufen aufwärts zum Wald und zur *Kapelle »Maria Hilf«*. Links ab, erst mäßig steigend, dann eben durch Mischwald zum *Kloster Engelberg*.

Von hier steigen wir über die 612 Stufen der sogenannten *»Engelsstaffeln«* (17. Jahrhundert) an sechs kleinen Kapellen vorbei hinab nach *Großheubach*.

Am Ende der Treppe folgen wir nach halb links dem *Engelbergweg* und kommen durch die *Schafgasse* links haltend hinab zur *Hauptstraße*. Dieser folgen wir etwa 500 Meter in Richtung Miltenberg, biegen dann rechts ab und gehen über die *Mainbrücke* hinüber nach *Kleinheubach*. Hier gleich nach links und mit der Markierung blaues R in den Löwensteinischen Park und weiter in Richtung Main.

In Höhe der Staustufe geht es nach rechts; kurz darauf endet der Park. Nach etwa 200 Metern, rechts des Weges, die Reste des römischen *Kastells Altstadt*. Im weiteren Verlauf unseres Weges überqueren wir einen Bahnübergang und wandern an Kleingärten entlang weiter. Am Ende des Weges auf Stufen hoch zur Straße, der wir nach links folgen.

Vorbei an der *Laurentiuskapelle* und dem Friedhof, auf der *Mainzer*, später auf der *Hauptstraße* zurück zum Miltenberger Marktplatz.

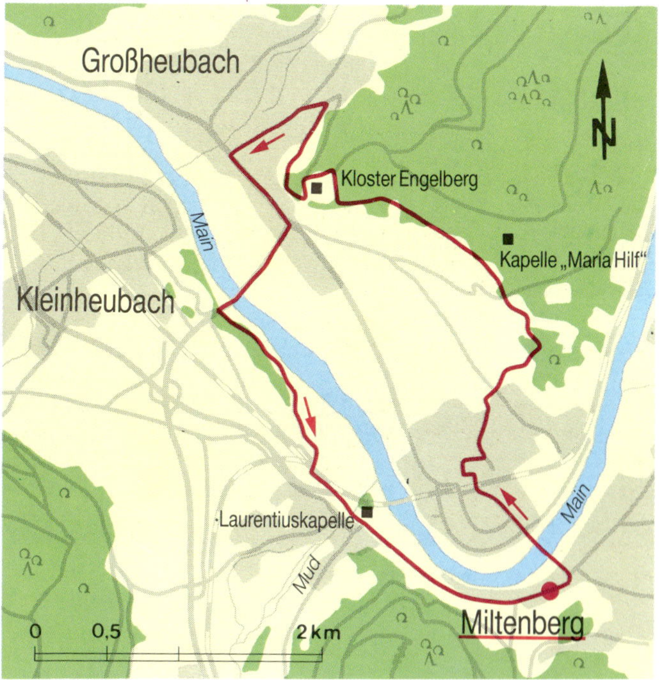

Zu Tour 14, 15, 16, 70 **Miltenberg, Toutonenstein**
(Foto: Städtisches Verkehrsbüro/Jürgen Leuner)

16 Miltenberg – Heunesäulen – Kleinheubach – Miltenberg

Verkehrsmöglichkeiten Siehe Wanderung Nr. 14.
Parkmöglichkeiten Mainufer-Anlagen.
Wegmarkierungen Blaues Andreaskreuz bis Parkplatz Springquelle, blaue Raute bis Kleinheubach, blaues R bis Miltenberg.
Tourenlänge Etwa 11 km. **Wanderzeit** Etwa 3 Stunden.
Höhenunterschiede Insgesamt etwa 180 m.
Wissenswertes Miltenberg siehe Nr. 14, Heunesäulen Nr. 13.
Tourenbeschreibung Mit dem blauen Andreaskreuz wandern wir vom Marktplatz auf der *Hauptstraße* und der *Mainzer Straße* ortsauswärts; biegen schließlich nach links ab, überqueren die *Mud*, folgen der *Breitendieler Straße* über die Eisenbahn und die *Bundesstraße 469* und ein kurzes Stück der nach Mainbullau führenden Fahrstraße.

Dann geht es erneut nach links und zum *Parkplatz Springquelle* und weiterhin, dem blauen Andreaskreuz folgend, in gut 10 Minuten, leicht aufwärts, zu den *Heunesäulen*.

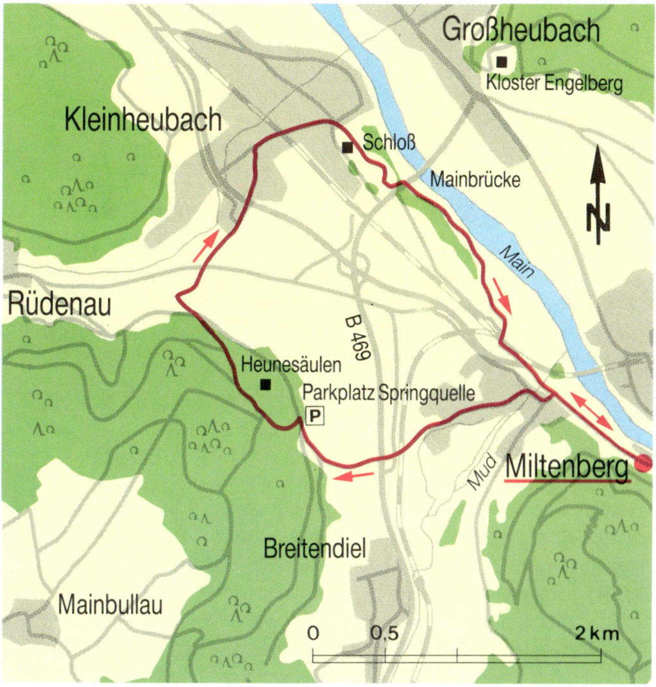

Von hier aus setzen wir unseren Weg unter Führung der blauen Raute fort, überqueren erneut die *Mainbullauer Straße* und verlassen bald danach den Wald. Die Route zieht weiter in Richtung Kleinheubach, quert die nach Rüdenau führende Straße, führt unter der Umgehungsstraße 469 hindurch und hinein nach *Kleinheubach.*

Zum Bahnhof und am Ende der *Bahnhofstraße* nach links in die *Friedenstraße*, wo wir auf die Markierung blaues R treffen. Diese führt uns am Rathaus vorbei zum Eingang des Schloßparks. Der Weiterweg führt am *Schloß* (dreiflügeliger Bau des süddeutschen Spätbarock, 1723/26 anstelle der alten Georgsburg erbaut) vorbei, zwischen dem Ostflügel und dem Uhrengebäude hindurch, rechts haltend und im Bogen durch den im Jahre 1817 angelegten Schloßpark.

Bedauerlicherweise wurde die Parklandschaft durch den Bau der Mainbrücke stark in Mitleidenschaft gezogen.

Nach der Brücke geht es weiter in Richtung Main und in Höhe der Staustufe nach rechts. Kurz danach ist das Parkende erreicht.

Wir überschreiten nach einem Rechtsschwenk die Gleise, gehen nach links an Kleingärten entlang und über Stufen hinauf zur Straße. Wir folgen dieser Straße nach links und bummeln am *Mainzer Turm* (um 1400 erbaut) vorbei letztlich auf dem Herweg zurück nach *Miltenberg.*

17 Amorbach – Schafhof – Amorsbrunn – Amorbach

Verkehrsmöglichkeiten Amorbach liegt an der Bundesstraße 47 und ist Bahnstation an der Strecke Miltenberg – Osterburken. Busverbindungen nach Kirchzell, Würzburg.

Parkmöglichkeiten Freihof, Schloßplatz, Marktplatz, Debonstraße und Platz an der Weilbacher Straße.

Wegmarkierungen Weißer Strich bis Schafhof, Nr. 3 bis Amorsbrunn, weiße Raute bis Amorbach.

Tourenlänge Etwa 7 km. **Wanderzeit** Etwa 2 Stunden.

Höhenunterschiede Insgesamt etwa 80 m.

Wanderkarte 1:50 000 Odenwald, Blatt Nordost.

Anmerkungen Die Kapelle Amorsbrunn ist vom 1. Mai bis 30. September täglich von 10 bis 17 Uhr geöffnet.

Wissenswertes Der staatlich anerkannte Luftkurort Amorbach liegt im bayerischen Teil des Odenwalds. Gegründet wurde der

Ort im Jahre 734 durch Benediktinermönche. Die Verleihung der Stadtrechte erfolgte 1253.

Etwa um die Mitte des 18. Jahrhunderts begann der große kulturelle Aufstieg. Bedeutende Baukünstler wie Maximilian von Welsch und Ignatz-Michael Neumann ließen monumentale Schöpfungen entstehen. Die weltberühmte Abteikirche, deren Orgel als klangprächtigstes und größtes Barockorgelwerk Europas gewertet wird, der Konventbau mit seinem prunkvollen grünen Saal und der kostbaren Bibliothek (seit 1803 im Besitz des Fürsten zu Leiningen), die Rokoko-Stadtpfarrkirche und andere Bauwerke sind beredte Zeugen jener kulturellen Blütezeit.

Das alte Rathaus aus dem 15. Jahrhundert, die frühere mainzische Amtskellerei (heute Heimatmuseum) und die ehemalige Klostermühle (Café Schloßmühle) sowie zahlreiche Fachwerkbauten im Stadtkern tragen dazu bei, daß das malerische Stadtbild bis in die heutige Zeit erhalten geblieben ist.

Wo heute die Kapelle *Amorsbrunn* steht, befand sich einst ein heidnisches Quellheiligtum. Es waren irische und schottische Mönche, die um 750 hier eine erste Kapelle errichteten, der bald das Benediktinerkloster Amorsbrunn angeschlossen wurde. Daß

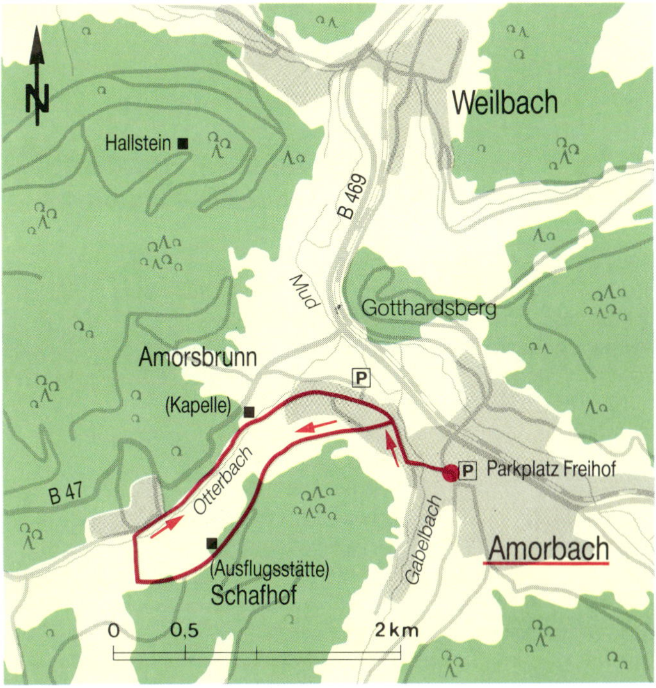

die heutige Kapelle nicht das erste Gotteshaus ist, geht aus der über der Eingangstür angebrachten Jahreszahl 1521 hervor.
Tourenbeschreibung Am *Parkplatz Freihof* nehmen wir die Markierung weißer Strich auf und gehen durch die *Johannisturmstraße* zum *Marktplatz*, biegen nach links ab und gelangen über die Straße *Am Stadttor* zur *Löhrstraße*, der wir abwärts zur *Steinernen Brücke* folgen.

Auf der Brücke über die *Mud*, auf der *Boxbrunner Straße* bis zur *Klostersteige* (Hinweistafel »Jugendherberge«) links ab und steil bergauf bis zum Ortsende.

Auf einem aussichtsreichen Höhenweg (unten im Tal sehen wir die Kapelle Amorsbrunn liegen und im gegenüberliegenden Hang zieht die Nibelungenstraße bergauf) geht es zum Wald und weiter zur *Ausflugsgaststätte Schafhof*.

An den Forellenbecken vorbei, leicht abwärts gehend, treffen wir auf die Markierung gelbe 3 und wandern mit dieser auf einem von Obstbäumen und Haselnußsträuchern gesäumten Fahrsträßchen durch den Talgrund.

Drüben schwenken wir nach rechts, kommen an einer Wochenendhaussiedlung vorüber und bummeln durch das *Otterbachtal* geradewegs zur *Kapelle Amorsbrunn*.

Von hier geht es auf der mit einer weißen Raute markierten *Amorsbrunner Straße* zurück nach *Amorbach*.

18 Amorbach – Zittenfeldener Quelle (Siegfriedquelle) – Totenbrückle – Amorbach

Verkehrsmöglichkeiten Siehe Wanderung Nr. 17.
Parkmöglichkeiten Freihof, Marktplatz, Schloßplatz, Debonstraße und Platz an der Weilbacher Straße.
Wegmarkierungen Weißer Strich bis Zittenfeldener Quelle, rote 4 bis etwa 500 Meter nach Totenbrückle, ohne Markierung zurück nach Amorbach.
Tourenlänge Etwa 9 km.
Wanderzeit Etwas $2^1/_2$ Stunden.
Höhenunterschiede Insgesamt etwa 150 m.
Wanderkarte 1:50 000 Odenwald, Blatt Nordost.
Wissenswertes Amorbach siehe Wanderung Nr. 17.

Die Zittenfeldener Quelle wird auch Siegfriedquelle genannt und ist als solche auch auf den Wanderkarten genannt.
Tourenbeschreibung Vom *Parkplatz Freihof* gehen wir der Markierung weißer Strich folgend an der Seitenfassade der Ab-

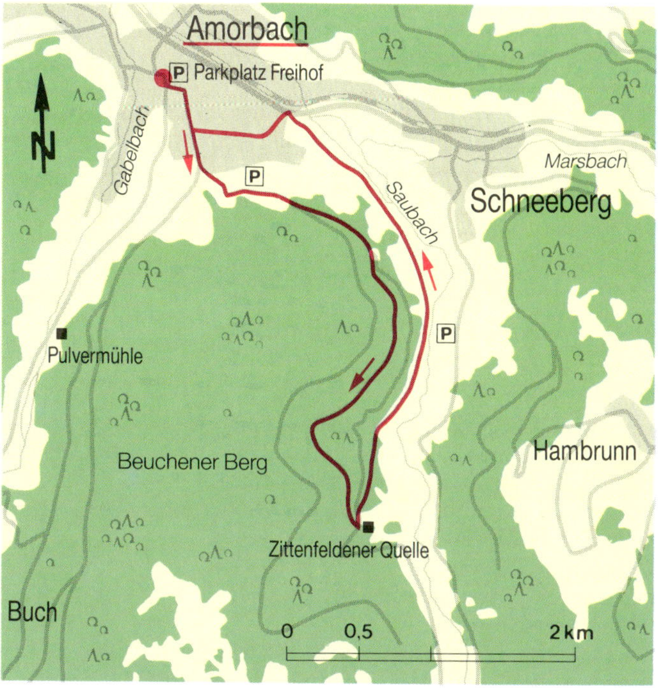

teikirche entlang durch die *Kalte Gasse*, nach rechts durch die Grünanlage vor dem Konventgebäude, schließlich über die Straße und zunächst auf der *Beuchener Straße*, später links abbiegend auf der steilen *Panoramastraße* hinauf zum Ortsende.

Geradewegs weiter bergauf, an einem Parkplatz vorbei und links haltend (mit Blick auf den im Marbachtal liegenden Ort Schneeberg) zum Waldeingang.

Bei der Wegschranke (Wegweiser: Zittenfelder Quelle – 50 Minuten) biegen wir links ab und wandern auf gut markierter Route durch den Hangwald am *Beuchener Berg* bergab.

Nach einer knappen Stunde kündigt uns ein deutlich vernehmbares Rauschen an, daß wir nicht mehr weit von der Quelle entfernt sind. Die *Zittenfeldener Quelle*, auch *Siegfriedquelle* genannt, entpuppt sich dann als kleiner, plätschernder Wasserfall. Nahebei eine Blockhütte, von der aus man einen schönen Blick hinab in das stille Zittenfeldener Tal hat.

Mit der örtlichen Markierung Nr. 4 machen wir uns auf den Rückweg. Dabei folgen wir dem breiten Weg ein kurzes Stück, zweigen nach rechts ab und wandern am Waldsaum bergab zur Wegteilung am *Totenbrückle*.

Von hier mit der Nr. 4 noch etwa 500 Meter in der bisherigen Richtung. Dort, wo die Nr. 4 nach rechts abbiegt, gehen wir ohne Markierung geradeaus und wandern, immer auf diesem Weg bleibend, bis zum *Amorbacher Friedhof* (Tankstelle).

Hier wenden wir uns nach links und gehen auf der *Friedhofstraße* hinauf zur Straße *In den Hofäckern*, welche zur *Panoramastraße* führt. Auf der Panoramastraße bergab und auf dem Herweg zurück zum Ausgangspunkt.

19 Amorbach – Gotthardsberg – Amorbach

Verkehrsmöglichkeiten Siehe Wanderung Nr. 17.
Parkmöglichkeiten Freihof, Schloßplatz, Marktplatz, Debonstraße und Platz an der Weilbacher Straße.
Wegmarkierungen Blaue Raute bis Gotthardsberg, ohne Markierung zurück nach Amorbach.
Tourenlänge Etwa 4 km.
Wanderzeit Etwa 1 Stunde.
Höhenunterschiede Etwa 150 m.
Wanderkarte 1:50 000 Odenwald, Blatt Nordwest.
Wissenswertes Amorbach siehe Wanderung Nr. 17.

Auf dem Gotthardsberg stand einst die im Jahre 1168 auf Veranlassung von Kaiser Friedrich I. zerstörte Burg des Gaugrafen Ruthard von Frankenberg.

Später befand sich dort oben ein Nonnenkloster, welches 1439 aufgelöst wurde. Aufständische Bauern vernichteten 1525 das Gebäude.

Eine 1631 auf den Ruinen erbaute Kirche wurde 1714 durch Blitzschlag zerstört. Seither hat sich dort oben nicht mehr viel verändert.

Beliebtes Wanderziel ist der Gotthardsberg, weil man von dort oben einen einmalig schönen Blick in sieben Täler und über die Höhenzüge des Odenwaldes hat.

Tourenbeschreibung Dieses Mal starten wir unsere Wanderung am Parkplatz an der *Weilbacher Straße* und folgen der *Neudorfer Straße* bis zum *Gotthardsweg*.

Auf diesem mit der blauen Raute markierten Weg steigen wir hinauf zum Wald und durch diesen, auf schmalem Pfad, bergauf zur Kirchenruine auf dem *Gotthardsberg*.

Von dem 150 Meter über der Talsohle stehenden Turm haben wir einen der schönsten Ausblicke, die es im Odenwald gibt. Wir

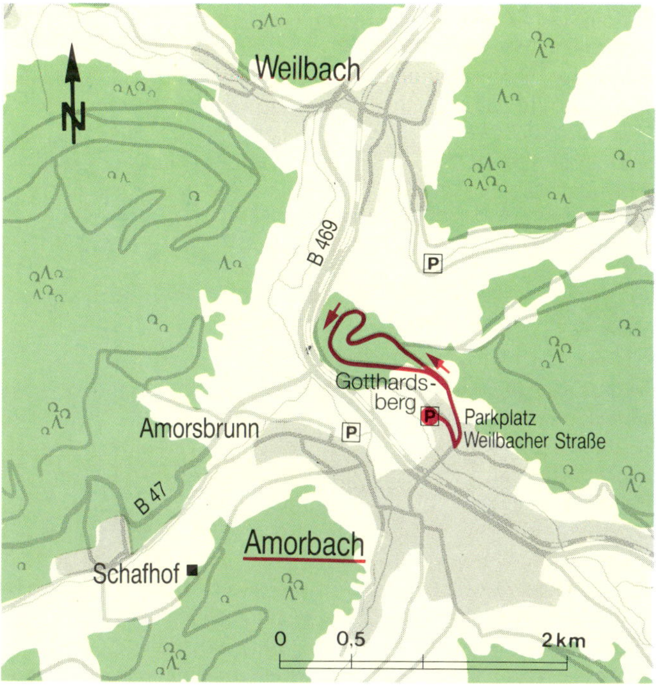

Zu Tour 21 **Jugendherberge Walldürn, Auf der Heide 37, D-6968 Walldürn.** Die JH steht unmittelbar am Waldrand etwas außerhalb der Stadt

blicken in sieben Taleinschnitte und erkennen das Kloster Engelberg (siehe Wanderung Nr. 15).

Für den Rückweg folgen wir zunächst noch ein Stück der blauen Raute auf schmalem, dann auf breitem Weg abwärts.

In der Rechtskurve dieses Weges zweigt nach links der *Marienweg* (Tafel) ab. Wir gehen hinab zum *Gotthardsweg* und auf diesem zurück zum Ausgangspunkt.

20 Kirchzell – Buch – Ruine Wildenburg – Preunschen – Kirchzell

Verkehrsmöglichkeiten Der Marktflecken Kirchzell liegt 5 km südlich von Amorbach und ist von dort über die »Siegfriedstraße« (L 2311) gut zu erreichen. Busverbindung Amorbach – Kirchzell (ungünstig am Wochenende).
Parkmöglichkeiten In der Ortsmitte.
Wegmarkierungen Weiße 1 bis Buch, rote Raute bis Preunschen, weißes Dreieck bis Kirchzell.
Tourenlänge Etwa 12 km. **Wanderzeit** Etwa 3½ Stunden.
Höhenunterschiede Insgesamt etwa 200 m.
Wanderkarte 1:50 000 Odenwald, Blatt Südost.
Wissenswertes Die Wildenburg wurde um 1190 im Auftrag des Edelherren Rupert von Dürn, einem engen Vertrauten Kaiser Friedrich Barbarossas, errichtet und ein Vierteljahrhundert später, unter Conrad von Dürn, zu einem prachtvollen spätromantischen Herrensitz ausgebaut. Im Jahre 1271 wurde die Burg an den Erzbischof von Mainz verkauft und war rund 250 Jahre Sitz eines Burgmanns oder Oberamtmannes. Im Bauernkrieg, am 4. Mai 1525, wurde die Anlage zerstört und nicht mehr aufgebaut.
Tourenbeschreibung Von der Kirche aus gehen wir auf der *Hauptstraße* in Richtung Amorbach, biegen nach rechts in die *Forsthausenstraße* ein, überqueren den *Gabelsbach*, schwenken nach links und wandern, immer noch auf der Forsthausenstraße, ortsauswärts.

Geradewegs weiter auf einem schmalen, von Obstbäumen gesäumten und mit einer weißen 1 markierten Ortsverbindungssträßchen. Wir passieren ein Steinkreuz, auf dem deutlich die Jahreszahl 1535 zu erkennen ist, und erreichen etwa 10 Minuten später den Ortsrand von *Buch*.

Hier treffen wir auf die Markierung rote Raute, welcher wir nach rechts folgen. Auf der rechten Seite der Mud geht es, mitunter mit Blick zur Ruine Wildenburg, mäßig bergan zum Wald.

Der asphaltierte Weg endet an einem kleinen Parkplatz. Ab hier wird der Weg zunehmend steiler, der uns in gut 20 Minuten Gehzeit hinauf zum Eingang zur *Ruine Wildenburg* bringt.

Durch den Torbau, in dessen Obergeschoß sich einst die dem Ritterheiligen Georg geweihte Burgkapelle befand, gelangen wir in die Kernburg, deren ursprüngliche Gestaltung noch gut zu erkennen ist. Vom Torbau gehen wir geradewegs zur Sperrmauer mit Wehrgang und durch ein Portal in den Innenhof mit Palas, der im heizbaren Untergeschoß einst Versammlungsräume beherbergte und dessen Obergeschoß den mit lichtspendenden Arkaden versehenen Festsaal enthielt.

Auf der anderen Seite der Burganlage befindet sich der 25 Meter hohe Bergfried. Er diente hinter Graben und Schildmauer vor allem zum Schutz der am meisten gefährdeten Bergseite.

Von der Ruine aus folgen wir der roten Raute, an Vorwerken vorbei, weiter aufwärts bis zum Waldrand, von dem es nur noch etwa 10 Minuten in das hochgelegene Dorf *Preunschen* sind.

In Preunschen verlassen wir die Markierung rote Raute, wenden uns bei der ersten Straßengabelung nach rechts und treffen am nordwestlichen Ortsausgang auf die Markierung weißes Dreieck.

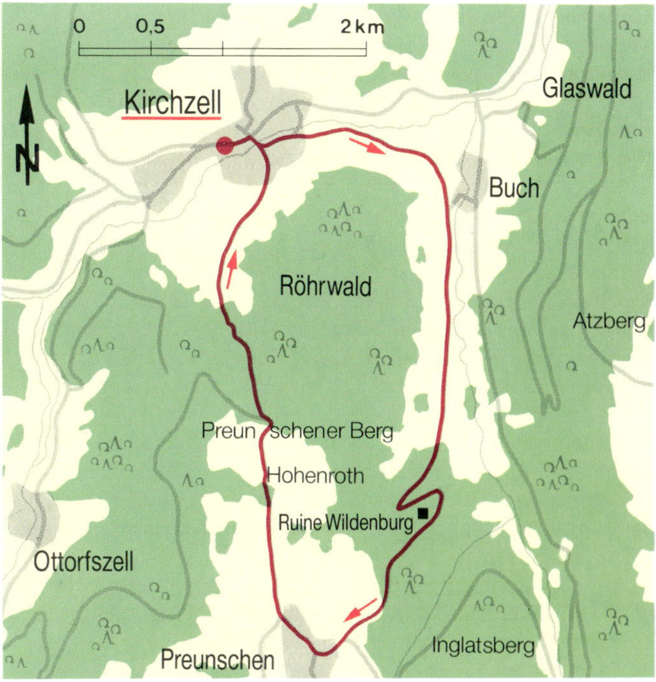

Dieses neue Wegzeichen führt uns auf aussichtsreichem Höhenweg mit Blick auf Würzberg, Boxbrunn und Breitenbuch über den teilweise bewaldeten *Preunschenberg*. Dann auf einem Waldpfad durch Mischwald etwas stärker abwärts und letztlich über freies Feld hinab und zurück nach *Kirchzell.*

21 Walldürn – Neusaß – Limeslehrpfad – Walldürn

Verkehrsmöglichkeiten Walldürn liegt an den Bundesstraßen 27 und 47 und ist Bahnstation an der Strecke Miltenberg – Seckach. Busverbindungen nach Heidelberg, Mosbach, Würzburg.
Parkmöglichkeiten Parkplatz Limeslehrpfad. Zufahrt: Von Walldürn in Richtung Würzburg, nach der 2. Unterführung nach links und den Hinweistafeln »Limes« folgen. Am Ende der Boschstraße Parkplatz am Waldrand.
Wegmarkierungen Gelber Doppelstrich bis Neusaß, roter Strich bis Parkplatz.
Tourenlänge Etwa 11 km. **Wanderzeit** Etwa 3 Stunden.
Höhenunterschiede Insgesamt etwa 100 m.
Wanderkarte 1:50 000 Odenwald, Blatt Südost.
Anmerkungen Ab Neusaß ist der Weg zusätzlich mit einem schwarzen Turm auf weißem Grund markiert, da Teilstrecke des Limeswanderweges.
Wissenswertes Walldürn ist eine Stadt mit über 1000jähriger Geschichte und vor allem als Wallfahrtsort bekannt. Die Wallfahrt wurde nach dem 30jährigen Krieg aufgenommen. Anlaß hierzu ist das sogenannte Blutwunder. Ein junger Priester soll den bereits konsekrierten Wein verschüttet haben, und auf dem Kelchtuch zeichnete sich daraufhin das Christusbild ab, umgeben von elf dornengekrönten Häuptern. Das Kelchtuch wurde zur Verehrung ausgestellt. Rasch entwickelte sich eine immer größer werdende Wallfahrt, bei der sich viele Wunderheilungen ereigneten. Noch heute pilgern in den Wochen nach Pfingsten viele Tausende zur Walldürner Basilika, zum heiligen Blut.

Sehenswert in Walldürn ist neben der Wallfahrtsbasilika vor allem die historische Altstadt mit ihren Fachwerkbauten, das Rathaus von 1448, das Elfenbeinmuseum sowie das Heimat- und Wallfahrtsmuseum.

Auf dem Limeslehrpfad geben eine Reihe von Informationstafeln und Schaubilder einen guten Einblick über den Aufbau und die Bauwerke dieses römischen Grenzwalles.

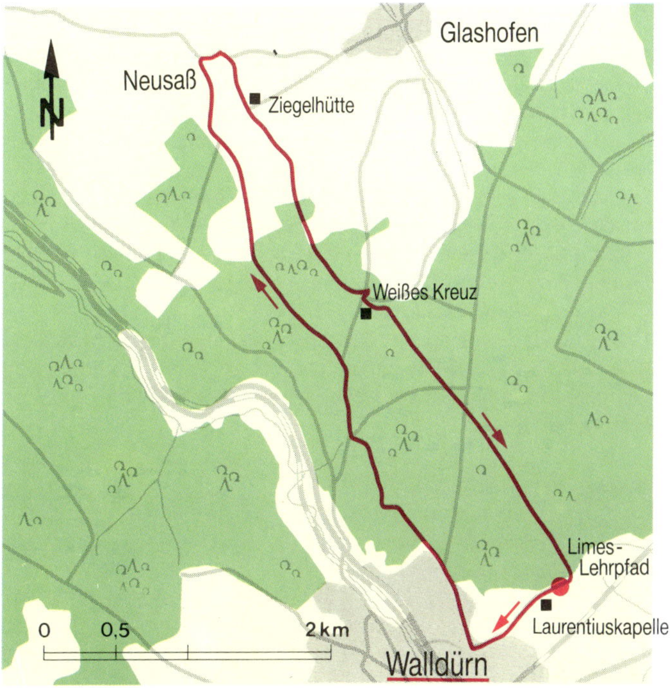

Tourenbeschreibung Vom Parkplatz aus gehen wir zunächst vorbei an der 1764 errichteten *Laurentius-Kapelle*, auf der *Boschstraße* in Richtung Stadt bis zur Straßenkreuzung. Hier biegen wir nach rechts in die *Wettersdorfer Straße* ab.

Beim Sportplatz treffen wir auf die Markierung gelber Doppelstrich, dessen Führung wir uns bis Neusaß anvertrauen. Wir biegen am Ortsende nach halb links ab und wandern in der Folge auf gut markierter Route durch Mischwald, dann auf einem Pfad durch Fichtenwald und erreichen nach etwa 15 Minuten die *Alte Glashofener Straße,* der wir nach rechts folgen.

An der Wegekreuzung biegen wir links ab. Wenig später trifft von rechts kommend der örtliche Limesrundweg (L) zu uns, begleitet uns etwa 10 Minuten und biegt dann nach links ab.

Wir halten uns weiterhin an den gelben Doppelstrich, überqueren eine große Lichtung und erreichen schließlich einen Aussiedlerhof, wandern an diesem vorbei und weiter zur Straße, die wir bei einem Marterl, oberhalb der Ortschaft Neusaß, erreichen. – Hier verlassen wir den gelben Doppelstrich, wenden nach rechts und gehen, jetzt mit der Markierung roter Strich, hinab nach *Neusaß*.

Wir durchwandern den kleinen Ort, biegen vor dem Ortsausgangsschild rechts ab und wandern geradewegs zur *Ziegelhütte.*

Hier nach links, gleich wieder nach rechts und auf dem asphaltierten Sträßchen über freie Flur zum Wald. Wir wandern durch diesen, uns an den Weggabelungen jeweils links haltend, bis wir wiederum die *Alte Glashofener Straße* erreichen.

Auf dieser gehen wir etwa 30 Meter nach rechts und erblicken auf der rechten Seite das sogenannte *»Weiße Kreuz«.*

Auf diesem 1738 errichteten Kreuz sind die Leidenswerkzeuge Christi dargestellt: Dornenkrone, Zange, Hammer, Stange, Kelch, Schwamm und Leiter.

Kurz nach dem Kreuz verlassen wir das alphaltierte Sträßchen nach links und treffen, einem breiten Forstweg folgend, nach wenigen Minuten auf den *Limeslehrpfad* (weißes L), dem wir nach rechts folgen.

Zu Tour 21 **Walldürn** (Foto: Verkehrsamt der Stadt Walldürn)

Der Weg, jetzt dem Verlauf des obergermanischen Limes folgend, zieht schnurgerade durch den Wald. In unserer Zeit durchgeführte Messungen ergaben, daß die alten Römer die Grenzlinie Limes ohne jegliche Abweichung kerzengerade über Hunderte von Kilometern durch das Land angelegt hatten.

Auf diesem letzten Stück unserer Wanderung kommen wir an den Resten einiger ehemaliger Wachtürme vorbei. Die aufgestellten Informationstafeln und Schaubilder vermitteln historisch fundierte Hinweise auf die Bauart und Geschichte dieses Grenzwalls.

Am Ende des Lehrpfades geht es nach rechts und zurück zum *Parkplatz.*

22 Buchen – Waldschwimmbad – Morretal – Welscheberg – Waldschwimmbad – Buchen

Verkehrsmöglichkeiten Buchen liegt an der Bundesstraße 27 und ist Bahnstation an der Strecke Miltenberg – Seckach. Busverbindungen nach Eberbach, Heidelberg, Karlsruhe, Mosbach, Wertheim, Würzburg.
Parkmöglichkeiten Parkplatz am Waldschwimmbad.
Wegmarkierungen Weißer Strich bis gelber Doppelstrich, mit diesem bis Parkplatz an der Straße Hainstadt – Hornbach, gelbes Dreieck bis Buchen.
Tourenlänge Etwa 13 km.
Wanderzeit Etwa 3½ bis 4 Stunden.
Höhenunterschiede Insgesamt etwa 150 m.
Wanderkarte 1:50 000 Odenwald, Blatt Südost.
Anmerkungen Anfahrt zum Parkplatz am Waldschwimmbad: Buchen in Richtung Hettigenbeuern und kurz nach dem Ortsende nach halb links (Wegweiser: Schwimmbad) zum Parkplatz abbiegen.
Wissenswertes Buchen, am Ostrand des Odenwalds gelegen, ist der kulturelle und wirtschaftliche Mittelpunkt des sogenannten Madonnenländchens. Sehenswerter mittelalterlicher Stadtkern mit zahlreichen Fachwerkhäusern und Resten der ehemaligen Stadtbefestigung. Sehenswert u. a. Stadtturm, altes Rathaus, Beghinen-Klösterle, Kurmainzische Amtskellerei, barocke Mariensäule.
Tourenbeschreibung Am *Parkplatz Waldschwimmbad* finden wir am Pfosten der Übersichtstafel für die örtlichen Rundwege

das Markierungszeichen weißer Strich. Wir folgen diesem Zeichen in nördlicher Richtung und wandern auf einem breiten Weg am Waldrand aufwärts durch das *Morretal.*

Nach gut einer halben Stunde Wanderzeit gehen wir an der Weggabel nach rechts abwärts über den Bach, an einer Rasthütte vorbei zum Waldrand, wo wir auf die Markierung gelber Doppelstrich treffen, dessen Führung wir uns nun anvertrauen.

Es geht noch ein kurzes Stück im Tal entlang, dann nach rechts aufwärts über die Straße, an einem Parkplatz vorbei und mit dem Doppelstrich in den Wald. In der Folge heißt es besonders gut auf die Markierung achten, da die Route mit häufigem Richtungswechsel, teils auf breiten Waldwegen, teils auf Pfaden, über den *Arnberg* und *Welscheberg* hinaufführt zur Straße *Hainstadt – Hornbach.*

Wir folgen dieser Straße nach rechts zum nahegelegenen *Parkplatz* mit Grill, Kinderspielplatz und Rasthütte. Hier finden wir auch das Wegzeichen gelbes Dreieck, mit dem wir auf einem breiten Weg durch Nadelwald leicht abwärts wandern. Eine Forststraße wird nach links gequert und anschließend, jetzt wieder mit öfterem Richtungswechsel, zunächst weiter abwärts, spä-

Zu Tour 22 **Marktplatz Buchen mit Altem Rathaus, Stadtkirche und Marktbrunnen** (Foto: Verkehrsamt Buchen/Wolfgang Mackert)

ter leicht aufwärts gewandert. Eine Lichtung mit guter Fernsicht wird erreicht. Danach geht es wieder bergab, geradewegs über die Wegekreuzung und auf dem *Tannenbuckepfad*, jetzt etwas steiler, hinab zum *Rastplatz zum kühlen Grund.*

Links haltend setzen wir unseren Weg fort, wandern am Waldrand entlang, dann durch Laubwald und über eine Lichtung hinab zur Straße.

Hier geht das gelbe Dreieck nach links ab in Richtung Buchen. Wir wenden uns nach rechts und gehen auf der Straße das kurze Stück bis zum *Abzweig Schwimmbad* (Wegweiser). Biegen nach links talwärts ab und gehen, den Bach querend, zurück zum Ausgangspunkt, dem *Parkplatz am Waldschwimmbad.*

23 Würzberg – Bullauer Bild – Eutergrund – Frankfurter Tor – Römerbad – Würzberg

Verkehrsmöglichkeiten Bundesstraße 47 (Nibelungenstraße) bis Eulbach, hier abzweigen nach Würzberg. Busverbindungen nach Michelstadt, Erbach.
Parkmöglichkeiten Wanderparkplatz Adlerschlag. Anfahrt: Am Ortsbeginn von Würzberg geradeaus, vorbei am Sportplatz, Friedhof, Wasserbehälter und Sendeanlage zum Parkplatz (rechter Hand im Wald).
Wegmarkierungen Rotes Dreieck bis Bullauer Bild, weißer Strich bis Eutergrund, Nr. 9 bis Frankfurter Tor, auf den Kopf gestelltes, blaues T bis Parkplatz.
Tourenlänge Etwa 11 km.
Wanderzeit Etwa 3 Stunden.
Höhenunterschiede Insgesamt etwa 150 m.
Wanderkarte 1:50 000 Odenwald, Blatt Nordost.
Wissenswertes Der im Jahre 1347 als »Wirtzbergk« genannte, heutige Michelstädter Ortsteil Würzberg ist ein sehr langgezogener Ort in schöner Höhenlage ohne Durchgangsverkehr.

Das Bullauer Bild ist ein in eine dreistämmige Buche eingewachsener, steinerner Bildstock. Er trägt die Jahreszahl 1761.

Bullau wird in einer Urkunde des Abtes Anselm von Lorsch aus dem Jahre 1095 als »Bulaha« erwähnt, und aus späteren Urkunden ist ersichtlich, daß Bullau zusammen mit dem Eutergrund (mit 16 Häusern) eine Gemarkung war.
Tourenbeschreibung Vom Parkplatz wandern wir, dem Fahrsträßchen folgend, zur Wegekreuzung am sogenannten *Jägertor.*

Hier biegen wir rechts ab und wandern am Forsthaus vorbei in Richtung Wald. Bei der Weggabel (mit Baum und Bank) halten wir nach links und tauchen nach etwa 800 Metern in den Wald ein.

Auf der *Bullauer Straße* wandern wir zum *Forsthaus Hubertus.* Kurz danach teilt sich der Weg, wir halten nach rechts, unterqueren eine Stromleitung und wandern auf teilweise feuchtem Waldweg geradewegs bis zum Waldende.

Aus dem Wald tretend sehen wir vor uns zwei Häuser stehen. Hier treffen wir auch auf die Markierung weißer Strich.

Zunächst wollen wir uns jedoch das sagenumwobene Bullauer Bild ansehen und gehen an den beiden Häusern vorbei, mit dem gelben Dreieck, jetzt auf betoniertem Sträßchen noch etwa 100 Meter weiter. Dann weist eine Tafel »Bildstock« nach rechts in den Wald, und nach wenigen Schritten stehen wir vor dem *Bullauer Bild.*

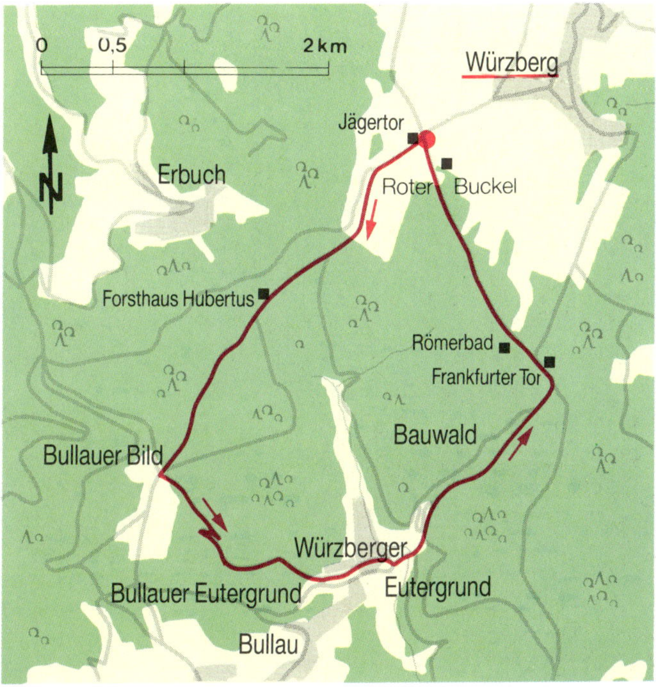

Der steinerne Bildstock ist in eine dreistämmige Buche eingewachsen und trägt die Jahreszahl 1761. Er wird mit einem spätmittelalterlichen Wallfahrtsweg in Verbindung gebracht.

Vom Bullauer Bild gehen wir das kurze Stück zurück zum Waldrand.

Wir schwenken nach rechts und wandern mit der Markierung weißer Strich in südöstlicher Richtung bis an eine Wegekreuzung, die wir ohne Richtungswechsel passieren. Die Route führt dann ein kurzes Stück durch einen eingezäunten Wildpark und letztlich in zwei Bogen, erst links, dann rechts schwenkend, hinab in den *Bullauer Eutergrund.*

Auf dem Sträßchen nach links, bei der Weggabel erneut nach links und mit der Markierung weißer Strich durch die Streusiedlung im wasserreichen *Eutergrund.*

Nach dem letzten Haus biegt der weiße Strich nach rechts ab. Wir gehen geradeaus weiter, jetzt dem Rundweg Nr. 9 folgend, in den sogenannten *Würzberger Eutergrund.*

Dort, wo der breite Weg eine Linkskurve macht, gehen wir geradeaus weiter und auf einem schmalen Weg aufwärts. Der Weg führt jetzt direkt an der hessisch-bayerischen Landesgrenze

Zu Tour 22 **Besuchergruppe in der Eberstadter Tropfsteinhöhle**
(Foto: Verkehrsamt Buchen/Wolfgang Mackert)

entlang, dokumentiert durch die rechts des Weges stehenden (verwitterten) Grenzsteine der beiden Länder.

Der Weg wird steiler und führt, weiter auf der Grenze bleibend, hinauf zu einem Fahrsträßchen beim *Frankfurter Tor*.

Hier treffen wir auf das Markierungszeichen, ein auf den Kopf gestelltes blaues T, dem wir nach links folgen. Wenig später kommen wir an dem teilweise rekonstruierten *Römerbad* vorbei.

Dieses zwischen 142 bis 145 n. Chr. erbaute Kastellbad hatte eine Ausdehnung von etwa 13×16 Meter und verfügte über den üblichen römischen Standard wie Fußboden- und Wandheizung, Auskleideraum, Kaltbad, Warmbad, Heißluftraum usw. Zweifelsohne stellte dieses Bad für die im unwirtlichen Odenwald stationierten römischen Söldner eine willkommene Abwechslung dar.

Wir wandern geradewegs weiter, erreichen nach etwa 1 km die uns bereits vom Wanderbeginn her bekannte Wegekreuzung am *Jägertor* und gehen auf der Herweg zurück zum *Parkplatz*.

24 Friedrichsdorf – Kandelbrunnen – Hohberg-Hof – Kailbach – Friedrichsdorf

Verkehrsmöglichkeiten Das im Itterbachtal gelegene Friedrichsdorf ist am besten von Eberbach/Neckar aus zu erreichen. Busverbindungen nach Darmstadt, Eberbach, Groß-Umstadt, Hanau.
Parkmöglichkeiten Am nördlichen Ortsrand, im sogenannten Oberdorf, an der Straße nach Kailbach, gegenüber Fa. Münch.
Wegmarkierungen Nr. 30 und rot umrandete Raute bis Kandelbrunnen, Nr. 30 bis Hohberg-Hof, Nr. 30 und gelbes Andreaskreuz bis Kailbach, Nr. 30 bis Friedrichsdorf.
Tourenlänge Etwa 10 km.
Wanderzeit Etwa 3 Stunden.
Höhenunterschiede Insgesamt etwa 300 m.
Wanderkarte 1:50 000 Odenwald, Blatt Südwest.
Anmerkungen Die gesamte Strecke ist durchgehend mit der Nr. 30 markiert, dazu teilweise noch mit den oben angeführten OWK-Markierungen, so daß, wenn einmal die eine Markierung fehlt, man sich auch an die andere, angegebene Markierung halten kann.
Wissenswertes Friedrichsdorf: Der Name des Ortes erinnert an seinen Gründer, den Ritter Friedrich von Hirschhorn, der hier im Jahre 1622 Religionsflüchtlinge ansiedelte. Der überall zutage tretende Sandstein entstand aus Ablagerungen eines früheren Urmeeres.
Tourenbeschreibung Wir gehen zunächst auf der Straße ein kurzes Stück in Richtung Oberdorf, biegen dann mit den Markierungen rot umrandete Raute und Nr. 30 nach rechts in den *Weg »Haintal«* ab. Es geht am Werksgelände eines Sägewerkes abwärts, danach über den *Itterbach*, durch das Eisenbahnviadukt und nach dem Haus nach links aufwärts Richtung Wald.

An der Weggabel gehen wir nach rechts und steigen in dem enger werdenden Tal, anfänglich mäßig, später steil, durch den Wald bergauf, bis zum *Kandelbrunnen*.

Hier biegen wir nach rechts ab. Der breite, weiter bergauf führende Weg ist jetzt nur mit der Nr. 30 markiert. Wir wandern, immer dem Verlauf dieses Weges folgend, zwei Wegekreuzungen passierend bis an einen Querweg, wo wir auf die Markierung gelbes Andreaskreuz treffen.

Wir folgen dem Weg nach rechts und kommen wenig später zu den Gebäuden des *Hohberg-Hofes*.

Hier schwenken wir erneut nach rechts und gehen an den Häusern vorbei. Dabei haben wir allseits eine gute Fernsicht.

Danach geht es erneut in den Wald. Jetzt gilt es besonders gut auf die Markierung zu achten, da die steil bergab führende Route mehrmals die Richtung ändert.

Schließlich erreichen wir einen geteerten Weg, dem wir hinab zu den ersten Häusern von *Kaibach* folgen. Wir gehen durch die Bahnunterführung nach rechts am Bahnhof vorbei und auf einem Pfad nach links abwärts in den Ort.

Vor Erreichen der Straße schwenken wir wiederum nach rechts und wandern auf dem geteerten *Mühlweg*, später auf einem Wiesenweg am Bach entlang, abwärts.

Bei den Fischteichen geht es nach rechts durch das Viadukt und im Linksbogen an ein paar Häusern am *Windloch* vorbei wieder zurück. Noch einmal durch das Viadukt, über den *Itterbach* und zurück zum Ausgangspunkt.

25 Reisenbach – Reisenbacher Grund – Reisenbach

Verkehrsmöglichkeiten Beste Anfahrt: Eberbach – Mudau bis Scheidental, dort in westlicher Richtung nach Reisenbach. Busverbindungen nach Buchen, Eberbach, Mudau.
Parkmöglichkeiten Unterhalb der Kirche.
Wegmarkierungen Rote Raute bis Reisenbacher Grund, ohne Markierung bis blaue Raute, und mit diesem Zeichen bis zum Wegzeichen gelber Punkt, mit diesem zurück nach Reisenbach.
Tourenlänge Etwa 8 km.
Wanderzeit Etwa 2½ Stunden.
Höhenunterschiede Insgesamt etwa 180 m.
Wanderkarte 1:50 000 Odenwald, Blatt Südost.
Wissenswertes Reisenbach ist das höchstgelegene Dorf (543 m) im Odenwald. Auf der aussichtsreichen Kuppe der Reisenbacher Hard, unübersehbar, ein mächtiger Bundespost-Fernseh-Sendeturm. Da Reisenbach und die Umgebung in früherer Zeit einmal zu Kurmainz gehörte, sprechen die Einheimischen noch heute vom »Meenzer Land«.

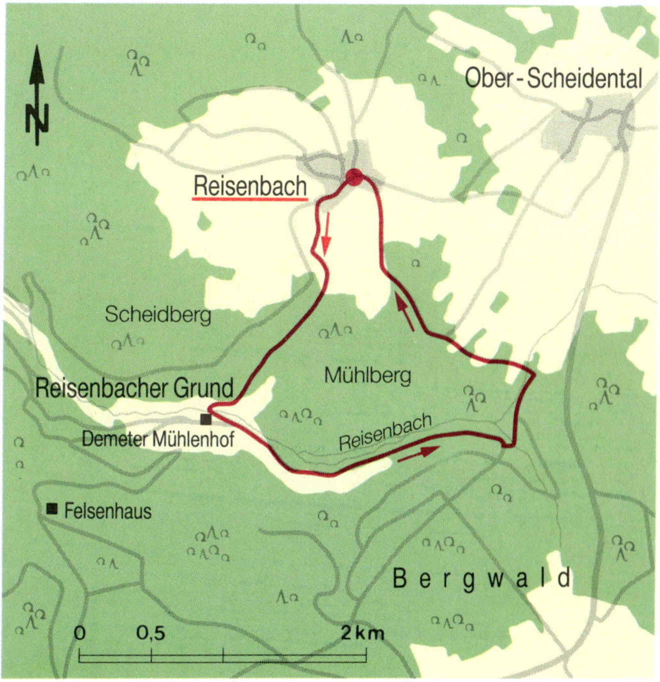

Der Reisenbacher Grund ist zweifelsohne eines der schönsten und romantischsten Odenwaldtäler.

Tourenbeschreibung Mit der roten Raute gehen wir auf der *Gaimühler Straße* in südlicher Richtung ortsauswärts. Nach etwa 200 Metern biegen wir nach links in die Straße *Am Mühlweg* ab und verlassen den Ort.

Durch freie Flur geht es talwärts, über einen Bach und zum Waldbeginn. Leicht rechts haltend führt der Weg, jetzt steiler, durch den Wald bergab.

Im Tal wenden wir uns nach rechts und gehen zu den Häusern im *Reisenbacher Grund.* Beim *Demeter-Mühlenhof* (ab Hof Verkauf von biologisch-dynamischen Erzeugnissen wie z. B. feinem

Zu Tour 22 **Blick auf den Götzenturm in Hettigenbeuern**
(Foto: Verkehrsamt Buchen/Wolfgang Mackert)

Kräuterkäse, Eier, Gemüse, Obst u. a.) biegen wir spitzwinkelig nach links ab. Wenig später verläßt uns die rote Raute nach rechts, wir gehen geradeaus weiter und wandern, jetzt ohne Markierung, auf einem am Südufer des *Reisenbachs* verlaufenden Sträßchens durch einen romantischen Talgrund ostwärts. Später zieht der Weg nach rechts und durch den Wald bergauf. Von rechts kommend mündet die Markierung blaue Raute in unseren Weg.

Dort, wo das Sträßchen eine scharfe Rechtskurve macht, verlassen wir es und gehen mit der blauen Raute noch etwa 300 Meter bergan.

Wir treffen auf die Markierung gelber Punkt und gehen mit beiden Wegzeichen nach links. Es geht über den Bach. Wenig später verläßt uns die blaue Raute nach rechts. Wir müssen, dem gelben Punkt folgend, noch gut 20 Minuten durch den Wald ansteigen, ehe wir auf einem Fahrweg, fast eben, in den bereits sichtbaren Ort *Reisenbach* zurückwandern.

26 Wagenschwend – Seebachweiher – Robern – Wagenschwend

Verkehrsmöglichkeiten Wagenschwend liegt an der Straße Eberbach/Neckar – Mudau/Odenwald. Busverbindungen nach Buchen, Eberbach, Mosbach, Mudau, Neckarelz.
Parkmöglichkeiten An der Hauptstraße.
Wegmarkierungen Rotes Andreaskreuz bis Seebachweiher, gelber Punkt bis Wagenschwend.
Tourenlänge Etwa 9½ km.
Wanderzeit Etwa 3 Stunden.
Höhenunterschiede Insgesamt etwa 180 m.
Wanderkarte 1:50 000 Odenwald, Blatt Südost.
Wissenswertes Wagenschwend, heute ein Gemeindeteil von Limbach, ist ein kleiner Ferienort im badischen Teil des Odenwaldes.
Tourenbeschreibung Im westlichen Teil von Wagenschwend treffen wir beim *Gasthaus »Zur Linde«* (Hauptstraße Nr. 22) auf die Markierung rotes Andreaskreuz und wandern, diesem Zeichen folgend, in südlicher Richtung aus dem Ort.

Dort, wo die Straße eine Linkskurve macht, gehen wir geradeaus weiter und auf einem Wirtschaftsweg zum Wald. Zwei Wegekreuzungen ohne Richtungswechsel passierend geht es etwa 1 km durch den Mischwald leicht bergab.

Dann am Wald entlang weiter talwärts. Ein Fahrsträßchen wird gequert und bei der folgenden Weggabel nach rechts gegangen. Über freie Flur, ein Bächlein querend, erreichen wir wieder den Wald, schwenken nach links und wandern bis zu einer Hütte mit Rastplatz am *Seebachweiher*.

Hier, an der Wegekreuzung, verlassen wir das rote Andreaskreuz, schwenken nach links und gehen, jetzt ohne Markierung, am Weiher entlang, über den *Seebach* und stoßen, wiederum bei einer Wegekreuzung, auf die Markierung roter Punkt.

Wir folgen dieser neuen Markierung nach links, wandern auf zunächst unbefestigtem Weg, am Weiher und an der Stromleitung entlang, und auf später betoniertem Weg, geradewegs in den schon bald vor uns auftauchenden Ort *Robern*.

Gleich bei den ersten Häusern geht es scharf nach links und in der Folge auf der *Schul-* und der *Ringstraße* durch den Ort.

Am Ortsende nach links und auf einem befestigten Weg geradewegs hinauf zum Wald. Zunächst durch den Wald weiter bergan, dann bei der Wegekreuzung nach halb rechts und hinab zur *Straße Wagenschwend – Robern*.

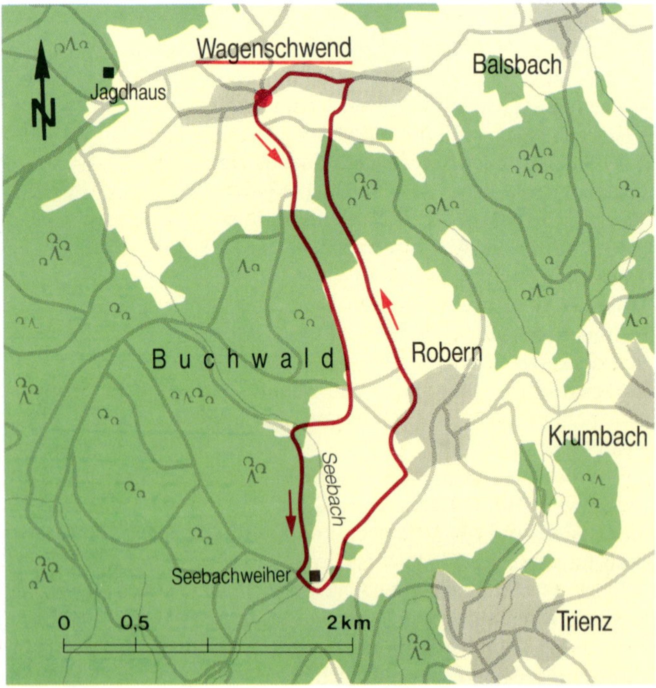

Über die Straße, noch ein kurzes Stück durch den Wald abwärts, dann auf einem Wirtschaftsweg bis zu den ersten Häusern von *Wagenschwend.*

Geradewegs weiter und auf der *Straße »Lindenplatz« steil bergauf bis zur Hauptstraße,* nach links und zurück zum Ausgangspunkt.

27 Mülben – Steintisch – Felsenhaus – Reisenbacher Grund – Bergwald – Mülben

Verkehrsmöglichkeiten Mülben liegt an der Straße Eberbach/ Neckar – Mudau/Odenwald. Busverbindungen nach Buchen, Eberbach, Mosbach, Mudau, Neckarelz.
Parkmöglichkeiten Wanderparkplatz »Hardenberg«, nördlich des Ortes am Wald beim Friedhof. Anfahrt: In der Ortsmitte beim Kriegerdenkmal abzweigen und auf der *Markgrafenstraße* hinauf zum Parkplatz.
Wegmarkierungen Rote Raute bis Reisenbacher Grund, ohne Markierung durch den Talgrund, dann blaue Raute bis Mülben.
Tourenlänge Etwa 13 km. **Wanderzeit** Etwa 3½ Stunden.
Höhenunterschiede Insgesamt etwa 220 m.
Wanderkarte 1:50 000 Odenwald, Blatt Südost.
Abkürzung Bei der Wegverzweigung am Rastplatz Steintisch mit dem roten Andreaskreuz durch den Markgrafenwald bis zur Markierung blaue Raute, nach rechts und mit dieser Markierung zurück zum Parkplatz. Tourenlänge etwa 7 km, Wanderzeit etwa 2 Stunden.
Wissenswertes Der Ferienort Mülben, Ortsteil der Großgemeinde Waldbrunn, wird auch heute noch gelegentlich als »kleine Schweiz« bezeichnet. Nach den Wirren des Dreißigjährigen Krieges, der das Gebiet um Mülben nahezu entvölkert hatte – in Mülben lebten noch zwei Familien –, holte der Kurfürst Karl Ludwig von der Pfalz um 1660 ausländische Bauern hierher. Es waren hauptsächlich Schweizer, die sich ansiedelten, so daß der Ort lange Zeit als die »kleine Schweiz« galt.
Tourenbeschreibung Mit der roten Raute wandern wir auf dem unterhalb des Parkplatzes entlangführenden Forststräßchen direkt in den Wald. Der Weg, der zusätzlich mit der Rundwegnummer 40 gekennzeichnet ist, bringt uns in etwa 30 Minuten zu der Wegverzweigung beim *Rastplatz Steintisch*, wo wir die Markierung rotes Andreaskreuz (Abkürzungsmöglichkeit) treffen.

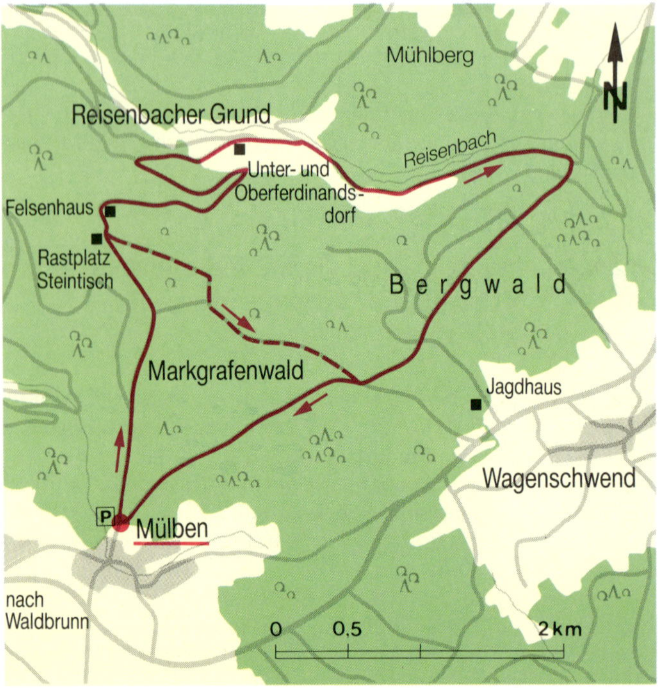

Auf dem Weg, der jetzt nur noch mit der roten Raute markiert ist, gehen wir nach rechts hinab zum sagenumwobenen *Felsenhaus*. In dieser oberirdischen Höhle aus Sandsteinquadern soll neben dem Odenwaldräuber Hölzerlipps auch der bekannte Räuberhauptmann Schinderhannes gehaust haben. Letzterer soll in Nähe der Höhle gar 400 Gulden vergraben haben, die bis heute noch nicht gefunden wurden . . .

Der Weiterweg zieht in weit ausholenden Serpentinen, letztlich den breiten Weg nach scharf rechts verlassend durch den Wald hinab in den *Reisenbacher Grund*. Dabei kommen wir an den überwachsenen Ruinen der abgegangenen Siedlungen *Unter- und Oberferdinandsdorf* vorbei.

1712 ließ Graf Ferdinand von Wieser hier den Wald roden und gab das gewonnene Land an arme Bauern ab. Die entstandenen Siedlungen wurden, eingedenk des Grafen, Ober- bzw. Unterferdinandsdorf genannt. Bis zum Jahre 1830 lebten hier mehr schlecht als recht 300 Menschen. Da sich der gewonnene Boden als wenig ertragreich erwies und es andere Erwerbsmöglichkeiten für die Bewohner nicht gab, wurden diese schließlich zwangsausgesiedelt. Wer wollte, konnte sich vom Staat die

Schiffspassage nach Amerika bezahlen lassen und fing drüben, versehen mit einem kleinen Handgeld, neu an.

Im *Reisenbacher Grund* verlassen wir die rote Raute dort, wo diese nach links abbiegt, wenden uns nach rechts und wandern, jetzt ohne Markierung, durch eines der romantischsten Odenwaldtäler.

Auf einem am Südufer des *Reisenbachs* verlaufenden Sträßchen geht es ostwärts. Später zieht der Weg nach rechts und durch den Wald bergauf und trifft auf die Markierung blaue Raute.

Dieser folgen wir nach rechts, einen schmalen Weg aufwärts. Ein Bächlein wird überquert, bei der Weggabel nach links gegangen und durch den *Bergwald*, immer gut auf die Markierung achtend, bis zur *Luisenstraße* angestiegen.

Nach Überqueren derselben wandern wir auf dem *Scheidentaler Weg*, der zusätzlich die Rundwegnummer 40 trägt, durch den *Markgrafenwald* zurück zum *Parkplatz Hardenberg*.

28 Waldkatzenbach – Katzenbuckel – Freyahütte – Robinsonspielplatz – Waldkatzenbach

Verkehrsmöglichkeiten Waldkatzenbach erreicht man am besten von Eberbach/Neckar aus. Landstraße 524 bis Oberdielbach, dort links ab nach Waldkatzenbach. Busverbindungen nach Buchen, Eberbach, Mosbach, Mudau, Neckarelz.
Parkmöglichkeiten Im Ort.
Wegmarkierungen Blaue Raute bis Querweg (etwa 300 Meter) nach der Freyahütte, Nr. 36 bis Waldkatzenbach.
Tourenlänge Etwa 6 km.
Wanderzeit Etwa 2 Stunden.
Höhenunterschiede Insgesamt etwa 130 m.
Wanderkarte 1:50 000 Odenwald, Blatt Südwest.
Anmerkungen Kürzere Wanderung, die auch von Familien mit Kindern unternommen werden kann, zumal ein Aussichtsturm (etwa 100 Treppen) erklommen werden kann und ein Abenteuerspielplatz am Wege liegt.
Wegvariante Bei Erreichen des Querweges kann, mit der Nr. 36, auch nach links abgebogen werden. In diesem Falle führt der Weg am Skilift vorbei zu einer großen Wegspinne (mit Blockhütte) im Wald und knickt hier scharf nach links ab. Zu einem

Querweg, erneut nach links, zum Waldende und am *Geißenbrunnen* vorbei, zurück nach Waldkatzenbach, das beim Sportplatz wieder erreicht wird. Tourenlänge etwa 5 km, Wanderzeit etwa 1½ Stunden.

Wissenswertes Der Katzenbuckel ist mit 626 Metern Höhe der höchste Berg im Odenwald. Auf dem Gipfel steht ein im Jahre 1820 erbauter, 18 Meter hoher Aussichtsturm. Bei guter Sicht schweift der Blick über den mittleren Odenwald, hinüber zu dem 126 Meter hohen Fernsehsendeturm auf dem Reisenbacher Hard (siehe Wanderung Nr. 25), hinab ins Neckartal und weiter zum Taunus, Spessart, Schwarzwald und zur Schwäbischen Alb.

Der Ausflugsort Waldkatzenbach, zur Großgemeinde Waldbrunn gehörend, liegt auf dem durchschnittlich 500 Meter hohen Plateau des »Winterhauchs« im Hohen Odenwald.

Sehenswert in Waldkatzenbach ist die sogenannte »Katzenbacher Linde«, die, laut dort angebrachter Tafel, bereits im Jahre 1648 gepflanzt wurde.

Tourenbeschreibung Bei der Kirche in Waldkatzenbach finden wir die Markierung blaue Raute und wandern, diesem Zeichen folgend, auf der *Katzenbuckelstraße* ortsauswärts.

Am Ortsrand halten wir nach halb rechts und steigen auf dem Sträßchen hinauf zur *Turmschänke*. (Abstecher 200 Meter nach rechts zum Kratersee.)

Geradeaus weiter und durch den Wald, letztlich über Naturtreppen hinauf zum *Katzenbuckel* mit dem Aussichtsturm.

Der Abstieg beginnt nördlich des Turmes und am Nordwesthang des Berges hinab zum *Freyabrunnen* (dem höchstgelegenen im Odenwald) und zu der 1968 erbauten *Freyahütte*.

Der Weiterweg bringt uns, links haltend, hinab zu einem Querweg, der mit der Nr. 36 markiert ist. Wir biegen in diesen Weg nach rechts ein (links abbiegen = Wegvariante) und wandern, bei der Weggabel nach links gehend, mit schöner Aussicht am Waldrand entlang zum *Robinsonspielplatz*.

Weiter der Nr. 36 folgend geht es, rechts abbiegend, am Rande des *Bauernwaldes* zurück nach *Waldkatzenbach*.

29 Zwingenberg/Neckar – Wolfschlucht – Bildeiche – Wetzelsbuche – Post – Steintisch – Zwingenberg

Verkehrsmöglichkeiten Zwingenberg liegt im Neckartal an der Bundesstraße 37 (Burgenstraße) und ist Bahnstation an der Strecke Heilbronn – Eberbach.

Parkmöglichkeiten An der B 37 im Ort, Zufahrt zum Schloß gesperrt!

Wegmarkierungen Rote Raute und Nr. 49 bis Bildeiche, Nr. 49 und Nr. 53 bis Post, Nr. 50 und ohne Markierung bis Bildeiche, rote Raute und Nr. 49 bis Zwingenberg.

Tourenlänge Etwa 9½ km.

Wanderzeit Etwa 3 Stunden.

Höhenunterschiede Insgesamt etwa 350 m.

Wanderkarte 1:50 000 Odenwald, Blatt Südwest.

Anmerkungen Für den Weg durch die Wolfschlucht wird festes, wasserdichtes Schuhwerk mit griffiger Sohle empfohlen.

Abkürzung Bei der Bildeiche mit der roten Raute und der Nr. 49 geradewegs weiter, auf einem Forstweg zum Waldende und zum Weiler Post. Tourenlänge etwa 8 km, Wanderzeit etwa 2 Stunden.

Wissenswertes Das am Südhang des Neckartales aufsteigende Städtchen Zwingenberg wird von einem fünftürmigen Schloß überragt, das zu den schönsten im Neckartal gezählt wird. Teile des Schlosses können im Sommerhalbjahr, jeweils Dienstag,

Freitag und Sonntag, in der Zeit von 14 bis 16.30 Uhr besichtigt werden.

Die unmittelbar hinter dem Zwingenberger Schloß beginnende wildromantische Wolfschlucht, durch die diese Wanderung führt, soll den Komponisten Carl Maria von Weber zu seiner Oper »Der Freischütz« inspiriert haben.

Tourenbeschreibung Vom Ort steigen wir durch schmale Straßen steil hinauf zu dem durch seine Ausdehnung, seine Türme und den mächtigen Bergfried weithin sichtbaren *Schloß Zwingenberg*.

Kurz hinter dem Schloß ist der Einstieg zur *Wolfschlucht*. Der mit einer roten Raute und der Nr. 49 markierte schmale Wanderweg führt am Bach entlang aufwärts. Des öfteren müssen Hindernisse in Form von umgestürzten Bäumen und abgebrochenen Ästen überwunden, mehrmals Felsbrocken überklettert werden. Besondere Vorsicht ist vor allem nach Regen geboten, denn da ist der Weg oft glitschig und es besteht Rutschgefahr.

Im Hintergrund verengt sich die Schlucht zunehmend und schließlich geht es, rechts des Baches, letztlich über Stufen hinauf zum Schluchtende, zur *Bildeiche* (Abkürzungsmöglichkeit).

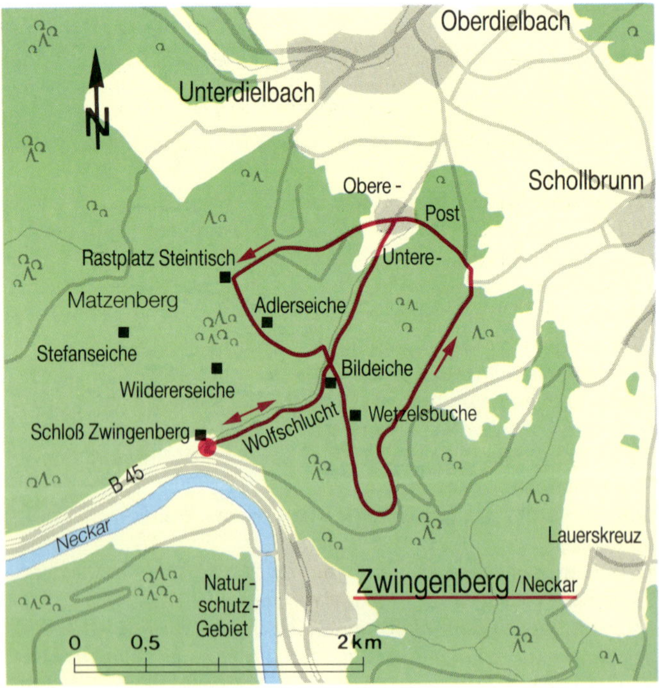

Hier verlassen wir die Markierung rote Raute, biegen nach rechts ab und folgen einem mit Nr. 49 und Nr. 53 markierten Weg leicht abwärts bis zu einem Querweg, in den wir nach links einschwenken.

Nach etwa 300 Metern erreichen wir erneut einen Querweg. Hier verläßt uns die Nr. 53 nach rechts. Wir biegen nach links ab, bei der Rechtskurve geradeaus, und wandern durch den *Sohlwald* aufwärts bis zum Waldende. – Dort treffen wir erneut auf die Nr. 53, der wir nach links, bei der Weggabel ebenfalls links haltend, bis in den *Weiler Post* folgen.

Hier wechseln wir zur Markierung Nr. 50 über, verlassen Post in südwestlicher Richtung und wandern auf einem breiten Weg zum Wald und durch diesen bis an einen Querweg.

Wir biegen in diesen Weg nach links ein (Nr. 50 führt geradeaus) und wandern ohne Markierung zum *Rastplatz Steintisch.*

Hier biegen wir noch einmal nach links ab und wandern, immer auf diesem Weg bleibend, in etwa 15 Minuten zur *Bildeiche*, und von hier, jetzt wieder mit der roten Raute und der Nr. 49, durch die *Wolfschlucht* zurück zum Schloß und Städtchen *Zwingenberg.*

30 Gammelsbach – Ruine Freienstein – Hirschhorner Höhe – Rothenberg – Gammelsbach

Verkehrsmöglichkeiten Gammelsbach liegt an der Bundesstraße 45 (Deutsche Ferienstraße Alpen – Ostsee) unweit von Eberbach/Neckar. Buslinie Eberbach – Beerfelden.

Parkmöglichkeiten Wanderparkplatz Burg Freienstein. Etwa in der Ortsmitte beim Parkplatz-Hinweisschild von der B 45 abbiegen und auf der *Schulstraße* hinab zum Parkplatz.

Wegmarkierungen Weißes Quadrat bis Hirschhorner Höhe, blaues Kreuz bis Rothenberg, gelb umrandete Raute bis Gammelsbach.

Tourenlänge Etwa 13 km.

Wanderzeit Etwa 4 Stunden.

Höhenunterschiede Insgesamt etwa 300 m.

Wanderkarte 1:50 000 Odenwald, Blatt Südwest.

Anmerkungen Diese Wanderung kann in der Zeit vom 15. September bis 15. Oktober nicht gemacht werden, da während dieser Zeit der Weg von Rothenberg nach Gammelsbach wegen Jagd und Hirschbrunft gesperrt ist.

Wissenswertes Die Hirschhorner Höhe, die vom Rücken der Wasserscheide zwischen Main und Neckar bei Beerfelden über Rothenberg bis zum Steinernen Tisch bei Hirschhorn reicht, wird östlich von dem tief eingeschnittenen Gammelsbachtal begrenzt. Dieses Waldtal ist in seiner oberen Hälfte durch die langgestreckte Hubensiedlung Gammelsbach gelichtet und hat die Bundesstraße 45 (Deutsche Ferienstraße Alpen – Ostsee) aufgenommen. Über der Ortsmitte schiebt sich die Kuppe des Weckberges, an der westlichen Talseite, vor. Auf seinem Steilhang das Wahrzeichen des Ortes, die Ruine der Burg Freienstein.

Von wem die Burg, die vermutlich zur Überwachung des engen Gammelbachtales diente, einst erbaut wurde, ist nicht bekannt.

Bekannt dagegen ist, daß die Burg sich ab etwa 1200 als Pfälzer Lehen in den Händen der Erbacher Schenken befand. Mehrer Jahrhunderte lang war die Burg Sitz des Erbacher »Amtes Freienstein«. Bei der letzten Teilung des Erbacher Hauses, im Jahre 1747, kamen Burg und Amt Freienstein zur Linie Erbach-Fürstenau, die noch heute Eigentümerin der Ruine ist.

Der Torbau ist vor etwa einem Jahrhundert eingestürzt, gut erhalten ist die Schildmauer im Norden. Angebaut ist der Palas und, dem Burghof vorgelagert, ein doppelter Zwinger. Ein romantisches Bild bietet die Ruine, wenn sie abends angestrahlt wird.

(Foto: Ulrich Schnabel, Archiv DWV)

Rothenberg ist seit 1353 urkundlich bekannt. Als Lehen vom Kaiser an die Herren von Hirschhorn gegeben, gehört Rothenberg nach verschiedenem Besitzwechsel seit 1806 zu Hessen.

Tourenbeschreibung Vom Parkplatz gehen wir durch das Oberdorf hinauf zur Burgruine. Nach der Besichtigung geht es mit dem weißen Quadrat links hoch zu einem asphaltierten Weg, dem wir links abbiegend (Hinweistafel »Finkenbach«) folgen. Auf einem steinigen Hohlweg geht es weiter, und wenige Meter nach Passieren einer großen Lichtung treffen wir auf der *Hirschhorner Höhe* auf den quer laufenden Wanderweg mit der Markierung blaues Kreuz.

Wir folgen dem blauen Kreuz nach links. Nach etwa 20 Minuten Waldwanderung berührt der Wanderweg kurz die Straße, wo Bänke zu Rast und Rundblick einladen. – Der Weiterweg, gut markiert, bringt uns durch den Wald, letztlich ein kurzes Stück über freie Flur, hinab nach *Rothenberg*.

Auf der *Odenwaldstraße* gehen wir ortseinwärts und treffen bei der Kirche auf die Markierung gelb umrandete Raute.

Wir folgen diesem Zeichen nach links in die Hauptstraße, halten bei der Hinweistafel Sportplatz erneut nach links, gehen steil hoch zum Ortsende und weiter zu der auf der Höhe liegenden Sporthalle.

Bei dem großen Stein (rechts des Weges) mit der Aufschrift Rautal – Gammelsbach vorbei und auf befestigtem Weg zum Wald. Dort, wo der breite Weg spitzwinkelig nach links wendet, gehen wir geradeaus. An der Weggabel halten wir uns links abwärts, überschreiten ein Bächlein und wandern anschließend, einem Holzabfuhrweg nach rechts folgend, in einem Linksbogen zum Waldende.

Rechts von uns die B 45 und die ersten Häuser am Südrand von *Gammelsbach*. Über die Hangwege, das letzte Stück von der Markierung schwarzer Frosch begleitet, geht es zurück zum Parkplatz.

31 Beerfelden – Sensbacher Höhe – Beerfelden

Verkehrsmöglichkeiten Beerfelden liegt an der Bundesstraße 45. Busverbindungen nach Eberbach, Erbach, Hirschhorn, Michelstadt, Sensbachtal.
Parkmöglichkeiten Auf dem Marktplatz.
Wegmarkierungen Gelber Punkt bis Sensbacher Höhe, rotes Dreieck bis weißes Dreieck, weißes Dreieck bis Beerfelden.
Tourenlänge Etwa 10 km.
Wanderzeit Etwa 3 Stunden.
Höhenunterschiede Insgesamt etwa 150 m.
Wanderkarte 1:50 000 Odenwald, Blatt Südwest.
Wissenswertes Beerfelden wird erstmals anno 1032, als im Besitz des Klosters Lorsch, urkundlich erwähnt. Der Ort, einst Mittelpunkt des unter der Herrschaft der Grafen von Erbach stehenden Gebietes der Oberzent, erhielt 1328 die Stadtrechte, und zwar in Tivoli bei Rom. Das kam so: Auf dem Feldzug des Kaisers Ludwig dem Bayer brach in Tivoli eine Soldatenrebellion aus, die mit Hilfe des Grafen IV. von Erbach ohne Blutvergießen geschlichtet wurde. Als Dank für diese Leistung verlieh der Kaiser, dem Wunsche des Grafen entsprechend, Beerfelden die Stadtrechte. Das Ganze war für den Grafen eine äußerst lukrative Transaktion, denn so wurde der ganze Handel und Viehkauf innerhalb der Herrschaft zentralisiert, die Büttel konnten leichter alles übersehen und vor allem den »Zehnten« prompt eintreiben.

Neben der Mümlingquelle (12-Röhren-Brunnen) ist der Galgen (siehe Wanderung Nr. 29) eines der Wahrzeichen von Beerfelden. Ein zwar etwas schauriges Relikt aus längst vergangenen Zeiten, aber doch interessant als ein sichtbares Symbol der mittelalterlichen Rechtspflege.

Tourenbeschreibung Vom *Beerfeldener Marktplatz* durch die *Marktstraße* abwärts und an der Kreuzung nach links in die *Brunnenstraße*.

Wir folgen dieser Straße jedoch nur ein kurzes Stück, biegen dann mit dem gelben Punkt in den *Eberbacher Weg* ein und folgen dieser langgestreckten Straße bis zum Ortsende.

Auf der Brücke über die B 45, nach links auf einen Fahrweg, gleich wieder nach rechts in einen Hohlweg und durch den Wald ansteigend bis zu einer Forststraße.

Hier treffen wir auf das Markierungszeichen rotes Dreieck und gehen nach links. (Gelbpunkt zweigt nach rechts ab.)

Auf leicht ansteigendem Weg, einen Fahrweg querend und dem Wegweiser Reisenkreuz folgend wandern wir über die *Sensbacher Höhe.*

Zu Tour 31, 32 **Beerfelden, 1000jährige »Dicke Eiche«** im Stadtteil Airlenbach
(Foto: Magistrat der Stadt Beerfelden/Karl Specht)

Kurz nach einer Wegekreuzung, die wir ohne Richtungswechsel passieren, beginnt der Weg leicht abzufallen, und nach etwa einstündiger Höhenwanderung treffen wir auf eine befestigte Fahrstraße.

Wir verlassen die Markierung rotes Dreieck und folgen dem mit einem weißen Dreieck markierten Fahrweg nach links. Dieser zieht in zahlreichen Kurven durch den Wald, vorbei an einer Schutzhütte und einem alten Steinbruch, talwärts.

Ab Waldende ziehen wir im Bogen hinüber zur B 45, die wir in Höhe des Parkplatzes vorsichtig überqueren.

(Wem dies zu gefährlich ist, kann auf dem befestigten Weg noch ein Stück unterhalb der B 45 entlangmarschieren und durch die Unterführung gehen. Nach links aufwärts, zurück zum markierten Weg und zum Ortsbeginn von Beerfelden.)

Hinauf zum Ortsbeginn von Beerfelden, links ab und immer auf dieser Straße bleibend bis zur *Mümlingquelle* (12-Röhren-Brunnen) in der *Brunnenstraße*. – Diese aufwärts bis zur Marktstraße, nach rechts und zurück zum *Marktplatz*.

32 Beerfelden – Galgen – Dicke Eiche – Beerfelden

Verkehrsmöglichkeiten Siehe Wanderung Nr. 31.
Parkmöglichkeiten Siehe Wanderung Nr. 31.
Wegmarkierungen Gelbe 3.
Tourenlänge Etwa 7 km.
Wanderzeit Etwa 2 Stunden.
Höhenunterschiede Insgesamt etwa 150 m.
Wanderkarte 1:50 000 Odenwald, Blatt Südwest.
Wissenswertes Beerfelden siehe Wanderung Nr. 31.

Wahrzeichen Beerfeldens ist, neben dem 12-Röhren-Brunnen der Mümlingquelle, vor allem der Galgen, ist er doch der größte, besterhaltenste im Bundesgebiet. Der Galgen wurde 1597, also vor dem 30jährigen Krieg, errichtet. Drei schlanke Rotsandsteinsäulen von ungefähr 6 m Höhe, im Dreieck aufgestellt, bildeten das Hochgericht der Oberzent. Der gut ausgesuchte Platz des Galgens mit der grandiosen Umgebung und dem Rundblickpanorama war eine Verschärfung der Strafe. Der Missetäter sollte noch einmal die Schönheit der Welt erblicken, die er nun, seiner Freveltaten halber, verlassen sollte.

Die letzte Hinrichtung fand 1804 statt. Der Delinquent soll eine Zigeunerin gewesen sein, die für ihr krankes Kind ein Huhn und zwei Laib Brot gestohlen hatte. Den Grafen von Erbach, Herrscher im Gebiet Oberzent, wurde 1806 durch die Mediatisierung seitens Napoleons I. die Gewalt über Leben und Tod ihrer »Untertanen« entzogen.

In Airlenbach, das heute als Ortsteil zu Beerfelden gehört, steht eine der stärksten Eichen Deutschlands. Der Brusthöhenumfang dieses Baumveteranen beträgt 8,60 m, sein Alter wird auf 800 bis 1000 Jahre geschätzt, da amtlich über sein genaues Alter nichts festgehalten ist. Der Stamm sieht aus, als gehöre er zu einem längst abgestorbenen Baum. Aber die alte Eiche wehrt sich gegen ihr Ende, einige wenige grüne Äste in der Kronenspitze zeigen, daß noch Leben in ihr ist.

Tourenbeschreibung Wir folgen zunächst der Straße (Richtung Airlenbach) etwa 500 Meter bergab und zweigen in der Linkskurve halb rechts ab. Mit der gelben 3 und den Hinweisschildern »Krappenbuckel« und »Airlenbach« folgend geht es nun leicht bergan.

Bei dem folgenden Wegabzweig geradeaus und auf einem breiten Waldweg in Serpentinen hinab nach *Airlenbach* und zur *Dicken Eiche.*

Mit unserem Wegzeichen auf befestigtem Fahrweg weiter in Richtung Güttersbach. Zunächst durch Wiesen- und Weideland, dann durch den Wald aufwärts.

Bei der Weggabel nach rechts. Nach dem Waldende verlassen wir in einer Linkskurve den geteerten Weg und gehen geradezu steil bergauf.

Auf der Höhe stoßen wir wieder auf ein geteertes Sträßchen, in welches wir nach rechts einbiegen. Auf diesem Sträßchen, in leichtem Auf und Ab, zum Waldrand. Scharf rechts ab, leicht bergauf, im Linksbogen zur Straße und auf dieser zurück zum *Parkplatz*.

Zu Tour 31, 32 **»Beerfelder Galgen«**, besterhaltener dreischläfriger Galgen Deutschlands (Foto: Magistrat der Stadt Beerfelden/Karl Specht)

33 Burg Hirschhorn – Igelsbach – Feuerberg – Burg Hirschhorn

Verkehrsmöglichkeiten Hirschhorn liegt im Neckartal an der Bundesstraße 37 (Burgenstraße), Bahnstation. Busverbindungen u. a. nach Mannheim und Heidelberg. Schiffsfahrten nach Heidelberg und Eberbach.
Parkmöglichkeiten Geräumiger Parkplatz vor der Burgmauer, ausgeschilderte Zufahrt ab Hirschhorn.
Wegmarkierungen Auf den Kopf gestelltes rotes T bis Igelsbach, rotes R bis Burg Hirschhorn.
Tourenlänge Etwa 13 km.
Wanderzeit Etwa 4 Stunden.
Höhenunterschiede Insgesamt etwa 260 m. Stärkere Steigungen.

Wanderkarte 1:50 000 Odenwald, Blatt Südwest.
Anmerkungen Waldwanderung mit immer wieder neuen Ausblicken ins Neckartal. Einkehrmöglichkeit in Igelsbach.
Wissenswertes Der Wahlspruch derer von und zu Hirschhorn lautete: »Hirschhorn auf ewig.« Diese Ewigkeit dauerte jedoch nur rund 400 Jahre, da im Jahre 1632 das Rittergeschlecht erlosch, das um das Jahr 1200 am sogenannten Stöckelberg, zwischen Neckar und Finkenbach, mit dem Bau einer Burg begonnen hatte.

Die Burg bestand zunächst nur aus einem mäßig hohen, starken Bergfried, an dem sich die mächtige Schildmauer anschloß. Die Ringmauer umschloß einen engen Hof, in welchem sich die Wohnhäuser befanden. Um das Ganze herum lief ein 16 Meter tiefer, in den Felsen gehauener Halsgraben. Nach und nach wurde die Burg erweitert.

Das sogenannte »Neue Schloß« ließ im späten 16. Jahrhundet Ludwig von Hirschhorn erbauen. Das Schloß ist heute ein Hotelrestaurant mit Aussichtsterrasse, von der man einen schönen Blick über die Neckarschleife hat, an der das Städtchen Hirschhorn liegt.

Der Ferienort Igelsbach ist ein Kuriosum, gibt es ihn doch streng genommen gleich zweimal. Mitten durch den Ort führt die hessisch-badische Landesgrenze, und so gehört ein Teil der Igelsbacher (etwa 280 Personen) zu Hessen und wohnt korrekt in Hirschhorn-Igelsbach. Die restlichen Igelsbacher (etwa 60 Einwohner) sind baden-württembergische Landeskinder und wohnen in Eberbach-Igelsbach.

Obwohl Igelsbach als Ganzes, sowohl verkehrstechnisch als auch wirtschaftlich, mehr nach Eberbach tendiert, ist die überwiegende Mehrheit der hessischen Bevölkerung bis dato nicht bereit, einem Anschluß an Baden-Württemberg zuzustimmen.

Wissenswertes Stadt Hirschhorn, siehe Wanderung Nr. 61.
Tourenbeschreibung Mit den beiden Wegzeichen, rotes, auf den Kopf gestelltes T und blaues Kreuz, gehen wir etwa 50 Meter nach der Wegeübersichtstafel nach rechts in den Wald (Geländer) und steigen durch diesen in Kehren bergauf.

Am Ende des Pfades halten wir zunächst nach links und biegen, nachdem wir in einer Kurve einen breiteren Weg überschritten haben, nach rechts ab und wandern auf aussichtsreichem Weg weiter.

Bei der Wegteilung verläßt uns das blaue Kreuz nach links. Wir bleiben auf der Neckarseite, unterqueren über eine Lichtung wandernd eine Überlandleitung, kommen später an ein Waldsträßchen, dessen Verlauf wir folgen.

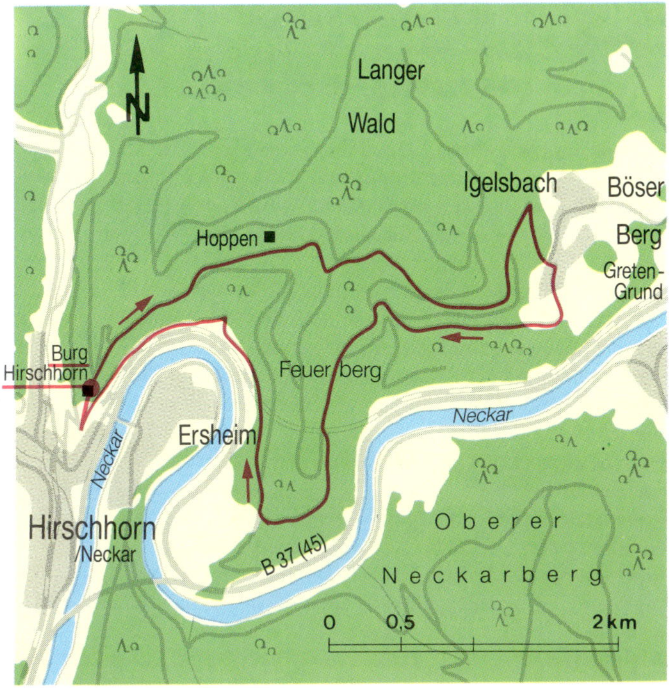

Letztlich geht es im spitzen Winkel nach rechts und hinab zum Waldende und dem Ortsbeginn von *Igelsbach.*

Geradewegs weiter und auf der *Sandstraße* hinauf zur *Ortsstraße,* wo wir auf die Markierung rotes R treffen, mit dem wir zurück zur Burg Hirschhorn wandern.

Wir folgen dem neuen Zeichen nach rechts, verlassen den Ort und wandern, rechts abbiegend, in westlicher Richtung durch den Hangwald.

Etwa 45 Minuten (ab Igelsbach) unterqueren wir erneut die Überlandleitung und umrunden in einem weiten Bogen den *Feuerberg.*

Der Weg, gut markiert und in etwa dem Verlauf des Neckars entsprechend, führt, von der Neckarschleife ausgehend, schließlich talwärts und letztlich steil hinauf und zurück zur *Burg Hirschhorn.*

34 Heidelberg-Neuenheim – Hohe Nistler – Weißer Stein – Heiligenberg – Heidelberg

Verkehrsmöglichkeiten Heidelberg ist Verkehrsknotenpunkt mit Bahn- und Busverbindungen nach allen Richtungen. Neckarschiffahrt. Der Ausgangspunkt der Wanderung ist ab Innenstadt (Bismarckplatz) mit der Straßenbahnlinie 1 zu erreichen (Haltestelle Ladenburger Straße).
Parkmöglichkeiten Gegebenenfalls in der Bergstraße oder Ladenburger Straße, günstiger in einem der Innenstadt-Parkhäuser und mit Straßenbahn zum Ausgangspunkt.
Wegmarkierungen Rot umrandetes Quadrat bis Zufahrtsstraße Weißer Stein, gelbe Raute bis Weißer Stein, weiße Raute bis Heidelberg.
Tourenlänge Etwa 16 km.
Wanderzeit Etwa 5 Stunden.
Höhenunterschiede Insgesamt etwa 450 m.
Wanderkarte 1:50 000 Odenwald, Blatt Südwest.
Anmerkungen An der Ecke Bergstraße/Philosophenweg informiert eine vom Odenwaldklub angebrachte Tafel über den Wegverlauf.
Wissenswertes Die weltbekannte Universitätsstadt Heidelberg ist in Stichworten nicht zu beschreiben, und eine umfassende Information würde den Rahmen dieses Wanderführers sprengen. Interessenten werden daher gebeten, sich wegen Informationsmaterial an den Verkehrsverein Heidelberg, Friedrich-Ebert-Anlage 2, Telefon (0 62 21) 1 08 21, zu wenden.

Der Weiße Stein ist eine Berghöhe (550 m) nördlich von Heidelberg mit einem 1906 erbauten Aussichtsturm und einem Fernmeldeturm der Bundespost. Waldgaststätte.

Aus der Keltenzeit stammt die Ringwallanlage auf dem Heiligenberg, in der die Römer ein Heiligtum des Mercurius Cimbrianus errichteten.

Das Kloster Lorsch gründete auf der höchsten Stelle, der damals noch Abrahamsberg genannten Höhe, das Michaelskloster. Ein zweites Kloster entwickelte sich aus einer 1090 erbauten, dem heiligen Stephan gewidmeten Kapelle. Nachdem Lorsch seine Selbständigkeit verloren hatte, ging auch die Bedeutung sowie die Zahl der Mönche zurück. Zur Zeit der Reformation, so vermutet man, waren die Klöster bereits verlassen. Verfall war die Folge, die Klostergebäude wurden schließlich als Steinbrüche benutzt.

Zu Tour 34, 67 **Heidelberg** (Foto: Verkehrsverein Heidelberg)

Die in ihren Fundamenten noch erhaltene Kirche des Michaelsklosters wurde zu Beginn dieses Jahrhunderts freigelegt, Teile der Kirche wurden in den letzten Jahren wieder hochgezogen.

Neben der Ruine der Stephanskirche ein 18 Meter hoher Aussichtsturm. Im Sattel zwischen den beiden Gipfeln erbaute der Arbeitsdienst in den Jahren 1934/35 eine Feier- bzw. Thingstätte, heute selten benutztes Freilichttheater.

Tourenbeschreibung Von der Wegeübersichtstafel an der Ecke Bergstraße/Philosophenweg gehen wir mit der Markierung rot umrandetes Quadrat auf dem *Philosophenweg* recht steil bergan, an Universitätsinstituten vorbei, hinauf zum *Philosophengärtchen,* von wo aus man einen einmalig schönen Blick hat auf Alt-Heidelberg und das Schloß, den Neckar und die Alte Brücke.

Nach links abbiegend geht es, vorbei an der *Bismarcksäule*, auf dem asphaltierten *Bismarcksäulenweg*, anschließend auf dem

Mönchbergweg, durch Kastanienwald bis zum östlichen Ortsrand von *Handschuhsheim.*

Den Waldweg querend, gehen wir hinab zum *Talweg* und folgen diesem nach rechts bis zum *Turnerbrunnen.* Dort biegen wir links ab und gehen über den *Mühlbach* hinauf zu einer Wegekreuzung (rechts Parkplatz).

Nach halb links, an der Wegeübersichtstafel vorbei, und auf dem *Oberen Bohofweg* bergan zur *Handschuhsheimer-Hütte*, mit Blick über die Rheinebene nach Mannheim, zum Königsstuhl und auf Heidelberg.

Rechts ab in den *Schrägen Weg* und durch den Wald weiter bergauf. Bei der *Hellenbach-Hütte* biegen wir scharf rechts, und nach etwa 500 Metern spitzwinkelig nach links ab. Der markierte Weg zieht über die Anhöhe *Hoher Nistler* nordwärts bis zu der auf den Weißen Stein führenden Fahrstraße.

Hier verlassen wir das geradeaus weiterführende rot umrandete Quadrat und gehen, mit dem Wegzeichen gelbe Raute, auf der Straße nach rechts. Doch bereits nach etwa 100 Metern geht

es nach links in den Wald und hinauf zum Aussichtsturm auf dem *Weißen Stein.*

Unter der Führung der weißen Raute treten wir den Rückweg an, überqueren alsbald einen Parkplatz und wandern in Hauptrichtung Süden, auf gut markiertem Weg, in etwa 45 Minuten hinab bis zur *Holdermanns-Eiche.*

Dort schwenken wir nach rechts, wandern am *Zollstockbrunnen* mit *Schloßblick-Hütte* vorbei und erreichen nach etwa 30 Minuten die oberste Stelle der *Freilichtbühne.*

Jetzt entweder mit der weißen Raute direkt hinab zur *Waldschänke* oder aber, empfehlenswert, die Markierung kurz verlassen und nach rechts zum Gipfel des *Heiligenberges* ansteigen, auf dem die Reste des *Michaelsklosters* stehen.

Zurück zur Freilichtbühne und die Stufen abwärts zur Bühne und von dort, jetzt wieder mit der weißen Raute, über den Parkplatz zum *Aussichtsturm* auf der vorderen Kuppe des Heiligenberges, dem einstigen Standort des *Stephansklosters.*

Anschließend folgen wir einige Minuten der Fahrstraße abwärts, biegen dann nach links ab und kommen zu einem Aussichtsplatz. Mit der weißen Raute nach rechts, vorbei an der *Mönchberg-Hütte* und der *Bismarcksäule* zum *Philosophenweg.* Auf dem Herweg zurück zum Ausgangspunkt.

35 Wilhelmsfeld – Kohlhof – Altenbach – Wilhelmsfeld

Verkehrsmöglichkeiten Wilhelmsfeld steuert man am besten von Heidelberg (13 km) aus an. Busverbindungen nach Heidelberg, Schriesheim.
Parkmöglichkeiten In der Johann-Wilhelm-Straße.
Wegmarkierungen Auf den Kopf gestelltes rotes T bis blauer Punkt und mit diesem zurück nach Wilhelmsfeld.
Tourenlänge Etwa 10 km.
Wanderzeit Etwa 3 Stunden.
Höhenunterschiede Insgesamt etwa 200 m. Stärkere Steigungen.
Wanderkarte 1:50 000 Odenwald, Blatt Südwest.
Wissenswertes Wilhelmsfeld wurde 1710 von fünf Bauern gegründet, denen der Kurfürst Wilhelm von der Pfalz im Urwald »In der Hilsbach« Land zur Verfügung stellte. Die neue Siedlung wurde zu Ehren des Kurfürsten »Wilhelmsfeld« genannt. Der Ort ist nach dem Zweiten Weltkrieg stark angewachsen und ist

heute ein vielbesuchter Luftkurort im sogenannten Vorderen Odenwald.

Tourenbeschreibung Beim *Schriesheimer Hof* finden wir das Wegzeichen, ein auf den Kopf gestelltes rotes T, und folgen diesem die *Altenbacher Straße* aufwärts, biegen nach rechts in den *Kohlhofweg* ein und marschieren steil hinauf bis zum Ortsende und dem Waldbeginn.

Auf einem Holzabfuhrweg in den Wald und auf gut markierter Route in etwa 20 Minuten zum *Naturfreundehaus Kohlhof* der Mannheimer Naturfreunde.

Nach rechts zur Straße und teils auf dieser, doch zum größten Teil rechts neben dieser im Wald, bis zum Straßenabzweig nach Vorderheubach.

Ohne Richtungswechsel weiter und jetzt etwa 350 Meter auf der Straße in Richtung Lampenhain, dann nach links und auf einem Forststräßchen wieder in den Wald. Wenige Meter nach dem Waldeintritt, links des Weges, der *Hirtenstein*, ein versunkener Grenzstein aus dem Jahre 1580.

Der Weg schlängelt sich durch den Wald, wobei wir uns jeweils bei den Wegteilungen rechts halten, und führt hinab in eine steinige Senke. Von rechts kommend stößt die Markierung blauer Punkt zu uns, mit dem wir wenig später nach links abbiegen zum Waldende und steil hinab nach *Altenbach* wandern.

Zur Hauptstraße und auf dieser nach links aufwärts. Bei der Linde rechts ab und auf dem steilen *Härtweg* hinauf zum Ortsende. Durch den Wald zu einem Querweg, dem wir ein Stück nach rechts folgen, dann links abbiegen und durch den Wald ansteigen. Schließlich nach links zur Straße und zum Ortsbeginn von *Wilhelmsfeld.* Auf der *Altenbacher Straße* zurück zum Ausgangspunkt.

36 Unter-Schönmattenwag – Frankel – Zollstock – Adlerstein – Schönbrunn – Korsika – Unter-Schönmattenwag

Verkehrsmöglichkeiten Autobahn Frankfurt – Darmstadt – Heidelberg, Abfahrt Heppenheim: über Juhöhe nach Mörlenbach und über Wald-Michelbach nach Unter-Schönmattenwag (Straßennummer L 3120), Ausfahrt Weinheim: über Birkenau (B 38) nach Mörlenbach und weiter wie oben. Busverbindungen nach Heppenheim, Hirschhorn, Wald-Michelbach, Weinheim.
Parkmöglichkeiten An der Hauptstraße.
Wegmarkierungen Auf den Kopf gestelltes weißes T bis Zollstock, rotes Quadrat bis Adlerstein, weißes Quadrat bis Unter-Schönmattenwag.
Tourenlänge Etwa 12 km.
Wanderzeit Etwa 3½ bis 4 Stunden.
Höhenunterschiede Insgesamt etwa 300 m. Stärkere Steigungen.
Wanderkarte 1:50 000 Odenwald, Blatt Südwest.
Wissenswertes Der kleine, im Ulfenbachtal gelegene Ausflugsort Unter-Schönmattenwag ist, ebenso wie Ober-Schönmattenwag (beide im Volksmund »Schimetewoch« genannt), heute ein Ortsteil der Großgemeinde Wald-Michelbach, dem Mittelpunkt des Feriengebietes Überwald im Naturpark Odenwald-Bergstraße.

Mittelpunkt von Unter-Schönmattenwag ist die sehenswerte Barockkirche. Das untere Turmgeschoß des 1719 bis 1779 erbauten Gotteshauses, jetzt Sakristei, war Chor einer vor 1461 im

Auftrag der Herren von Hirschhorn errichteten gotischen Kapelle.

Tourenbeschreibung Mit der Markierung, ein auf den Kopf gestelltes weißes T, gehen wir auf der Hauptstraße in Richtung Wald-Michelbach zum nördlichen Ortsende, biegen dort nach links ab und wandern über den *Ulfenbach* hinüber in den Ortsteil *Frankel* (773 als Frankensiedlung erstmals urkundlich erwähnt).

Durch die Siedlung und rechts schwenkend hinauf zum Buchenwald, durch diesen weiter ansteigend, bei der Wegekreuzung nach rechts und im Bogen zur Wegekreuzung am *Zollstock* mit Schutzhütte und Rastbänken.

Hier wechseln wir zur Markierung rotes Quadrat und wandern, an den Westhängen der Anhöhen Toter Mann und Stillfüssel entlang, in südlicher Richtung durch den Wald. Wir kommen nach etwa 40 Minuten an eine Wegkreuzung, bei der wir uns halb rechts halten und erreichen nach weiteren 15 Minuten Wanderzeit den *Adlerstein*.

Bei diesem alten Grenzstein aus dem Jahre 1792 heißt es erneut die Markierung wechseln. Unter der Führung des weißen Quadrates wandern wir durch eine kleine Einsattelung hinab in den *Weiler Schönbrunn.*

Gut auf die Markierung achtend wandern wir in etwa 30 Minuten hinab in den *Weiler Korsika.*

Der etwas ungewöhnliche Name dieser Ansiedlung geht auf die Zeit zurück, als sich hier französisch sprechende, reformierte Siedler aus der Gegend von Lüttich niederließen. Da für die Einheimischen anscheinend Französisch gleichbedeutend mit Korsika war, erhielt der Weiler eben diesen Namen.

Auf einem Wiesenpfad geht es hinab ins *Ulfenbachtal* und auf einer schönen Brücke über den *Ulfenbach.* Auf der anderen Seite weiter und zurück in das bereits sichtbare *Unter-Schönmattenwag.*

37 Siedelsbrunn – Zollstock – Lichtenklinger Kapelle – Siedelsbrunn

Verkehrsmöglichkeiten Autobahn Frankfurt – Darmstadt – Heidelberg, Ausfahrt Heppenheim: über Juhöhe nach Mörlenbach und weiter nach Siedelsbrunn. Ausfahrt Weinheim: über Birkenau (B 38) nach Mörlenbach und weiter nach Siedelsbrunn. Busverbindungen nach Wald-Michelbach, Weinheim.
Parkmöglichkeiten Parkplätze im südwestlichen Ortsbereich.
Wegmarkierungen Auf den Kopf gestelltes weißes T bis Zollstock, Nr. 4 bis weißes Quadrat, mit diesem bis blauer Strich und mit diesem zurück nach Siedelsbrunn.
Tourenlänge Etwa 11 km. **Wanderzeit** Etwa 3 Stunden.
Höhenunterschiede Insgesamt etwa 200 m. Stärkere Steigungen.
Wanderkarte 1:50 000 Odenwald, Blatt Südwest.
Wissenswertes Der häufig und gern besuchte staatlich anerkannte Luftkurort und Wintersportplatz (500 bis 550 m, Kunstschneepiste) wird von Odenwaldfreunden gerne als »Klein-Arosa« tituliert.
Tourenbeschreibung Wir gehen zunächst auf der *Weinheimer Straße* in Richtung Wald-Michelbach, biegen bei der *Höhengaststätte Morgenstern* rechts ab und verlassen, der Markierung auf den Kopf gestelltes weißes T folgend, Siedelsbrunn.

Hinter den letzten Häusern biegen wir in den Wald ab und wandern durch diesen in etwa 15 Minuten zur *Wegverzweigung Zollstock* mit Rastbänken und Unterstellhütte.

Wir verlassen unser bisheriges Wegzeichen und biegen mit der Nr. 4 nach rechts ab. Etwa 20 Minuten wandern wir mit diesem Zeichen talwärts und treffen dann auf die von links kommende Markierung weißes Quadrat, der wir nach rechts folgen.

Es geht über den *Eiterbach*, bei der Weggabel nach links und das *Eiterbachtal* aufwärts. Dann scharf nach rechts und kurz auf der Straße entlang, schließlich links ab und zur Ruine der ehemaligen *Lichtenklinger Liebfrauenkapelle* mit Rastplatz und Brunnen.

Nach wie vor unter Führung des weißen Quadrates setzen wir unseren Weg fort. Am Forsthaus vorbei und auf schmalem Pfad hangaufwärts. Links ab auf einen Holzabfuhrweg und diesem bis zur Markierung blauer Strich folgen. Wir biegen nach rechts ab und wandern durch den Wald, am Westhang des *Hardberges* aufwärts, in etwa 50 Minuten zurück nach *Siedelsbrunn.*

38 Gras-Ellenbach – Siegfriedbrunnen – Spessartskopf – Gras-Ellenbach

Verkehrsmöglichkeiten Bundesstraße 460 (Siegfriedstraße) bis Wegscheide, hier nach Gras-Ellenbach abzweigen. Busverbindungen nach Heppenheim, Weinheim.
Parkmöglichkeiten Ortsmitte, Nibelungenhalle.
Wegmarkierungen Rotes Kreuz und Nr. 15 bis Siegfriedbrunnen, Nr. 20 und Nr. 15 bis Gras-Ellenbach.
Tourenlänge Etwa 6 km.
Wanderzeit Etwa 1½ Stunden.
Höhenunterschiede Insgesamt etwa 150 m.
Wanderkarte 1:50 000 Odenwald, Blatt Nordwest.
Wissenswertes Gras-Ellenbach im Ulfenbachtal, das früher »Grasenbach« hieß, war zuerst Besitztum des Klosters Lorsch, gehörte später, bis 1803, der Kurpfalz und kam dann an Hessen. Gras-Ellenbach ist seit 1961 staatlich anerkannter und einziger Kneippkurort im Odenwald (verschiedene Schreibweise: auch Grasellenbach).

Ob es sich bei dem, bei Gras-Ellenbach gelegenen Siegfriedbrunnen um die Stelle handelt, an der Hagen den Helden Siegfried getötet haben soll, darf nach dem heutigen Stand der Forschung bezweifelt werden. Gibt es doch neben Gras-Ellenbach noch mehrere Orte, die behaupten, daß einzig bei ihnen der richtige Ort zu finden ist, an dem »Sigfrit erslagen wart«. Ob es

Kahler Alpendost und Kleiner Fuchs (Foto: Ulrich Schnabel, Archiv DWV)

diesen Ort überhaupt gibt, soll hier nicht erörtert werden. Wie dem auch sei, 1851 wurde im Rahmen einer schlichten Feier an der in Stein gefaßten Quelle bei Gras-Ellenbach ein Gedenkstein mit Kreuz und Inschrift aufgestellt und der Ort seither von unzähligen Menschen aufgesucht.

Tourenbeschreibung Vom Parkplatz auf der Umgehungsstraße nach links, nach wenigen Metern gleich noch einmal nach links in die *Siegfriedstraße*, aus dem Ort und hinauf zum Wald.

Mit dem roten Kreuz (und der Nr. 15) in den Wald, bei der Weggabel nach links, an der *Helm-Hütte* vorbei und später auf dem *Alten Postweg* bis zu einem Stein mit der Aufschrift: »Siegfriedbrunnen«.

Hier biegen wir, das rote Kreuz verlassend, rechts ab und gehen durch mächtigen Fichtenwald zum nahen *Siegfriedbrunnen* und der *Krimhilden-Hütte*.

Von hier aus setzen wir unsere Wanderung unter Führung der Rundwanderwegnummer 20 fort. Die Route führt zunächst in südliche Richtung, knickt dann nach links ab und zieht im Bogen um den *Spessartskopf* und mündet schließlich in eine Forststraße, der wir nach rechts hin folgen.

Wir bleiben auf dieser durch abwechslungsreichen Wald ziehenden Forststraße und wandern, nachdem die Nr. 20 nach links (nach Wahlen) abbiegt, mit der Nr. 15 weiter, bis wir am Waldrand erneut auf das rote Kreuz treffen, biegen nach links ab und bummeln nach *Gras-Ellenbach* zurück.

39 Gras-Ellenbach – Krumme Tanne – Wegscheide – Lärmfeuer – Sandbuche – Hiltersklingen – Gras-Ellenbach

Verkehrsmöglichkeiten Bundesstraße 460 (Siegfriedstraße) bis Wegscheide und hier nach Gras-Ellenbach abbiegen. Busverbindungen nach Heppenheim, Weinheim.
Parkmöglichkeiten Ortsmitte, Nibelungenhalle.
Wegmarkierungen Rotes Kreuz bis Lärmfeuer, blaues Quadrat bis Sandbuche, weiße Raute bis Gras-Ellenbach.
Tourenlänge Etwa 15 km.
Wanderzeit Etwa 4 Stunden.
Höhenunterschiede Insgesamt etwa 280 m. Stärkere Steigungen.
Wanderkarte 1:50 000 Odenwald, Blatt Nordwest.
Wissenswertes Gras-Ellenbach siehe Wanderung Nr. 38.
Tourenbeschreibung Wir folgen der Markierung rotes Kreuz, verlassen den Ort in nördlicher Richtung, biegen in den Wald ab und steigen durch diesen auf (wohl der Kurgäste wegen) sehr gut markierter Route in etwa 40 Minuten hinauf zur *Krummen Tanne*, die, wie wir feststellen, in Wirklichkeit eine rund 300 Jahre alte Kiefer ist.

Auch der Weiterweg bis zur *Wegscheide*, die wir nach etwa 2 km erreichen, ist nicht zu verfehlen. Von diesem alten Straßenknotenpunkt, wo wir die Siegfriedstraße (Bundesstraße 460) queren, ziehen wir in nordöstlicher Richtung durch den Wald, zunächst mäßig ansteigend, dann leicht abwärts, bis an eine Wegekreuzung, wo die Markierung gelbes Dreieck zu uns stößt.

Wir biegen nach rechts ab und wandern steil ansteigend zu einem Wegdreieck, wo wir auf die Markierung blaues Quadrat stoßen. Kurz nach links zum Berggipfel *Lärmfeuer*.

Bis zum Jahre 1803 befanden sich auf markanten Odenwaldanhöhen diverse Signalstationen, die mittels Feuer- und Rauchzeichen Nachrichten übermittelten. So auch hier, worauf der etwas sonderbare Bergname zurückzuführen ist. Am Lärmfeuer-

berg befinden sich eine kleine Rastanlage und die nach dem Gründer des Odenwaldklubs benannte *Ihrig-Hütte.*

Vom Gipfel mit dem blauen Quadrat zurück zum Wegedreieck und in der Folge, auf einem Höhenweg, am *Eselkopf* vorbei zur Wegekreuzung bei der *Sandbuche.*

Hier wechseln wir zur Markierung weiße Raute und wandern, einen Fahrweg kreuzend, danach rechts abbiegend, auf teils verschlungenen Pfaden und einen Waldlehrpfad tangierend, hinab nach *Hiltersklingen* und zum *Wedekind-Denkmal.*

Der Obelisk wurde jedoch nicht, wie sich vermuten läßt, zu Ehren des Dichters Frank Wedekind aufgestellt, sondern ist dem Wirken des um eine Generation älteren, heute vergessenen Freiherrn Georg Wilhelm von Wedekind gewidmet.

Beim Denkmal geht es noch einmal über die Bundesstraße 460 (Siegfriedstraße). Der Weg führt über den Bach, durch ein Bauernanwesen, zieht hinauf zum Wald und im Bogen zu einer Forststraße, der wir ein Stück nach rechts folgen.

In der Kurve verlassen wir die Forststraße, gehen geradeaus, im Hang des *Kirchberges* entlang und letztlich hinab nach *Gras-Ellenbach.* Rechts ab, auf der *Güttersbacher Straße* durch den Talgrund und zurück zum Ausgangspunkt.

40 Weschnitz – Walpurgiskapelle – Weschnitz

Verkehrsmöglichkeiten Weschnitz liegt an der Bundesstraße 460 (Siegfriedstraße). Busverbindungen nach Heppenheim, Reichelsheim, Wald-Michelbach.
Parkmöglichkeiten Der Wanderparkplatz Kapellenberg, Ausgangspunkt dieser Wanderung, liegt kurz hinter Weschnitz an der B 460 in Richtung Erbach.
Wegmarkierungen Gelbe 3 (Kahlbergweg).
Tourenlänge Etwa 6 km.
Wanderzeit Etwa 1½ bis 2 Stunden.
Höhenunterschiede Insgesamt etwa 150 m. Steiler Aufstieg zur Walpurgiskapelle.
Wanderkarte 1:50 000 Odenwald, Blatt Nordwest.
Anmerkungen Panoramaweg zur Walpurgiskapelle mit einzigartigen Odenwaldblicken. Die Walpurgiskapelle ist jeweils Sonntag von 9 bis 18 Uhr geöffnet, ansonsten Schlüssel in Weschnitz, letztes Haus links an der B 460 in Richtung Parkplatz, erhältlich.
Wissenswertes Die Erzgruben bei Weschnitz werden 773 erstmals urkundlich erwähnt. Das Manganerz wurde in Gruben und Schürfgruben gefördert und teilweise gleich vor Ort, in primitiven Schmelzen, verhüttet. Der Abbau erlosch nach 1700.

Viele Hügelabraumhalden, verschüttete Grubeneingänge, Holzkohlenplatten, Schlackenreste und Erzgestein sind die letzten stummen Zeugen des einstigen Bergbaureviers am Kapellenberg.

Auf dem Kapellenberg befand sich ursprünglich eine keltisch-germanische Kultstätte, die um 800 christianisiert wurde. Eine Tafel an der aus Natursteinen erbauten Kapelle informiert über deren wechselvolle Vergangenheit.
Tourenbeschreibung Der mit der gelben 3 markierte Rundweg führt gleich zu Beginn an einer alten, links des Weges liegenden einstigen Erzgrube vorbei, biegt nach links ab und zieht durch den Wald hinauf in Richtung Walpurgiskapelle. Wer ein Auge dafür hat, kann unterwegs immer wieder Stätten alter Bergmannstätigkeit erkennen. Es geht zum Teil rechts steil bergan, und von der zweiten Kurve aus sehen wir bereits rechts oben die Kapelle stehen. Noch ein Stück steil bergan, dann in etwa eben hinüber zur *Walpurgiskapelle.*

Eine Tafel erinnert daran, daß hier Karl der Große im Jahre 795 die seither unveränderte Grenze zwischen Heppenheim und Michelstadt festlegte. Durch die Abstiegsschneise geht der Blick

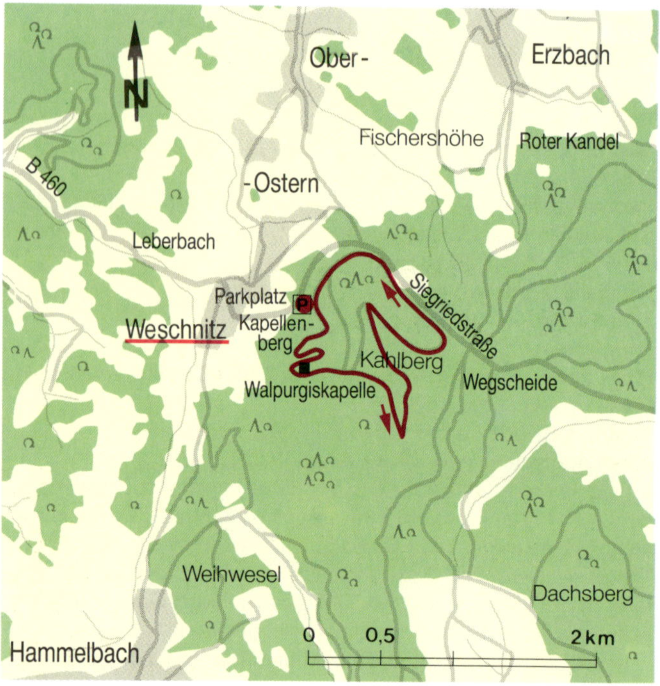

hinab auf das tief im Tal liegende Dörfchen Weschnitz und hinüber auf die umliegenden Höhen.

Der Weg zurück ist gut markiert und führt serpentinenartig durch die Schneise, mit schönen Fernsichten ins Gersprenztal und zum Reichelsheimer Schloß, talwärts. Auf einem mit alten Grenzsteinen versehenen Weg geht es zurück in den Wald und leicht aufwärts zur *Kohlplatte.*

Von dieser Stelle, die früher von den Köhlern für ihre Meiler benutzt wurde, sind es nur noch wenige Meter zurück zum *Parkplatz.*

41 Ober-Mossau – Parkplatz Dehnbuche – Mossauer Bild – Lärmfeuer – Krottenloch – Ober-Mossau

Verkehrsmöglichkeiten Bahn Erbach (6 km) und Michelstadt (6 km). Bus nach Erbach und Michelstadt.
Parkmöglichkeiten Parkplatz bei der Brauerei Schmucker.
Wegmarkierungen Weißer Strich bis Parkplatz Dehnbuche, rotes Kreuz bis Lärmfeuer, gelbes Dreieck bis Ober-Mossau.
Tourenlänge Etwa 10 km.
Wanderzeit Etwa 3 Stunden.
Höhenunterschiede Insgesamt etwa 170 m. Teilweise steiler Aufstieg zum Parkplatz Dehnbuche. Steil hinab zum Krottenloch.
Wanderkarte 1:50 000 Odenwald, Blatt Nordwest.
Wissenswertes Der ursprüngliche Ort Mossau, der sich später in Ober- und Unter-Mossau teilte, ist das typische Beispiel einer sogenannten Streusiedlung. Die Häuser der beiden Ortsteile, der im Zuge der Gebietsreform 1972 entstandenen Gemeinde Mossautal, stehen auf einer Länge von fast sieben Kilometern verstreut links und rechts der durch das Tal des Mossaubaches ziehenden Straße.

Das Mossauer Bild ist ein Sandsteinbildstock, der im 16. Jahrhundert als beschützendes Heilszeichen an der düsteren Kreu-

(Foto: Klaus Puntschuh)

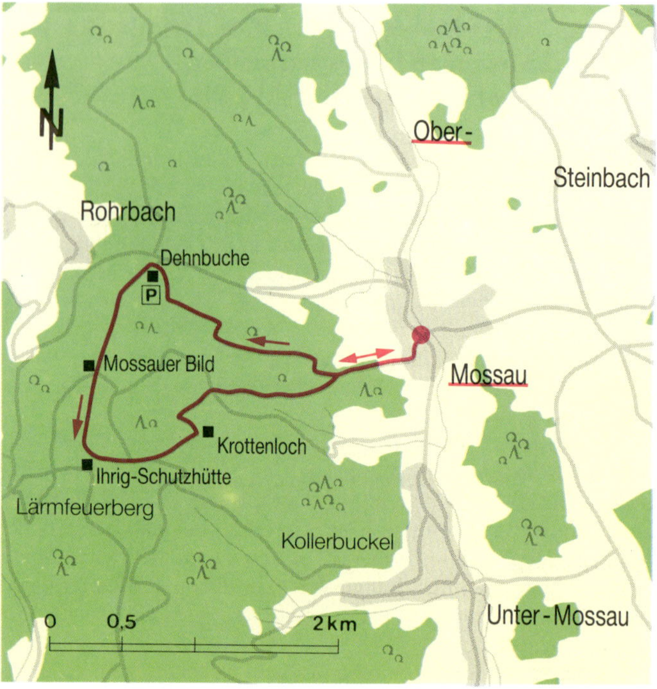

zung uralter Grenz-, Handels- und Wallfahrtswege errichtet wurde. – Das Lärmfeuer gehörte einst zu einem Ring von insgesamt 16 an hoch gelegenen Stellen im Odenwald angebrachten Signalstationen, von welchen mittels Rauch- und Feuerzeichen Nachrichten übermittelt wurden.

Tourenbeschreibung Vom Parkplatz aus folgen wir den Markierungen weißer Strich und gelbes Dreieck und gehen auf dem Sträßchen *»Schmucker-Hohl«* bergauf, vorbei am Sportplatz (links) und einem Gedenkstein (rechts), zum Wald und weiter durch einen Hohlweg im Wald hinauf zu einer Weggabel.

Hier verlassen wir das gelbe Dreieck und folgen dem weißen Strich nach rechts. Dieser führt uns, teil serpentinenartig, steil hinauf zum *Parkplatz Dehnbuche.*

Über den Platz zu einer Forststraße, in welche wir nach links einbiegen. Mit der Markierung rotes Kreuz wandern wir auf breitem, bequemem Waldweg zum *Mossauer Bild.*

Wir setzen unseren Weg ohne Richtungswechsel fort und wandern hinüber zur Höhe *Lärmfeuer* und zum Rastpaltz bei der *Ihrig-Schutzhütte* (benannt nach dem Gründer des Odenwaldklubs).

An der Wanderwegekreuzung biegen wir, jetzt mit dem gelben Dreieck, nach links ab. Es geht zunächst leicht abwärts. Doch dann verlassen wir den Hauptweg nach links und steigen auf einem steilen Serpentinenweg hinab zum *Krottenloch.*

Der markierte Weg bringt uns, eine Forststraße querend, zu einer weiteren Forststraße, der wir nach rechts folgen.

Bei der großen doppelstämmigen Buche treffen wir wieder auf den weißen Strich und gehen, auf jetzt bereits bekanntem Weg, zurück zum Ausgangspunkt.

42 Ober-Mossau – Mossauer Höhe – Tränkfeld-Eiche – Unter-Mossau – Sandbuche – Lärmfeuer – Ober-Mossau

Verkehrsmöglichkeiten Siehe Wanderung Nr. 41.
Parkmöglichkeiten Parkplatz bei der Brauerei Schmucker.
Wegmarkierungen Gelbes Dreieck bis Mossauer Höhe, blaues Kreuz bis etwa 500 Meter nach Tränkfeld-Eiche, weiße Raute bis Sandbuche, blaues Quadrat bis Lärmfeuer, gelbes Dreieck bis Ober-Mossau.
Tourenlänge Etwa 15 km.
Wanderzeit Etwa 4 Stunden.
Höhenunterschiede Insgesamt etwa 300 m. Stärkere Steigungen.
Wanderkarte 1:50 000 Odenwald, Blatt Nordwest.
Wissenswertes Siehe Wanderung Nr. 41.
Tourenbeschreibung Mit dem gelben Dreieck über die Ortsstraße, geradezu, an der Kirche vorbei, dann rechts ab und steil hinauf zum Ortsende. Weiter durch einen Hohlweg, später parallel zur Straße, hinauf und rechts abbiegend zum *Parkplatz Mossauer Höhe.*

Mit dem blauen Kreuz halten wir nach rechts und wandern auf der aussichtsreichen *Hohen Straße* in südlicher Richtung zum Wald und an diesem entlang zu der nach Unter-Mossau führenden Straße.

Wir queren die Straße, gehen an dem gegenüber befindlichen Wanderparkplatz vorbei und zur nahen *Tränkfeld-Eiche*, einem knorrigen Baum, dessen Alter auf rund 500 Jahre geschätzt und dessen Stammesumfang mit 7 m angegeben wird.

Wir folgen noch etwa 500 Meter der Blaukreuz-Markierung, treffen bei der Wegekreuzung auf das Wegzeichen weiße Raute

und folgen dieser Markierung nach rechts. Auf dem *Elsbacher Weg* geht es hinab nach *Unter-Mossau.*

Auf der Ortsstraße kurz nach rechts, links ab, wieder aus dem Ort und auf einem Waldweg hinauf, bei der Weggabel nach links und zur *Sandbuche,* wo wir erneut die Markierung wechseln.

Mit dem blauen Kreuz wandern wir, rechts abbiegend, auf einem schönen Waldweg (Oberer Grenzweg) über die Höhe bis zum *Lärmfeuer* mit Rastplatz und *Ihrig-Schutzhütte* (benannt nach dem Gründer des Odenwaldklubs).

Hier finden wir auch wieder das uns bereits vom Wegbeginn her bekannte gelbe Dreieck und biegen mit diesem bei der Wanderwegekreuzung nach Osten ab. Es geht zunächst leicht abwärts. Doch dann verlassen wir den Hauptweg nach links und steigen auf einem steilen Serpentinenweg hinab zum *Krottenloch.*

Der markierte Weg bringt uns, eine Forststraße querend, zu einer weiteren Forststraße, der wir nach rechts folgen.

Nach der mächtigen, doppelstämmigen Buche, bei der, von links kommend, noch der weiße Strich zu uns stößt, wandern wir einem Hohlweg folgend hinab zum Waldende, am Sportplatz vorbei und auf dem *Sträßchen »Schmucker Hohl«* steil hinab und zurück zum Parkplatz.

43 Fürth – Lindenfels – Seehof – Krumbach – Kröckelbach – Fürth

Verkehrsmöglichkeiten Fürth liegt an den Bundesstraßen 38 und 460 (Siegfriedstraße). Stichbahn Weinheim – Fürth. Busverbindungen nach Heppenheim, Lindenfels, Offenbach, Reichelsheim, Rimbach, Weinheim.
Parkmöglichkeiten Auf dem Platz vor dem Rathaus (Hauptstraße) und bei der katholischen Kirche (Heppenheimer Straße).
Wegmarkierungen Rotes Quadrat bis Lindenfels, rot umrandetes Dreieck bis Kröckelbach, örtliche Markierung Nr. 3 bis Fürth.
Tourenlänge Etwa 11 km.
Wanderzeit Etwa 3 Stunden.
Höhenunterschiede Insgesamt etwa 200 m. Teilweise steiler Aufstieg nach Lindenfels, teilweise steil abwärts zum Seehof.
Wanderkarte 1:50 000 Odenwald, Blatt Nordwest.
Wissenswertes Fürth kam 773 durch eine Schenkung Karls des Großen in den Besitz des Klosters Lorsch; 1232 an Mainz, 1803 an Hessen. Schöne Fachwerkhäuser.

Wissenswertes Lindenfels siehe Wanderung Nr. 48.

Tourenbeschreibung Vom Rathaus in Fürth folgen wir dem roten Quadrat ostwärts bis zur *Krumbacher Straße*, in die wir nach links einschwenken. Gleich wieder nach links und an der Friedhofsmauer entlang hinauf zur *Kolpingstraße*.

Zu Tour 43, 48, 49 **Lindenfels** (Foto: Stadt Lindenfels)

Hier einige Schritte nach rechts und beim *Wegweiser Lindenfels* erneut links ab und den Trampelpfad aufwärts. Der Weg wird bald breiter und führt zunächst am Wald entlang, dann durch Feldflur. Im Vorblick sehen wir auf der Bergeshöhe bereits unser Etappenziel, Lindenfels, liegen.

Leicht aufwärts wandernd kommen wir bei der Überlandleitung an einem zwischen zwei Nußbäumen stehenden alten Steinkreuz, mit Rastbank davor, vorüber.

Der Weg fällt jetzt leicht ab, um alsbald wieder zum Wald hin anzusteigen. Bei der Wegekreuzung geradeaus, erst am Wald entlang, später durch ein Wiesental und hinauf nach *Lindenfels.*

Hier gehen wir auf der *Wilh.-Baur-Straße* und der *Straße »In der Stadt«* zur *Burgstraße* und zur *Burg* (Besichtigung).

Durch die *Burgstraße* zurück und zur *Nibelungenstraße* (B 47), der wir nach rechts bis zur *Kappstraße* folgen, in die wir ebenfalls nach rechts einbiegen. Hier treffen wir auch auf die Markierung rot umrandetes Dreieck und folgen dieser, die steile Straße (20 Prozent Gefälle) abwärts, um nach dem Briefkasten nach links in den *Seehofweg* einzubiegen. Noch einmal geht es nach links und in den *Rothenbergweg*.

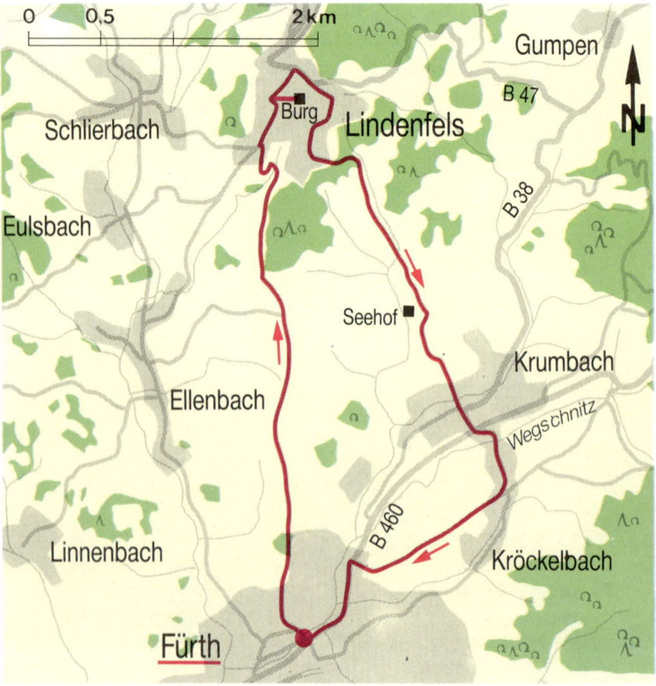

Nach etwa 100 Metern, gegenüber vom Haus Nr. 2 geht es rechts ab in den Wald und durch diesen in Kehren talwärts. Nach dem Waldende auf Feldweg weiter, vorbei am Anwesen *Seehof* (von hier schöner Rückblick auf Lindenfels) und auf einem geteerten, von Obstbäumen gesäumten Fahrweg nach *Krumbach.*

Der Markierung folgend durch den Ort und zur B 460, die wir mit der gebotenen Vorsicht in Höhe der *Gaststätte »Rosenhöhe«* überqueren. Auf dem Ortsverbindungssträßchen, die *Weschnitz* überquerend, hinab in den Fürther Ortsteil *Kröckelbach.*

In der Ortsmitte, bei dem rechts des Weges stehenden Marterl, biegen wir rechts ab und wandern mit der örtlichen Markierung Nr. 3 auf der *Höhenstraße* aus dem Ort.

Auf befestigtem Feldweg zunächst leicht ansteigend, dann abwärts nach *Fürth;* nach links und auf dem Gehsteig neben der Straße (B 460) zurück zum Ausgangspunkt.

44 Bensheim – Schönberger Höhe – Schloß Schönberg – Kirchberg-Häuschen – Bensheim

Verkehrsmöglichkeiten Bahn Bensheim. Busverbindungen nach Erbach, Heppenheim, Lindenfels, Lorsch, Michelstadt, Seeheim-Jugenheim.
Parkmöglichkeiten Am Ende der Bleichstraße, Zufahrt: Ritterplatz, B 47 (Nibelungenstraße) Richtung Lindenfels. Kurz nach dem gebührenpflichtigen Parkplatz (links) rechts ab in die Elisabethenstraße, über die Lauter, nach links in die Bleichstraße, Parkplatz.
Wegmarkierungen Roter Strich bis Schönberger Kreuz, auf den Kopf gestelltes gelbes T bis Höhenweg, gelber Strich bis Bensheim.
Tourenlänge Etwa 10 km.
Wanderzeit Etwa 3 Stunden.
Höhenunterschiede Insgesamt etwa 250 m. Stärkere Steigungen.
Wanderkarte 1:50 000 Odenwald, Blatt Nordwest.
Wissenswertes Bensheim, ehemals im Besitz des Klosters Lorsch, 1803 an Hessen, Walderdorffer Hof von 1470, Wambolter Hof von 1743, schöne Fachwerkbauten, Weinbau.

Schloß Schönberg, ehemals Stammsitz der Grafen zu Erbach-Schönberg, heute Kurheim.

Tourenbeschreibung Dem Markierungszeichen Rotstrich folgend wandern wir, vom Parkplatz am Ende der *Bleichstraße* ausgehend, vorbei am Kinderspielplatz bis zur Wegverteilung. Hier nehmen wir den unteren, geradeaus weiterführenden Weg und wandern an der *Lauter* entlang zum *Parkplatz Schönhof*.

Über den Parkplatz, nach rechts und auf dem Bürgersteig neben der Straße etwa 200 Meter bergauf. Dann links ab durch einen alten Brückenbogen zum Wald und durch diesen, hohlwegartig, ansteigen. Nach dem Waldende links ab und auf einem aussichtsreichen Höhenweg mit Blick zur Starkenburg bei Heppenheim und später auch zum Melibokus und zum Auerbacher Schloß zum *Schönberger Kreuz*.

Auf diesem im Jahre 1915 errichteten Mahnkreuz die Inschrift: »Land, Land, Land, höre des Herren Wort.« An der Wegekreuzung wechseln wir zur Markierung gelbes, auf den Kopf gestelltes T über, dem wir nach links folgen. In weiten Bögen führt der Weg durch den Wald abwärts am *Parkplatz Schönberger Wald* vorbei hinab ins *Lautertal* und zum Ortsbeginn von *Schönberg*.

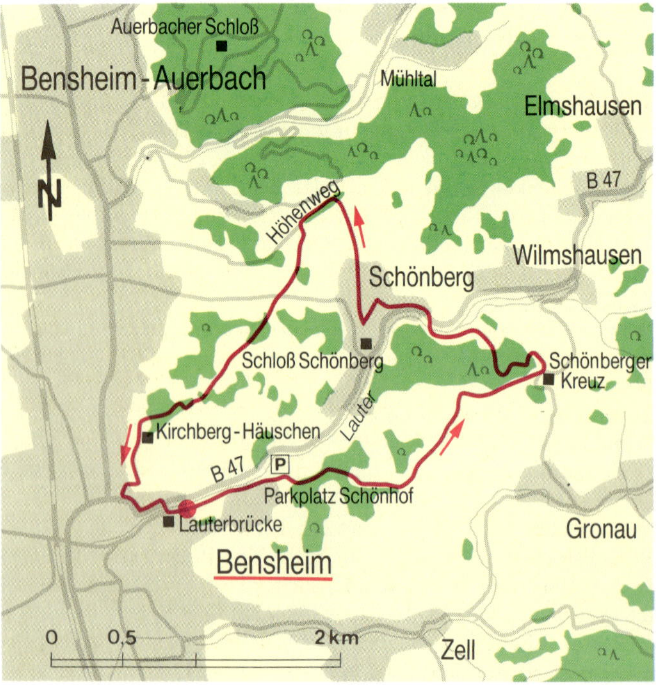

Wir gehen über die *Lauterbrücke* zur B 47 (Nibelungenstraße) und folgen dieser links abwärts bis zu dem nach rechts abzweigenden *Alten Schloßweg*. Beim Brunnen haben wir die Wahl, gleich nach links abzubiegen und auf dem *Alten Schloßweg* (nicht markiert) direkt zum Schloß Schönberg anzusteigen oder aber wir gehen noch ein kurzes Stück geradeaus bergauf, biegen dann nach links in den markierten *Neuen Schloßweg* ein und wandern auf diesem hinauf zum *Schloß Schönberg*.

Das Schloß, heute Knappschafts-Erholungsheim, kann, ebenso wie der Schloßpark, leider nicht besichtigt werden. Wir überqueren den Schloßhof und setzen unsere Wanderung, rechts haltend *Am Schloßpark* entlang, fort. Die gelbe Markierung führt uns hinauf zu einem *Höhenweg*, in welchen wir nach links einschwenken.

Doch bereits nach etwa 100 Metern verlassen wir diesen Weg schon wieder, indem wir erneut nach links schwenken. Mit der

Zu Tour 44 **Bensheim, Schloßpark Fürstenlager** (Foto: Klaus Puntschuh)

Markierung Gelbstrich (und weißes R) geht es durch Wald und Weinberge hinab zu einem Parkplatz.

Dort überschreiten wir einen Querweg und wandern am Sportplatz vorbei, weiterhin durch Wald und Weinberge, hinab zum *Kirchberg-Häuschen*. Von der Terrasse aus genießen wir den schönen Ausblick hinab nach Bensheim und in die Rheinebene.

Durch die Weinberge weiter abwärts, durch die *Kalkgasse* zur B 47, nach links und auf bereits von der Anfahrt her bekanntem Weg zurück zum Parkplatz.

45 Reichenbach – Knoden – Hohenstein – Reichenbach

Verkehrsmöglichkeiten Reichenbach liegt im Vorderen Odenwald, etwa auf halber Strecke zwischen Bensheim und Lindenfels, an der Nibelungenstraße (Bundesstraße 47). Busverbindungen Bensheim, Erbach, Lindenfels.
Parkmöglichkeiten An der B 47 in der Ortsmitte, unterhalb der Kirche und vor dem Gasthaus »Traube«.
Wegmarkierungen Auf den Kopf gestelltes weißes T bis Knoden, ohne Markierung bis blauer Strich, blauer Strich bis gelbes Quadrat und mit diesem bis Reichenbach.
Tourenlänge Etwa 11 km.
Wanderzeit Etwa 3½ bis 4 Stunden.
Höhenunterschiede Insgesamt etwa 400 m. Teilweise steiler Anstieg nach Knoden.
Wanderkarte 1:50 000 Odenwald, Blatt Nordwest.
Wegvariante Wer nicht »enuff nach Knore« will, kann, beim Zusammentreffen mit der Markierung Blaustrich, diesem Zeichen folgend nach links abbiegen und erreicht nach etwa 300 m eine Forststraße, in die man nach rechts einbiegt. Es geht etwa 500 m bergauf, schließlich nach links bergab und weiter, wie bei der Hauptwanderung beschrieben. Tourenlänge etwa 9 km, Wanderzeit etwa 2½ Stunden.
Wissenswertes Die Geschichte Reichenbachs, des ältesten Dorfes im Lautertal, läßt sich bis in die Römerzeit zurückverfolgen. So findet man in dem nahe bei Reichenbach gelegenen Felsenmeer zahlreiche sehenswerte Werkstücke römischer Steinmetzkunst (siehe hierzu Wanderung Nr. 46).

In Reichenbach sehenswerte Fachwerkhäuser, Kirche aus dem Jahre 1747. Pranger am Marktplatz aus dem Rest einer römischen Säule aus dem Felsenmeer.

Reichenbach ist heute Verwaltungssitz der bei der Gebietsreform 1972 gebildeten »Gemeinde Lautertal«.

Ein Ortsteil dieser neuen Großgemeinde ist auch das Bergdorf Knoden, von dessen Bewohnern man sagt, daß sie die Kunst des »Bannens« oder »Festmachens« (»Knodener Kunst«) beherrschen, was sagen will, daß sie durch eine Art hypnotischer Kräfte in der Lage sind, jeden Fremden, der sich in unehrlicher Absicht ihrem Dorfe nähert, am Betreten desselben zu hindern. Dadurch sei es, so wird berichtet, in der Vergangenheit selbst vor Kriegsplünderungen gefeit gewesen. Bis zum deutsch-französischen Krieg hatten französiche Soldaten gar den strengen Befehl, den Ort Knoden zu meiden, von dem noch heute in einem Sprichwort gesagt wird: »Kimmscht de uff Knore, bischt de verorre.«

Da wir Wanderer friedliche Leute sind, können wir uns getrost auf den Weg nach Knoden machen, wo wir mit Sicherheit gern gesehene Gäste sind.

Der oberhalb von Reichenbach im Wald gelegene Hohenstein ist ein mächtiger Felsklotz, an dem vor allem Bergsteiger und solche, die es werden möchten, ihre Kletterkünste erproben.

Tourenbeschreibung Wir gehen zunächst auf der B 47 ein kurzes Stück in Richtung Lindenfels, biegen dann mit dem Zeichen auf den Kopf gestelltes weißes T in die *Knodener Straße* ein und folgen dieser aufwärts bis zum Kindergarten.

Hier biegen wir nach rechts ab, sind nach wenigen Metern aus dem Ort und wandern auf einem begrasten Weg bergauf über Wiesen und Felder, an eingezäunten Weideflächen und zwischen Brombeerhecken hindurch, zum Wald.

Im Wald steigt der Pfad weiter an, ein Bächlein wird balancierend überquert und schließlich ein Forstweg erreicht, auf dem der von links kommende blaue Strich zu uns stößt, um uns bis Knoden zu begleiten (siehe Wegvariante).

Wir queren diesen Forstweg und steigen, den beiden Markierungen folgend, weiter aufwärts zum *Knodener Kopf*.

Nach dem Waldende, jetzt wiederum an Weidezäunen entlang, nach *Knoden*. Links haltend, am Feuerwehrhaus vorbei (kurz danach Blaustrich rechts ab) durch das Dorf aufwärts und wiederum links haltend weiter in Richtung Höhengasthaus.

Etwa 50 m nach dem Ortsende verläßt uns bei der Peitschenlampe das weiße umgekehrte T nach rechts. Wir gehen jetzt ohne Markierung weiter die Straße entlang, vorbei am *Höhen-*

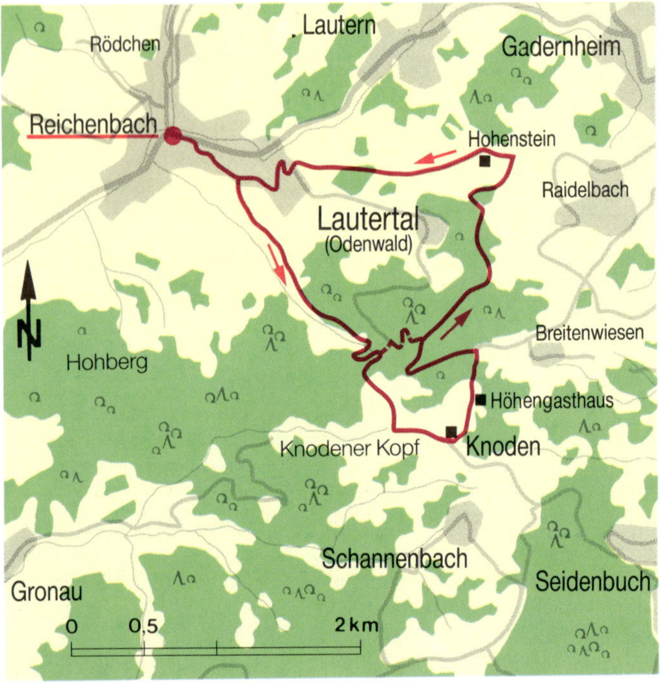

gasthaus (Einkehrmöglichkeit) und biegen etwa 200 Meter danach nach links in den Wald ab. An der Forststraßengabel treffen wir auf die Markierung Blaustrich, mit der wir nach rechts abbiegen. Bergab, im Tal über ein Bächlein, kurz danach rechts ab und auf einem Waldpfad, letztlich auf einem Holzabfuhrweg, durch den Hangwald ansteigend zum Waldende.

Links ab, zuerst am Wald entlang, dann auf einem Feldweg zu einem quer laufenden, betonierten Weg. In diesen mit einem gelben Quadrat markierten Weg biegen wir nach links ein und wandern auf diesem aussichtsreichen Höhenweg bis kurz vor einen Steinbruch.

Hier knickt die Route nach rechts ab und führt durch eine Kastanienallee zum Wald. Durch diesen, in wenigen Metern, zum *Hohenstein*, einem imposanten Felsengebilde.

Links am Hohenstein vorbei und hinab zum Waldende. Über einen Querweg (links von uns eine Schutzhütte) und geradeaus weiter (rechts eine Grillhütte) abwärts und zurück ins nahe *Reichenbach*.

46 Reichenbach – Naturfreundehaus – OWK-Ehrenmal – Ohlyturm – Felsenmeer – Reichenbach

Verkehrsmöglichkeiten Siehe Wanderung Nr. 45.
Parkmöglichkeiten In der Ortsmitte unterhalb der Kirche (B 47) und vor dem Gasthaus »Traube«.
Wegmarkierungen Auf den Kopf gestelltes weißes T bis gelbes F, mit diesem bis zum Ohlyturm, weißes F bis Reichenbach.
Tourenlänge Etwa 9 km.
Wanderzeit Etwa 3 Stunden.
Höhenunterschiede Insgesamt etwa 420 m. Stärkere Steigungen.
Wanderkarte 1:50 000 Odenwald, Blatt Nordwest.
Wissenswertes Reichenbach siehe Wanderung Nr. 45.

Im Felsenmeer, das sich vom 515 Meter hohen Felsberg 220 Meter tief in die Täler von Reichenbach und Beedenkirchen ergießt, findet man eine große Zahl stummer Zeugen aus römischer Zeit.

Von den über 300 festgestellten, von römischen Steinmetzen bearbeiteten Steinen sind wohl die am bekanntesten die Riesensäule, 9,33 m lang und 27,5 Tonnen schwer, der Altarstein, ein rechteckiger Block von 3,15 auf 5 Meter und das 12,35 m lange Riesenschiff.

Tourenbeschreibung Wir folgen den Hinweistafeln »Naturfreundehaus« und dem Wanderwegzeichen auf den Kopf gestelltes weißes T durch die *Beedenkircher Straße* zur *Balkhäuserstraße*, in die wir nach links einbiegen. Beim *Hinweisschild »Naturfreundehaus«* gleich wieder links und auf schmalem, befestigtem Sträßchen bergauf bis zum *Wormser Naturfreundehaus.*

Vom Haus schöner Blick ins Tal und auf Reichenbach. Am Spielplatz vorbei und hinauf zum Wald und durch diesen auf einer Forststraße weiter ansteigen.

Bei der Weggabel noch wenige Schritte geradeaus, dann links haltend in den Wald und auf einem Pfad zum *OWK-Ehrenmal* am *Teufelsstein*, das vom Odenwaldklub für seine in den Weltkriegen gefallenen Mitglieder errichtet wurde.

Vom Ehrenmal hinab zu einer Forststraße und auf dieser nach rechts abwärts zum Waldende.

Hier verlassen wir unser bisheriges Wegzeichen und wechseln zur Markierung gelbes F über. Mit diesem Zeichen scharf nach rechts und in der folgenden guten Stunde durch den Wald hinauf zu dem auf dem 514 m hohen *Felsberg* stehenden *Ohlyturm.*

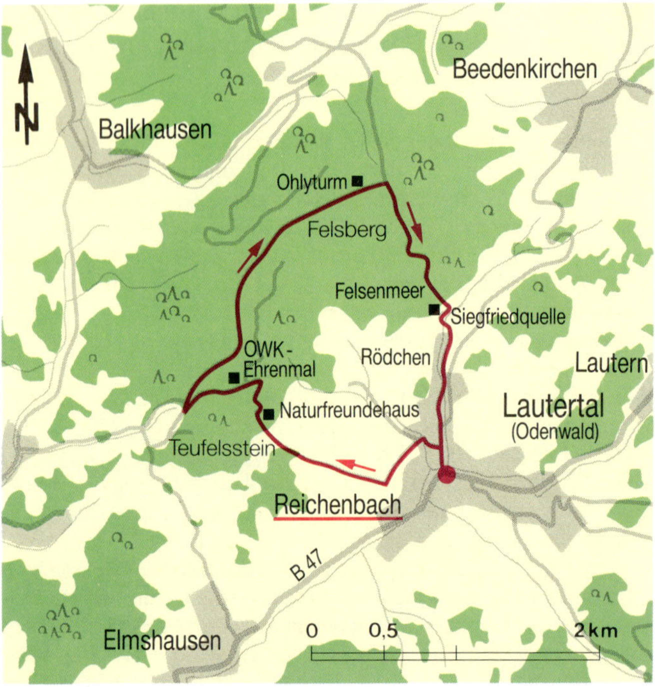

Dieser 27 Meter hohe Turm wurde im Jahre 1901 von der Ortsgruppe Darmstadt des Odenwaldklubs errichtet und zu Ehren ihres 1892 verstorbenen Vorsitzenden A. Ohly benannt.

Vom Turm aus gehen wir über den Parkplatz, an dessen Ende wir eine Wegeübersichtstafel finden, und stellen fest, daß eine große Anzahl von Rundwanderwegen durch das nahe Felsenmeer führen.

Da wir jedoch zurück nach Reichenbach wollen, nehmen wir die Markierung weißes F auf und wandern mit diesem Zeichen durch das *Felsenmeer* talwärts bis zur *Siegfriedquelle* und dem Gasthaus gleichen Namens. Weiterhin dem weißen F folgend wandern wir von hier, am Sportplatz vorbei, in etwa 10 Minuten zurück zur Ortsmitte von *Reichenbach*.

47 Gadernheim – Neunkirchen – Neunkircher Höhe – Gadernheim

Verkehrsmöglichkeiten Gadernheim liegt an der Bundesstraße 47 (Nibelungenstraße). Busverbindungen nach Bensheim, Erbach, Lindenfels.
Parkmöglichkeiten In der Ortsmitte, nahe dem alten Rathaus.
Wegmarkierungen Blauer Strich bis Neunkirchen, roter Strich bis Neunkircher Höhe, gelber Strich bis Gadernheim.
Tourenlänge Etwa 9 km.
Wanderzeit Etwa 2½ bis 3 Stunden.
Höhenunterschiede Insgesamt etwa 250 m.
Wanderkarte 1:50 000 Odenwald, Blatt Nordwest.
Anmerkungen Die Gaststätte im Kaiserturm auf der Neunkircher Höhe ist Dienstag bis Freitag von 13 bis 17 Uhr und Samstag und Sonntag von 10 bis 17 Uhr geöffnet, Turm jeweils eine Stunde länger. Montag ist Ruhetag, und wenn es werktags regnet, bleiben Turm und Gaststätte geschlossen.
Wissenswertes In Gadernheim ein schönes, altes Fachwerk-Rathaus von 1617.

Der 517 m hoch gelegene Ort Neunkirchen ist das höchstgelegene Dorf in Südhessen. 1222 als »zur nuiwen Kirche« erwähnt, galt diese anstelle eines vorchristlichen Quellheiligturms erbaute »neue Kirche« als eine der ältesten und reichsten Kirchen im Odenwald. Die Kirche des ehemaligen Wallfahrtsortes diente ab 1542 elf, heute noch sieben Odenwaldgemeinden als evangelisches Gotteshaus.

Die Neunkircher Höhe ist mit 605 m die zweitgrößte Erhebung im Odenwald. Hier entspringen Gersprenz, Lauter (Winkelbach), Modau und Fischbach und schicken ihre Wasser in den Rhein und den Main. Auf dem Gipfel des Berges steht der 34 m hohe Kaiserturm. Etwa 800 m nördlich davon ein 30 m hoher Betonturm mit Radaranlage.

Tourenbeschreibung Vom *Gadernheimer Rathaus* mit der Markierung blauer Strich in die *Neunkircher Straße* (Wegweiser Naturpark-Parkplatz 750 m) und diese steil bergauf. Später eben aus dem Ort und zum Wald.

Vorbei an dem gleich am Waldbeginn gelegenen *Wanderparkplatz Rankestein* und auf gut markiertem Weg durch den Wald bergauf. Vorbei an der zwischen Felsbrocken gelegenen *Modauquelle* und ab hier ein Stück gemeinsam mit dem roten Quadrat. Bei einem Felsblock verlassen wir den Hauptweg und folgen einem sich bergan schlängelnden Pfad zum Waldende und auf Teersträßchen in das vor uns liegende *Neunkirchen*.

Nach einer Kirchen- und Ortsbesichtigung und eventuellen Einkehr gehen wir auf dem Herweg ein Stück zurück, biegen dann mit dem roten Strich nach links ab und wandern, vorbei an einer Schutzhütte, durch den Wald hinauf zur *Radarstation.*

Von hier etwa auf ebenem Weg weiter über eine Forststraße zu der links des Weges gelegenen *Gersprenzquelle.* An der Wegekreuzung biegen wir links ab, ziehen schließlich nach rechts und, vorbei an der an einer mächtigen Felsgruppe angebrachten Gedenktafel für Ludwig Seibert, dem Schöpfer der Odenwälder Wegemarkierungen, hinauf zum *Kaiserturm* auf der *Neunkircher Höhe.* – Von dem 1907 errichteten Turm mit der höchstgelegenen Gaststube des Odenwaldes reicht der Blick bis zum Spessart und Taunus.

Vom Kaiserturm aus folgen wir dem Schild Gadernheim und der Markierung gelber Strich, einem Forstweg, etwa 10 Minuten abwärts. Biegen dann nach links in einen Hangweg ab und folgen diesem, gut auf die Markierungszeichen achtend, bis zum Waldende.

Auf einem Feldweg, teilweise an eingezäunten Koppeln entlang, hinab und zurück nach *Gadernheim.*

48 Lindenfels – Eulsbach – Seidenbuch – Schlierbach – Lindenfels

Verkehrsmöglichkeiten Lindenfels liegt an der Bundesstraße 47 (Nibelungenstraße). Busverbindungen Bensheim, Darmstadt, Erbach, Fürth, Michelstadt.
Parkmöglichkeiten Parkplatz zwischen Burgstraße und Graben.
Wegmarkierungen Auf den Kopf gestelltes rotes T bis Blaustrich, blauer Strich bis gelbes Dreieck, gelbes Dreieck bis Lindenfels.
Tourenlänge Etwa 11 km.
Wanderzeit Etwa 3½ bis 4 Stunden.
Höhenunterschiede Insgesamt etwa 500 m. Steil hinab nach Eulsbach, steiler Aufstieg nach Seidenbuch, steiler Abstieg nach Schlierbach, steil hinauf nach Lindenfels.
Wanderkarte 1:50 000 Odenwald, Blatt Nordwest.
Wissenswertes Der terrassenförmig gebaute Ort Lindenfels ist als heilklimatischer Kurort staatlich anerkannt. Sehenswerte Burgruine, Wehrtürme, alte Stadttore, Lindenfelser Museum.
Tourenbeschreibung Von der *Nibelungenstraße* in die *Burgstraße* und auf dieser am Rathaus vorbei und zunächst einmal hinauf zur Burg. Wir gehen durch das sogenannte *Schlierbacher Tor*, kommen am *»Eisengrünturm«* (benannt nach einem Gefangenen namens Eisengrün) und den Brunnen vorbei in den Burghof, wo sich einst der Bergfried, der Palas, die Kapelle und andere Gebäude befanden. Nach Besichtigung und Rundblick gehen wir auf der *Burgstraße* zurück bis zum *Kurgarten*, biegen dort mit der Markierung auf den Kopf gestelltes rotes T rechts ab und gehen durch die *Straße »In der Stadt«* und durch zwei ehemalige Burgtore hinab zum *Ellenbacher Weg*.

Auf diesem weiter talwärts. Etwa 300 Meter nach Passieren eines steinernen Wegweisers verlassen wir das Asphaltsträßchen nach rechts und wandern beim Wegdreieck links und bei der Weggabel rechts abzweigend letztlich durch einen Hohlweg hinab nach *Eulsbach*.

Geradewegs über die Hauptstraße (L 3099), über den *Schlierbach* und auf dem *Ellenbacher Weg* aus dem Ort und hinauf zum Wald. Wegweiser: Erlenbach Bergtierpark.

Der markierte Weg führt auf befestigtem Sträßchen wechselnd durch den Wald, Feldflur, Wald und am Wald entlang. Bei der Weggabel (achtgeben) verlassen wir, jetzt der Markierung blauer Strich folgend, das Sträßchen nach rechts.

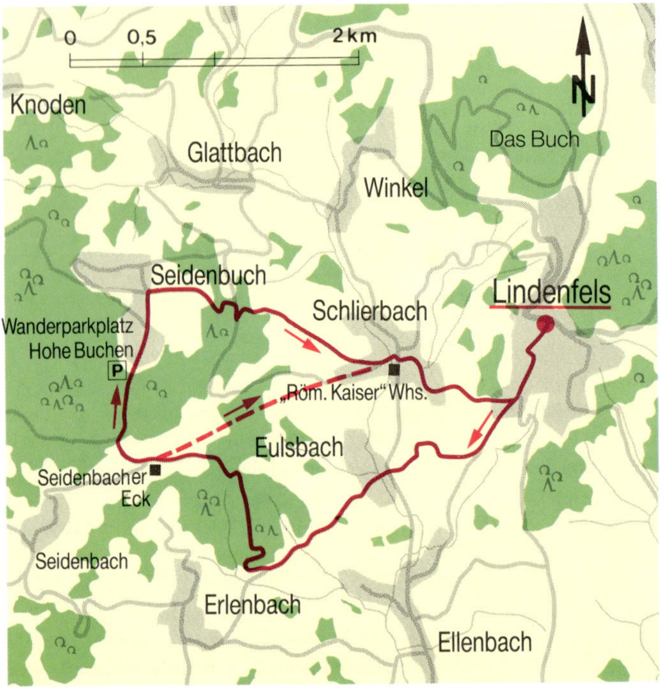

Am Wasserbehälter neben der Wegschranke vorbei und im Rechtsbogen auf Forststraße aufwärts. An der Weggabel spitzwinkelig nach links und in der Folge auf gut markiertem Weg bergauf bis zum Waldende.

Auf Feldweg, mit Blick ins Tal und auf Lindenfels, zur *Straße Seidenbach – Seidenbuch*, welche wir am sogenannten *Seidenbacher Eck* erreichen.

(Hier Abkürzungsmöglichkeit. Ein hölzerner, nach rechts zeigender Wegweiser informiert uns darüber, daß man ab hier auf direktem Weg steil nach Schlierbach absteigen kann. Angegebene Gehzeit: 12 Minuten.)

Wir folgen dem Sträßchen ebenen Weges hinüber zum Wald. Dort treffen wir auf die Markierung gelbes Dreieck und biegen mit diesem nach rechts ab. (Blaustrich geht geradeaus weiter.) Vorbei am *Wanderparkplatz Hohe Buchen* erreichen wir gleich am Waldende *Seidenbuch.*

Auf der *Starkenburgstraße* durch die ehemalige Glasmachersiedlung (im Volksmund noch heute »die Glashitt« genannt) abwärts. Nach rechts in die *Schwanstraße*, aus dem Ort und geradewegs zum Wald. Zunächst links haltend, dann im spitzen Winkel nach rechts und, gut auf die Markierung achtend, durch den Wald bergab und letztlich durch einen Wiesengrund nach *Schlierbach.*

Mit der Markierung durch den Ort und beim *Gasthof »Römischer Kaiser«* über die *Hauptstraße* zunächst geradeaus weiter, dann rechts ab und auf der *Straße »Jägergarten«* steil hinauf zum Ortsende.

Am Campingplatz vorbei, an einem Bach entlang, zwischen Tennisplatz und Teich hindurch und steil, auf dem *Steinweg* und *Almenweg*, hinauf zur *Nibelungenstraße* in *Lindenfels.*

Zu Tour 43, 48, 49 **Lindenfels** (Foto: Stadt Lindenfels)

49 Lindenfels – Das Buch – Lindenfels

Verkehrsmöglichkeiten Siehe Wanderung Nr. 48.
Bushaltestelle Kirschenweg, unterhalb des Parkplatzes an der B 47.
Parkmöglichkeiten Parkplatz »Waldsportpfad« am nördlichen Stadtrand von Lindenfels. Anfahrt B 47 und Kirschenweg hinauf zum Parkplatz.
Wegmarkierungen Gelbe 7.
Tourenlänge Etwa 5 km.
Wanderzeit Etwa 1½ Stunden.
Höhenunterschiede Insgesamt etwa 120 m.
Wanderkarte 1:50 000 Odenwald, Blatt Nordwest.
Wissenswertes Lindenfels siehe Wanderung Nr. 48.
Diese Wanderung, mit leichten Steigungen, führt vorbei an Steinbrüchen und Felsgruppen zu schönen Aussichtspunkten.
Tourenbeschreibung Wir folgen dem Wegzeichen gelbe 7 in nordwestlicher Richtung. Der Weg führt oberhalb der Nibelun-

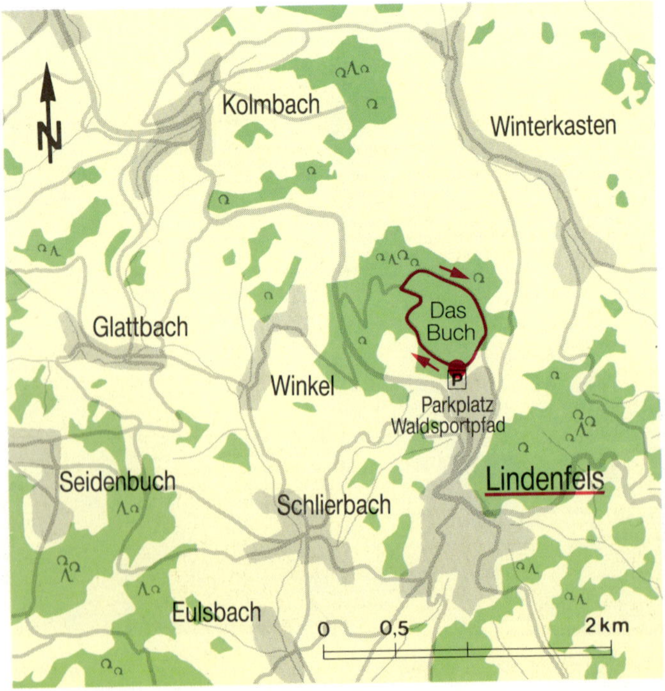

genstraße durch den Wald leicht bergauf zu einem Steinbruch, dessen Rand wir folgen. Unterhalb, direkt an der Bundesstraße 47, liegt eine Steinschleiferei.

Bei der Hütte verlassen wir den Steinbruch und wandern durch den Wald weiter ansteigend zu einer Felsengruppe, die wir im weiten Bogen umrunden.

Ein kurzes Stück in Richtung Forststraße und in einem weiteren Bogen durch eine Art Felsenmeer, *Das Buch* genannt.

Dann geht es wieder abwärts, am Wasserbehälter vorbei und zu einem Aussichtspunkt. Weiter, mäßig steil, an den ersten Häusern von *Lindenfels* entlang abwärts und zurück zum Ausgangspunkt.

50 Neunkirchen – Ruine Rodenstein – Freiheit Laudenau – Kaiserturm – Neunkirchen

Verkehrsmöglichkeiten Anreise am besten über Darmstadt, Bensheim, Groß-Bieberau. Busverbindungen Darmstadt, Lindenfels.
Parkmöglichkeiten Geräumiger Parkplatz bei der Kirche.
Wegmarkierungen Weißer Strich bis Ruine Rodenstein, gelber Strich bis Kaiserturm, roter Strich bis Neunkirchen.
Tourenlänge Etwa 11 km.
Wanderzeit Etwa 3½ bis 4 Stunden.
Höhenunterschiede Insgesamt etwa 360 m. Im letzten Stück steil hinab zur Ruine Rodenstein. Steiler Aufstieg von Freiheit Laudenau zur Straße Winterkasten – Neunkirchen.
Wanderkarte 1:50 000 Odenwald, Blatt Nordwest.
Wissenswertes Der sowohl im Sommer als auch im Winter gerne besuchte Höhenluftkurort Neunkirchen ist heute ein Ortsteil der Großgemeinde Modautal.

Der Ort wird schon 1222 erwähnt: »zur nuiwen Kirche«. Diese neue Kirche, anstelle eines vorchristlichen Quellenheiligtums erbaut, galt als eine der ältesten und reichsten Kirchen des Odenwaldes. Die ehemals romanisch-gotische, zweischiffige, gewölbte Kirche stellt sich seit 1742 in barocker Hallenform dar und diente seit 1542 elf, heute noch sieben Dörfern als evangelisches Gotteshaus.

Neunkirchen, 517 m hoch gelegen, ist das höchstgelegene Dorf in Südhessen.

Burg Rodenstein wurde um 1520 von dem Edelherren Rudolf von Crumbach errichtet, der sich und seinen Nachkommen fortan den Namen »von Rodenstein« gab. 1671 starb das Geschlecht der Rodensteiner aus. Die verlassene Burg verfiel und wurde schließlich zum Steinbruch für andere Bauten. 1887 erfolgten erste Sicherungsarbeiten, weitere 1938 und 1961. Die Sage erzählt vom Rodensteiner, dem wilden Jäger, der zwischen dem Rodenstein und Schnellerts mit seinem Gefolge unter großem Lärm durch die Lüfte zieht (von Scheffel und Bergengruen dichterisch ausgewertet).

Der auf der 605,5 Meter hohen Neunkircher Höhe, dem zweithöchsten Berg im Odenwald, stehende, 1907 von der Odenwaldklub-Ortsgruppe Darmstadt errichtete Kaiserturm ist 34 Meter hoch. Prachtvolle Rundsicht.

Im Kaiserturm die höchstgelegene Gaststube des Odenwaldes, Dienstag bis Freitag in der Zeit von 13 bis 17 Uhr, Samstag und Sonntag von 10 bis 17 Uhr geöffnet; Turm jeweils eine Stunde länger. Montag ist Ruhetag, und wenn es wochentags regnet, bleiben Turm und Gaststätte geschlossen.

Tourenbeschreibung Vom Parkplatz an der Kirche vorbei in Richtung Ortsmitte. Bei der Dorflinde (ehemalige Gerichtslinde) beim Brunnendenkmal für Albrecht Ohly (ehemals Oberbürgermeister von Darmstadt und von 1881 bis 1891 Vorsitzender des Odenwaldklubs) biegen wir rechts ab, bei der Straßengabel gehen wir nach links und aus dem Ort.

Auf einem befestigten, von Haselnußsträuchern gesäumten Fahrweg wandern wir, vorbei am Skilift Neunkirchen, talwärts.

Unten schwenken wir nach links und kommen in den Wald. Kurz bevor das befestigte Sträßchen endet biegen wir rechts ab.

Nach wenigen Schritten über ein Bächlein, zunächst mäßig, später etwas steiler, auf steinigem Weg bergan.

Bei der Weggabel halten wir uns links, bei der folgenden Wegekreuzung wandern wir geradeaus weiter. Der Weg ist jetzt in etwa eben. Bei der zweiten Wegekreuzung, die wir ebenfalls ohne Richtungswechsel passieren, entdecken wir bereits ein Hinweisschild auf das Hofgut Rodenstein.

Bei der nächsten Forststraßenkreuzung halten wir nach rechts. Gut auf die Markierung achtend geht es mit mehrfachem Richtungswechsel das letzte Stück steil durch den Hangwald hinab zur *Ruine Rodenstein.*

Wer einkehren möchte, geht durch die Burganlage, deren Mauern die einstige Mächtigkeit erahnen lassen, und rechts über Treppen hinab zum *Hofgut Rodenstein*, einer rustikal eingerichteten Gaststätte (Donnerstag und Freitag Ruhetag).

Von der Ruine Rodenstein auf dem Herweg zurück, in den Wald und mit dem gelben Strich zu einer Forststraße, der wir nach links folgen. Dabei kommen wir alsbald an einem kleinen Wasserfall *(»Fallender Bach«)* mit Rastplatz vorbei. Bei der Weggabel gehen wir mit Gelbstrich nach rechts aufwärts und dort, wo die Forststraße eine Rechtskurve macht, geradeaus weiter. – Ab Waldende geht es zunächst am Wald dahin, dann auf einem Feldweg an Brombeerhecken entlang leicht aufwärts zu einer Wegekreuzung und auf einem Teersträßchen geradewegs hinab zu den Häusern von *Freiheit Laudenau.*

Hier befand sich einst eine sogenannte Freistatt, ein durch Hecken umgrenzter Platz, auf dem Verfolgte für einige Tage Asylrecht genossen.

An der Gaststätte vorbei und die wenigen Meter durch den Ort. Bei der Bank rechts ab und auf betoniertem Fahrweg hinauf zum Wald. Nach links, am *Wasserbehälter Laudenau* vorbei (wo der betonierte Weg endet) und geradewegs weiter. Zunächst am Wald entlang, dann rechts in den Wald und auf einem Holzabfuhrweg rechts steil hinauf bis zu einer Forststraße. Auf dieser nach links zur nahen *Straße Winterkasten – Neunkirchen.*

Wir überqueren diese Straße und wandern, vorbei am *Wanderparkplatz »Weinberg«*, auf jetzt breiter, bequem begehbarer Forststraße kaum merklich bergauf.

Bei der Wegekreuzung nach links (wer nicht zum Kaiserturm will, kann hier nach rechts abbiegen und, dem Rotstrich folgend, direkt nach Neunkirchen zurückmarschieren). Wenige Meter nach unserem Linksschwenk links des Weges die *Gersprenzquelle.*

An der folgenden Wegekreuzung müssen wir erneut links abbiegen. Wenig später, rechts des Weges, Felsgestein und der 1926 errichtete Gedenkstein für Ludwig Seibert, den Begründer der Wegbezeichnungen des Odenwaldklubs.

Am Gedenkstein vorbei und zum nahen *Kaiserturm* auf der *Neunkircher Höhe.*

Vom Turm wandern wir auf dem Herweg bis zur Wegekreuzung bei der *Gersprenzquelle* zurück. Dem Rotstrich folgend geht es ohne Richtungswechsel weiter. Wenig später kommen wir an einem mächtigen Betonturm vorbei, auf dem sich eine *Radaranlage* befindet.

Ab hier fällt der Weg leicht ab, und an einer kleinen Schutzhütte vorbeiwandernd erreichen wir alsbald das Waldende.

Am Waldende schöner Fernblick. Rechts haltend weiter, über die Straße und zurück nach *Neunkirchen.*

Zu Tour 50, 52, 69 **Blick auf Reichelsheim**

(Foto: Verkehrsverein Reichelsheim)

51 Schannenbach – Hochmoorweg – Schannenbach

Verkehrsmöglichkeiten Bundesstraße 47 (Nibelungenstraße) bis Gadernheim und ab hier über Knoden nach Schannenbach. Busverbindungen nach Bensheim, Erbach, Lindenfels.
Parkmöglichkeiten Am Ortseingang vor dem Dorfgemeinschaftshaus.
Wegmarkierungen Gelbe 2.
Tourenlänge Etwa 3½ km.
Wanderzeit Etwa 1 Sunde.
Höhenunterschiede Insgesamt etwa 50 m.
Wanderkarte 1:50 000 Odenwald, Blatt Nordwest.
Anmerkungen Als Ausgangspunkt für diesen Rundkurs kann auch der oberhalb des Ortsteils Ober-Schannenbach im Wald gelegene Wanderparkplatz »Schannenbacher Eck« gewählt werden.
Wissenswertes Der bequem begehbare Hochmoorweg führt weiträumig um das ob seiner interessanten Flora (u. a. Knaben-

kraut, Sonnentau, Wollgras) unter Naturschutz stehende Schannenbacher Hochmoor.

Tourenbeschreibung Mit der gelben 2 durch den Ort und links haltend, auf der *Krähbergstraße*, im Wald rechts schwenkend, hinauf nach *Ober-Schannenbach.*

Kurz nach den letzten Häusern, links im Wald, der *Parkplatz »Schannenbacher Eck«.*

Mit schöner Fernsicht, ohne Richtungswechsel, auf geteertem Sträßchen zum gegenüberliegenden Wald. Später verlassen wir, dem Markierungszeichen folgend, das Sträßchen nach rechts und wandern durch hochstämmigen Wald, an Felsbrocken vorbei, leicht abwärts. – Bei der Weggabel nach rechts, kurz nach der kleinen Hütte erneut nach rechts und bei der folgenden Wegekreuzung noch einmal rechts ab.

Es geht jetzt wieder aufwärts zum Waldende. Eine geteerte Straße wird gequert, zunächst leicht abwärts, dann wieder ansteigend zurück zum Ortsrand von *Schannenbach* und auf der *Gronauer Straße* zurück zum Ausgangspunkt.

52 Reichelsheim – Laudenau – Freiheit – Ruine Rodenstein – Erbach – Reichelsheim

Verkehrsmöglichkeiten Reichelsheim liegt im Gersprenztal an der Bundesstraße 38/47. Busverbindungen nach Darmstadt, Bensheim, Erbach, Offenbach, Weinheim.

Parkmöglichkeiten Bundesstraße 38/47 = Heidelberger Straße, Darmstädter Straße.

Wegmarkierungen Gelbes Quadrat bis Laudenau, Nr. 1 bis Freiheit, gelber Strich bis Ruine Rodenstein, weißer Strich bis Reichelsheim.

Tourenlänge Etwa 11 km. **Wanderzeit** Etwa 3 Stunden.

Höhenunterschiede Insgesamt etwa 230 m. Kräftige Steigungen.

Wanderkarte 1:50 000 Odenwald, Blatt Nordwest.

Wissenswertes Der im Gersprenztal gelegene, staatlich anerkannte Erholungsort Reichelsheim erstreckt sich entlang der Bundesstraße 38/47. Der alte Ortskern, der auf einem früher ringsum von Sumpf umgebenen Hügel liegt, entstand in fränkischer Zeit. Bis 1806 gehörte der Ort zur Grafschaft Erbach, seither ist er hessisch. Rathaus von 1554, Kirche von 1716.

Ruine Rodenstein siehe Wanderung Nr. 50.

Tourenbeschreibung Von der *Heidelberger Straße* links in die *Bismarckstraße*, die sich in der *Laudenauer Straße* fortsetzt, und am Friedhof vorbei aus dem Ort.

Auf befestigtem Fahrweg leicht bergan, bei der Weggabel geradeaus aufwärts, im Bogen hinüber zum Wald. An diesem ein Stück entlang, dann rechts ab in den Wald.

Vorbei an einer rechts des Weges stehenden Schutzhütte. Mit der Markierung gelbes Quadrat bergauf bis zum Waldende. Zunächst noch ein Stück am Wald entlang, dann durch Weideland bergan zum Ortsbeginn von *Laudenau*.

Hier verlassen wir das gelbe Quadrat, wenden uns nach rechts und gehen bei der Waldlehrpfad-Übersichtstafel in den Wald. Nach wenigen Metern treffen wir auf die Rundwegmarkierung Nr. 1, der wir nach links hin folgen.

Aus dem Wald und auf einem geschotterten Sträßchen geradewegs zur gegenüberliegenden Waldspitze. Hier biegen wir scharf nach links ab und wandern, an einer Schutzhütte vorbei, auf einem aussichtsreichen Höhenweg hinüber bis an eine Wegekreuzung oberhalb von *Freiheit Laudenau*.

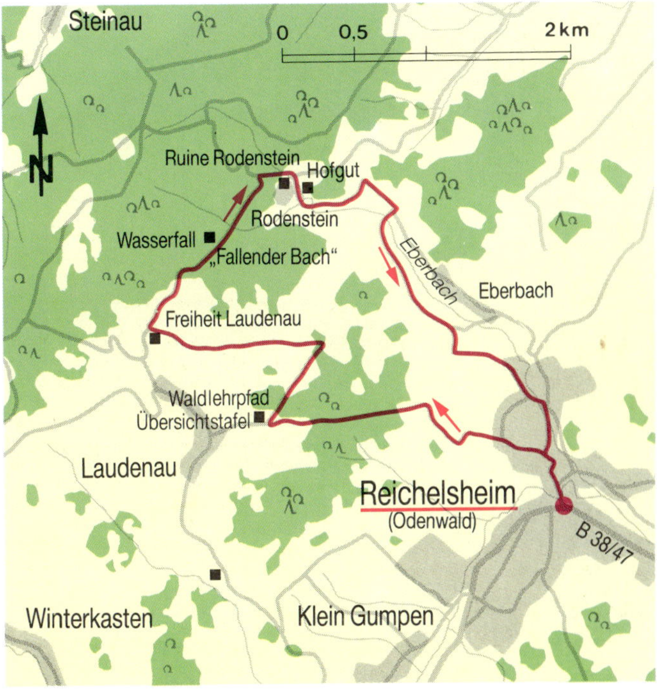

Hier befand sich in grauer Vorzeit eine sogenannte Freistatt, ein durch Hecken abgegrenztes Areal, auf dem niemand festgenommen werden durfte.

Wir wechseln zur Markierung gelber Strich über, biegen rechts ab und wandern, an Brombeerhecken entlang, auf einem Feldweg hinab zum Wald und durch diesen, vorbei an einem Rastplatz mit kleinem Wasserfall (*»Fallender Bach«*) zur *Ruine Rodenstein.*

Die Kernburg mit zwei Palasbauten, umgeben von einem Zwinger mit sechs Türmen, und ein zweiter Zwinger mit Geschützbastionen, sind noch gut zu erkennen.

Von der Ruine, jetzt mit der Markierung weißer Strich, zunächst den Fahrweg, dann über Stufen hinab zum *Hofgut Rodenstein*, einer rustikal eingerichteten Gaststätte (Donnerstag und Freitag Ruhetag).

Zu Tour 55 **Die Jugendherberge in Zwingenberg** (Foto: Klaus Puntschuh)

Auf schmalem Fahrsträßchen abwärts, dann ein Stück durch den Wald und im Rechtsbogen zu den Häusern des *Weilers Eberbach.*

Kurz danach über den *Eberbach*, links ab und auf einem Hangweg oberhalb des *Eberbachtales*, an verstreut liegenden Bauernhöfen vorbei, zurück nach *Reichelsheim.*

53 Fränkisch-Crumbach – Heilsruhe – Nonroder Höhe – Holzwiese – Höllereck – Erlau – Fränkisch-Crumbach

Verkehrsmöglichkeiten Der staatlich anerkannte Erholungsort Fränkisch-Crumbach liegt etwa 1 km abseits der B 38. Busverbindungen nach Darmstadt, Dieburg, Reichelsheim, Reinheim, Rödermark, Weinheim.
Parkmöglichkeiten In der Darmstädter Straße.
Wegmarkierungen Weißer Doppelstrich bis Nonroder Höhe. Ohne Markierung bis Höllereck. Gelber Strich bis Fränkisch-Crumbach.
Tourenlänge Etwa 10 km.
Wanderzeit Etwa 3 Stunden.
Höhenunterschiede Insgesamt etwa 170 m. Steiler Aufstieg von Fränkisch-Crumbach bis Heilsruhe. Teilweise steil hinab nach Erlau.
Wanderkarte 1:50 000 Odenwald, Blatt Nordwest.
Wissenswertes Sehenswert in Fränkisch-Crumbach ist die evangelische Kirche, deren Grundriß romanisch, Chor und Turm gotisch sind. Neben der Kirche das Schloß, 1572 bis 1574 im Auftrag von Philipp II. von Rodenstein erbaut. Im Schloß das jeden Sonntag von 14 bis 16 Uhr geöffnete Heimatmuseum Rodenstein.
Tourenbeschreibung Der Markierung weißer Doppelstrich folgend auf der *Darmstädter Straße* steil hinauf zum Ortsende. Geradewegs weiter, auf befestigtem Fahrsträßchen weiter ansteigend, an einer Grillhütte und dem Wegabzweig zur Ausflugsgaststätte Schleiersbach vorbei, hinauf zum Wald.

Von der am Waldrand stehenden *Hütte »Heilsruhe«* hat man einen wunderschönen Blick hinab ins Gersprenztal.

Wir gehen in bisheriger Richtung jetzt durch den Wald aufwärts bis an eine Forststraßenkreuzung. Hier biegen wir nach links ab und wandern auf breiter Forststraße bis zum Waldende.

Vorbei am *Wanderparkplatz »Nonroder Höhe«* und auf aussichtsreichem Höhenweg geradewegs zum *Aussichtspunkt Nonroder Höhe.*

Hier verläßt uns die Markierung weißer Doppelstrich nach rechts abwärts in Richtung Nonrod. Wir setzen unsere Wanderung – jetzt ohne Markierung – in bisheriger Richtung fort. Bei der folgenden Weggabel halten wir uns links und wandern hinab zum Wald und durch diesen, weiter abwärts, zur *Einöde Holzwiese.*

Auf diesem Fahrweg bleibend kommen wir, weiter talwärts wandernd, in den *Weiler Höllereck.* Bei der *Pension Holunderhof* schwenken wir nach links und wandern jetzt unter Führung der Markierung gelber Strich auf einem von Obstbäumen gesäumten Sträßchen hinab in den kleinen Ort *Erlau,* und von dort, teilweise am *Crumbach* entlang, zurück nach *Fränkisch-Crumbach.*

54 Bensheim-Auerbach – Auerbacher Schloß – Not-Gottes-Kapelle – Höllberg – Auerbach

Verkehrsmöglichkeiten Bensheim-Auerbach liegt an der Bundesstraße 3. Bahnstation an der Strecke Frankfurt – Heidelberg – Mannheim. Autobahnanschlußstelle A 3 (Darmstadt – Heidelberg). Busverbindungen nach Bensheim, Seeheim-Jugenheim, Weinheim.
Parkmöglichkeiten In der Burgstraße. Anfahrt: B 3 (Darmstädter Straße) Richtung Zwingenberg, beim Hotel Burggraf rechts ab und links die Burgstraße bergauf.
Wegmarkierungen Gelbes Quadrat bis Parkplatz »Not-Gottes-Kapelle«, gelbe 4 bis Parkplatz »Am Höllberg«, gelbes B bis Auerbach.
Tourenlänge Etwa 5 km.
Wanderzeit Etwa $1^1/_2$ Stunden.
Höhenunterschiede Insgesamt etwa 250 m. Steiler Aufstieg zum Auerbacher Schloß.

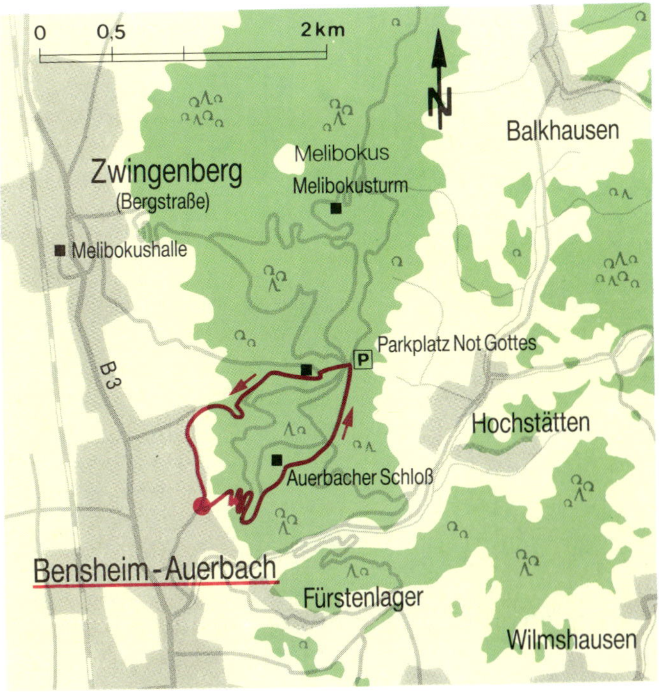

Wanderkarte 1:50 000 Odenwald, Blatt Nordwest.
Wissenswertes Auerbach, ein Stadtteil von Bensheim, 795 als »Urbach« genannt, ist ein gerne besuchter Luftkurort an der nördlichen Bergstraße.

Die schönste und eindrucksvollste Burgruine an der Bergstraße ist unstrittig das Auerbacher Schloß, einst Burg Urberg genannt.

Not-Gottes-Kapelle, im 14. Jahrhundert erbaute Wallfahrtskapelle. 1557 abgetragen, neuerdings wieder aufgebaut, wird jeweils am Himmelfahrtstag hier Gottesdienst gehalten.

Tourenbeschreibung Beim Kriegerdenkmal am Ende der *Burgstraße* finden wir die Markierung gelbes Quadrat und wandern mit diesem Zeichen auf einem zusätzlich mit der Nummer 3 markierten Serpentinenweg hinauf zum *Auerbacher Schloß.*

Es lohnt sich, die Ruine der einst stark befestigten Burg in näheren Augenschein zu nehmen und den nördlichen Turm zu be-

Zu Tour 55 **Zwingenberg, Bergkirche** (Foto: Klaus Puntschuh)

steigen. Von ihm hat man einen herrlichen Blick in die Rheinebene und den nördlichen Odenwald.

Anschließend gehen wir zurück zur Fahrstraße, über den Parkplatz und dann auf dem mehrfach markierten *Kapuzinerweg* zum *Parkplatz Not Gottes* mit Schutzhütte. (Die 1960 erbaute neue Kapelle liegt etwas unterhalb des Parkplatzes.)

Vom Parkplatz gehen wir, jetzt mit der gelben 4, auf schmalem Pfad durch den Wald abwärts, über eine Lichtung, bei der Weggabel nach links und leicht bergab zum *Parkplatz Am Höllberg.*

Hier wechseln wir zur Markierung gelbes B (Blütenweg), welche uns sicher nach *Auerbach* und auf der *Mierendorff-Straße* zum Ausgangspunkt zurückführt.

55 Zwingenberg/Bergstraße – Melibokus – Not Gottes – Zwingenberg

Verkehrsmöglichkeiten Zwingenberg liegt an der Bundesstraße 3 und ist Bahnstation an der Strecke Frankfurt – Heidelberg – Mannheim. Autobahnanschluß Darmstadt – Heidelberg. Busverbindungen nach Alsbach, Bensheim, Darmstadt, Heppenheim, Seeheim-Jugenheim, Weinheim.
Parkmöglichkeiten Bei der Melibokushalle.
Wegmarkierungen Rot umrandete Raute bis Melibokus, gelbes Quadrat bis Parkplatz Not Gottes, blau umrandetes Dreieck bis Zwingenberg.
Tourenlänge Etwa 9 km.
Wanderzeit Etwa 3½ Stunden.
Höhenunterschiede Insgesamt etwa 420 m. Steiler Aufstieg zum Melibokus.
Wanderkarte 1:50 000 Odenwald, Blatt Nordwest.
Wissenswertes Zwingenberg ist das älteste Städtchen an der Bergstraße. Sehenswert u. a. mittelalterliche Altstadt mit schönen Fachwerkhäusern, historische Scheuergasse, 700 Jahre alte Bergkirche, aus dem Jahre 1520 stammendes Schlößchen (heute Rathaus), Reste der Stadtmauer.

Der Melibokus oder Malchen ist mit einer Höhe von 517 Metern die höchste Erhebung an der Bergstraße. Da er im Gegensatz zu den benachbarten Höhen weit nach Westen vortritt, fällt dieser markante Berg besonders ins Auge. Der 1772 erbaute, 21 Meter hohe Aussichtsturm, von dem man eine wunderbare Fern-

sicht hatte, wurde 1945, gegen Ende des Krieges gesprengt. Nach vielen Bemühungen wurde 1966 unterhalb der Radarstation ein neuer Turm errichtet.

Tourenbeschreibung Wir gehen von der *Melibokushalle* zur *B 3* und auf dieser nach links zum *Löwenplatz*, wo wir die zum Melibokus führende Markierung, rot umrandete Raute, finden.

Wir folgen dieser Markierung nach rechts (Wetzbach), schwenken gleich noch einmal nach rechts und biegen dann in die *Straße »Auf dem Berg«* nach links ein.

Hinauf zum Ortsende, den *Blütenweg* (gelbes B) queren und weiter, zunächst durch Weinberge, später durch den Wald, auf serpentinenartigem Weg bergauf bis an eine Wegverzweigung.

Hier halten wir halb links und steigen in Bögen, auf gut markierter Route, weiter bergan. Wir biegen schließlich nach links ab und setzen, jetzt zusammen mit dem gelben Quadrat, zur Gipfelbesteigung an. Steil geht es auf schmalem Pfad, zuletzt über einige Stufen, hinauf zum *Melibokus*.

Es lohnt sich, den *Melibokusturm* zu besteigen und die schöne Aussicht zu genießen.

Nach der Gipfelrast treten wir unter der Führung des gelben Quadrates (zusammen mit dem rot umrandeten Dreieck) den Abstieg an, indem wir zunächst auf dem Herweg absteigen.

Dort, wo in einer Kurve das rot umrandete Dreieck nach rechts abbiegt, gehen wir mit dem gelben Quadrat weiter. Der Weg macht eine Links-, später eine Rechtskurve und zieht dann direkt in südlicher Richtung talwärts und trifft beim *Parkplatz Not Gottes* auf die Markierung blau umrandete Raute.

Mit dieser neuen Markierung biegen wir rechts ab, halten uns bei den Wegegabeln ebenfalls rechts, wandern zum Waldende und geradewegs weiter talwärts. Wir treffen auf den *Blütenweg* (gelbes B), dem wir ebenfalls nach rechts, durch die Weinberge, folgen.

Bei Erreichen des Querweges biegen wir zuerst nach links ab (gelbes B geht nach rechts), schwenken gleich wieder nach rechts und wandern hinab nach *Zwingenberg*.

Zu Tour 55 **Zwingenberg, Marktplatz und Bergkirchlein**
(Foto: Klaus Puntschuh)

Auf der *Straße »Hohl«* hinab zur *Straße »Obertor«*, wo wir links schwenkend den markierten Weg verlassen. Dann nach rechts in die *Arresthausgasse*, über die B 3 und durch die *Pfarrhausgasse* zurück zur *Melibokushalle*.

56 Lichtenberg – Heuneburg – Lichtenberg

Verkehrsmöglichkeiten Lichtenberg ist über die Bundesstraße 38 oder 426, Abzweig Groß-Bieberau, zu erreichen. Busverbindungen nach Darmstadt und ins Fischbachtal.
Parkmöglichkeiten Wanderparkplatz Heuneburg, am Rande des Ortsteils Obernhausen.
Wegmarkierungen Blauer Strich bis Kernbacher Hütte, ohne Markierung zurück zum Parkplatz.
Tourenlänge Etwa 3 km.
Wanderzeit Etwa 1 Stunde.
Höhenunterschiede Insgesamt etwa 40 m.

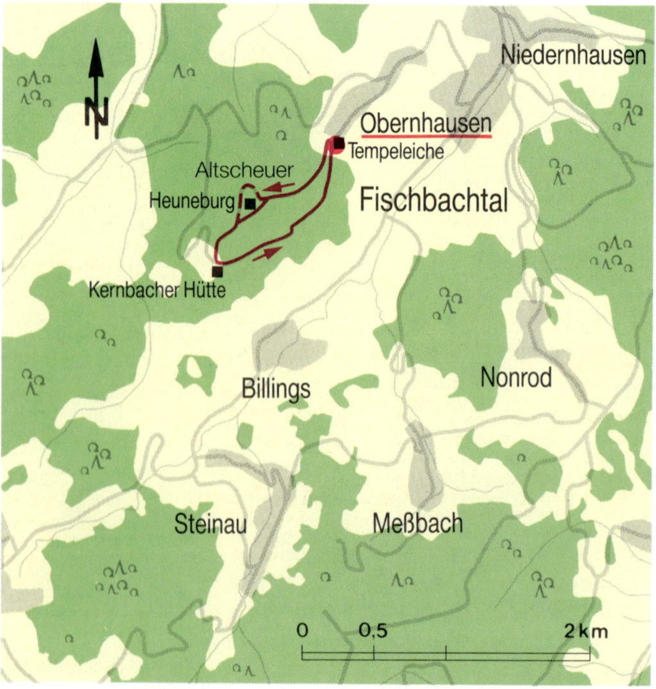

(Foto: Klaus Puntschuh)

Wanderkarte 1:50 000 Odenwald, Blatt Nordwest.
Wissenswertes Die Heuneburg ist neben dem Greinberg (siehe Wanderung Nr. 14) und dem Heiligenberg (Wanderung Nr. 34) eine der bedeutendsten Ringwallanlagen im Odenwald, die sowohl als Fluchtburg als auch als Kultstätte diente.

Das Renaissanceschloß Lichtenberg wurde 1570 bis 1581 im Auftrag der Landgrafen von Hessen-Darmstadt erbaut. Seit 1951 befindet sich im Schloß das für den Raum Lichtenberg konzipierte »Museum Schloß Lichtenberg«. Die vielfältigen Schaustücke in 14 Räumen sind leicht verständlich und interessant erläutert. Museum und Sommergalerie sind von Mitte März bis Anfang November geöffnet, und zwar mittwochs und freitags 14 bis 17 Uhr, samstags, sonntags und an Feiertagen von 10 bis 12 und von 14 bis 17 Uhr.
Tourenbeschreibung Vom *Parkplatz* mit der uralten *Tempeleiche* wandern wir mit der Markierung blauer Strich auf einem Waldweg, leicht ansteigend, in etwa 15 Minuten zur *Heuneburg*.

Vom Osten her betreten wir durch den noch gut erkennbaren Eingang die einstige, durch Graben, Erdwall und Steinmauer geschützte Anlage. Von der etwa 40 Meter rechts der Anlage befindlichen Anhöhe der *Altscheuer* läßt sich die Ringwallanlage gut überblicken.

Mit dem blauen Strich wandern wir von der Heuneburg in südwestlicher Richtung, vorbei an der *Kernbacher Hütte*, hinab zum Waldrand, schwenken nach links und bummeln, vorbei an einem steinernen Wegweiser (wo uns der blaue Strich nach rechts verläßt), auf einem Waldsträßchen zurück zum Parkplatz.

57 Böllstein – Ruine Schnellerts – Böllstein

Verkehrsmöglichkeiten Bundesstraße 47 (Nibelungenstraße) bis Abzweig Spreng, 4 km bis Böllstein. Bundesstraße 45 (Ferienstraße Alpen – Ostsee) bis Abzweig Bad König/Zell, 6 km bis Böllstein. Bahnstation: Bad König, Schnellzughalt.
Parkmöglichkeiten Am südlichen Ortsrand von Böllstein oder Naturpark-Parkplatz »Böllsteiner Höhe«.
Wegmarkierungen Gelber Strich und gelbe 4 bis Ruine Schnellerts, gelbe 4 bis Böllstein.
Tourenlänge Etwa 5 km.
Wanderzeit Etwa 1 1/2 Stunden.
Höhenunterschiede Insgesamt etwa 50 m.
Wanderkarte 1:50 000 Odenwald, Blatt Nordwest.
Anmerkungen Als Ausgangspunkt kann auch der *Naturpark-Parkplatz »Böllsteiner Höhe«* gewählt werden. Dieser liegt etwas außerhalb von Böllstein an der Straße nach Brensbach. In diesem Falle verlängert sich die Wanderung um den Gang durch den Ort Böllstein = etwa 2 km oder gut 1/2 Stunde.
Wissenswertes Von der Geschichte und den ehemaligen Bewohnern der Burg Schnellerts ist nichts bekannt. Man nimmt an, daß die Anlage einst als Wegsperre zum Gersprenztal diente. Um ihre Ruine rankt sich in Verbindung mit Burg Rodenstein bei Fränkisch-Crumbach die Sage vom wilden Jäger. Auf dem Schnellerts oder im Berg wohnt ein Geist (bei dem es sich um den Geist des alten Rodensteiner handeln soll), der bei bevorstehenden Kriegen, Unruhen und anderen besonderen Ereignissen aus seiner Ruhe aufgeschreckt wird und dann, begleitet von Rittern und Reisigen, nächtlicherweise mit viel Getöse durch die Lüfte zum Rodenstein zieht.

Erst wenn wieder Ruhe und Frieden im Lande herrschen, kehrt er samt Gefolge auf demselben Weg und unter den gleichen Umständen zum Schnellerts zurück.
Tourenbeschreibung Auf dem Fahrsträßchen in Richtung Affhöllerbach, links ab und auf Wiesenweg zum Wald. Zunächst am Wald entlang leicht aufwärts. An der Weggabel nach rechts (Wegweiser: Schnellerts) und wieder bergab. In der Folge, dem

Wegzeichen und der Beschilderung folgend, durch den Wald zur *Ruine Schnellerts.*

Auf der anderen Seite der Ruine, mit der gelben 4, bergab zu einer Forststraße, der wir nach rechts abwärts folgen. Dort, wo diese eine Linkskurve macht, gehen wir geradeaus weiter. Am Waldende scharf nach links talwärts. Schließlich wenden wir uns nach rechts und durchqueren im weiten Bogen ein Wiesental.

Rechts haltend auf Fahrsträßchen hinauf zum *Friedhof von Affhöllerbach.*

Kurz nach links, bei den beiden Birken mit der Bank nach rechts und am Friedhof vorbei (nach links schöner Talblick) zum Wald. Durch den Wald hinab zu einer Fahrstraße und auf dieser zurück zum Ausgangspunkt.

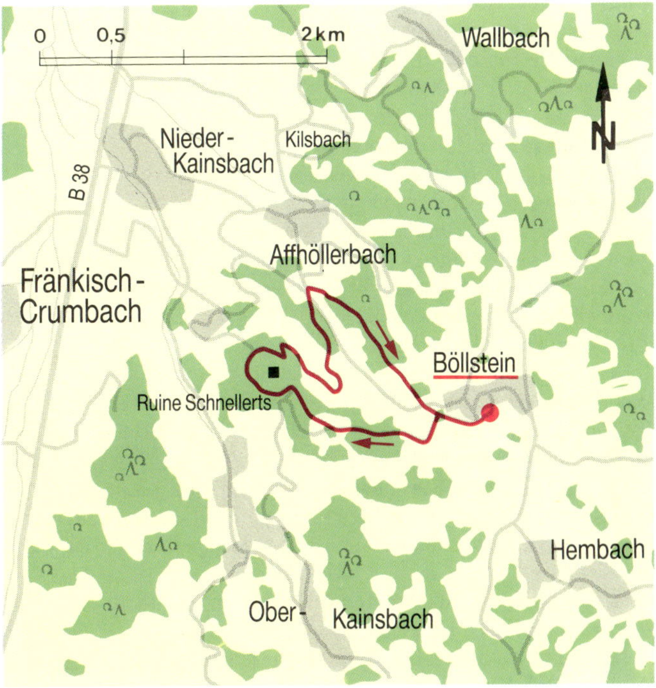

58 Annelsbach – Annelsbacher Tal – Hummetroth – Annelsbacher Höhe – Annelsbach

Verkehrsmöglichkeiten Der Höchster Ortsteil Annelsbach ist am besten mit dem Pkw zu erreichen. Die den Ort erschließende Fahrstraße wurde erst 1903 angelegt, kein Durchgangsverkehr. Bahnstation Höchst (2 km).
Parkmöglichkeiten Kleiner Parkplatz am Ortsbeginn.
Wegmarkierungen Gelbes Kreuz bis Hummetroth, mit den Fürther Markierungen Nr. 17, 18, 23 und 13 zurück nach Annelsbach.
Tourenlänge Etwa 5 km.
Wanderzeit Etwa 1½ Stunden.
Höhenunterschiede Insgesamt etwa 120 m.
Wanderkarte 1:50 000 Odenwald, Blatt Nordwest.
Anmerkungen Wer nicht durch den Ort Hummetroth gehen will, kann gleich am Ortsbeginn, beim *Höhengasthaus »Odenwald«, mit der Nr. 18 nach rechts abzweigen.*
Wissenswertes Annelsbach liegt in einem großen, zusammenhängenden Tannen- und Mischwaldgebiet, nahe bei Höchst im nördlichen Odenwald.

Von einem erstmals im Jahre 1314 urkundlich erwähnten Bauerndorf wandelte sich Annelsbach in letzter Zeit zu einem beliebten kleinen Ferienort.

Tourenbeschreibung Vom Parkplatz in den Ort, vorbei an der Wanderwege-Übersichtstafel, mit dem gelben Kreuz auf der *Straße »Annelsbacher Tal«* links haltend aufwärts aus dem Ort und weiter zur *Freizeitanlage.*

Durch diese schöne Anlage, am Teich entlang, an dessen Ende rechts aufwärts zu einer Forststraße und auf dieser, leicht aufwärts, durch das romantische *Annelsbacher Tal* bis zu einer *Schutzhütte.*

Hier biegen wir links ab und folgen einer Forststraße aufwärts zu einem Querweg. Auf diesem nach rechts und zum Waldende.

Aus dem Wald tretend sehen wir bereits *Hummetroth* vor uns liegen und haben wenig später bereits den Ortsrand erreicht.

(Hier, beim Gasthaus »Odenwald«, Abkürzungsmöglichkeit mit Nr. 18 rechts ab.)

Auf der *Straße »Am Kirchpfad«* in den Ort und zur *Hauptstraße.* Hier verlassen wir das gelbe Kreuz, schwenken nach rechts und gehen mit der Nr. 17, an der Kirche vorbei, aufwärts.

Nach dem Ortsende noch ein kurzes Stück auf der Straße bergauf und dann in den ersten, nach rechts abzweigenden Fahrweg.

An der Weggabel erneut nach rechts und in der Folge, jetzt mit der Nr. 18, im wesentlichen am Wald entlang, ein Stück durch den Wald (hier zweigt Nr. 18 rechts nach Annelsbach ab) und weiter mit der Nr. 23 zur *Annelsbacher Höhe.*

Vorüber am Wasserbehälter, auf einem aussichtsreichen Höhenweg, an einem *Sandsteinkreuz* vorbei, hinüber zum Wald.

Hier wechseln wir zum letztenmal die Markierung, indem wir mit der Nr. 13 nach rechts abzweigen. Mit dieser Markierung, zunächst am Wald entlang, dann über freies Feld und schließlich wieder am Wald dahin, immer abwärts und zurück nach *Annelsbach.*

59 Breuberg/Neustadt – Dusenbach – Höchst – Burg Breuberg – Neustadt

Verkehrsmöglichkeiten Neustadt, heute ein Ortsteil der Großgemeinde Breuberg, liegt an der Bundesstraße 426 im nördlichen Teil des Odenwaldes. Bahnstation Höchst (4 km). Busverbindungen nach Aschaffenburg, Höchst.
Parkmöglichkeiten Geräumiger Parkplatz an der Breuberghalle. Anfahrt: Marktplatz Neustadt, Wertheimer Straße, rechts ab und über die Mümlingbrücke, Bahnhofstraße, Parkplatz.
Wegmarkierungen Rotes Andreaskreuz bis Fuchsweg, rot umrandetes Viereck bis Höchst, blaues Kreuz bis Schutzhütte, weißer Punkt bis Parkplatz »Gustavsruhe«, Nr. 1 bis Burg Breuberg, weißer Punkt bis Neustadt.
Tourenlänge Etwa 15 km.
Wanderzeit Etwa 4 Stunden.
Höhenunterschiede Insgesamt etwa 200 m. Steiler Aufstieg von Höchst über Schorschberg zur Schutzhütte. Von Burg Breuberg steil hinab nach Neustadt.
Wanderkarte 1:50 000 Odenwald, Blatt Nordwest.
Wissenswertes 1378 verlieh Kaiser Karl IV. dem Grafen von Wertheim das Recht, in »Brunberg und Rosenau« Wochenmärkte sowie zwei Jahrmärkte abzuhalten. Neustadt wurde zum zentralen Marktort des Breuberger Landes. Beredtes Zeichen für den Neustädter Markt ist das in Deutschland einmalige Marktkreuz. Drei Rosen weisen auf die Wertheimer Grafen als Inhaber der Herrschaft Breuberg hin. Die eiserne Hand ist eigentlich der königliche Handschuh, der stets am Markttag als Symbol des Marktfriedens ausgehängt wurde, das Schwert auf der anderen Seite gibt Kunde von der Gerichtsbarkeit. Hinter dem Kreuz das Rodensteiner Herrenhaus, ein schöner Fachwerkbau aus dem Jahre 1569.

Die Burg Breuberg, 150 Meter über dem Mümlingtal, ist der weithin sichtbare Mittelpunkt eines vom frühen Mittelalter bis zum Wiener Kongreß selbständigen Territoriums: »der Herrschaft Breuberg.«

In den fünfziger Jahren begann der rührige Breuberg-Bund mit dem Sammeln von Ausstellungsstücken für ein Museum auf der Burg Breuberg. Im »Rittersaal«, im »Marstall« und schließlich im Dachgeschoß des »Johann-Casimir-Baues« konnte das Museum eingerichtet und der Öffentlichkeit zugänglich gemacht werden. Der Bau einer Ausstellungshalle in der Ruine des »Wertheimer Zeughauses« erbrachte weitere Ausstellungsflächen.

Da die Burg Breuberg u. a. mit dem 25 Meter hohen Bergfried (12. Jahrhundert), romanischem Tor und Rundbogenfries (13. Jahrhundert), Burgkapelle mit gotischem Maßwerk, Wandmalerei und Frauensaal mit Erker (1553), Tiefbrunnen mit Haspelwerk (1556), Johann-Casimir-Bau mit wertvoller Stuckdecke im Rittersaal (1613), Festungsanlage, Schalentürmen und Grabenanlage (1492 bis 1505) schon ein Museum an sich ist, wird der Museumsbesuch in der Regel mit einer Burgführung verbunden, wobei vom Burgwart sachkundige Erklärungen gegeben werden.

Tourenbeschreibung Ausgehend vom *Neustädter Marktplatz* folgen wir der *Wertheimer Straße* etwa 200 Meter. Biegen dann mit dem roten Andreaskreuz rechts ab, gehen über die *Mümlingbrücke*, passieren die Breuberghalle und unterqueren die *Bundesstraße 426*. Geradewegs weiter, am Bahnhof vorbei, bis zum *»Fuchsweg«*, in welchen wir nach rechts einbiegen.

Ab Ortsende führt unser Weg, jetzt mit dem rot umrandeten Viereck markiert, durch freies Feld, kreuzt den Wanderweg rotes Dreieck und zieht, am Forsthaus vorbei, rechts hinauf zur *Galgenberg-Anlage* mit Rast- und Grillplatz.

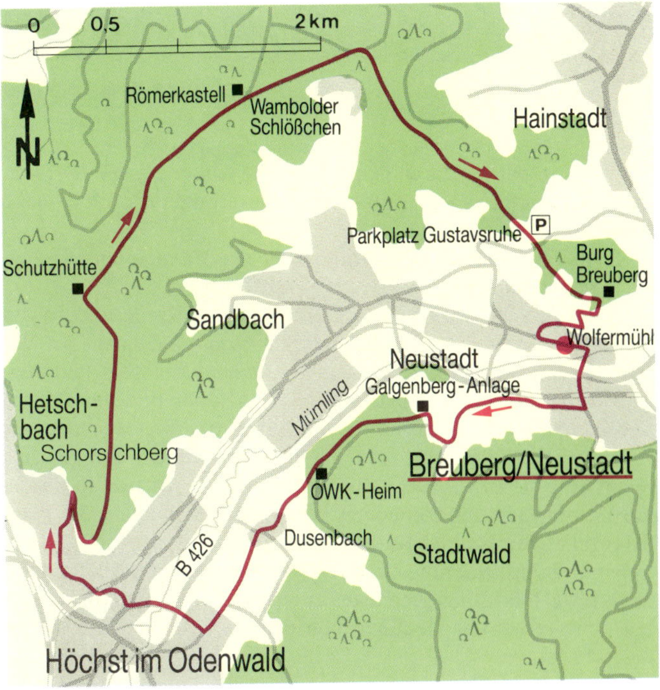

(Foto: Klaus Puntschuh)

Von dort geht es durch den *Stadtwald*, vorbei am *OWK-Heim*, nach *Dusenbach* und auf der Ortsverbindungsstraße nach *Höchst.*

Rechts ab, über die B 426 und über die *Mümling* zur *Aschaffenburger Straße.*

Hier wechseln wir zur Markierung blaues Kreuz und folgen dieser Straße, später der *Frankfurter Straße* aufwärts. An der zweiten Kehre kommen wir am *Schillertempel* vorbei und steigen, auf weiterhin gut markiertem Weg, über den bewaldeten *Schorschberg*, hinauf bis zu einer Schutzhütte. Hier wechseln wir erneut die Markierung, indem wir dem weißen Punkt nach rechts folgen. Etwa eine halbe Stunde halten wir uns an den in nördlicher Richtung ziehenden Weg, der, als ehemals alte Handelsstraße, die Bezeichnung *Frankfurter Straße* trägt.

Wenn die Markierung nach rechts abbiegt, gehen wir zunächst noch etwa 100 Meter geradeaus zum *Wambolder Schlößchen*, einer einstigen Römersiedlung, von der die Grundmauern freigelegt wurden.

Wieder zurück zur Markierung und weiter in nördlicher Richtung. Kurz nachdem, von links kommend, die Markierung rotes Dreieck in unseren Weg mündet, haben wir einen schönen Blick hinab zur Ernst-Ludwig-Klinik. Etwa 15 Minuten später gesellt sich auch noch die Markierung rotes Andreaskreuz zu uns.

Am *Parkplatz Gustavsruhe* wechseln wir auf den Rundweg Nr. 1 über und wandern zunächst am Waldrand entlang, dann zum Hochwald hinauf und am Burggraben entlang zum Eingangstor zur *Burg Breuberg.*

Links im Hof der Johann-Casimir-Bau mit dem Breuberg-Museum. Von der Vorburg gelangt man durch das romanische Tor in die Kernburg mit Bergfried.

Von der Burg hinab zum *Parkplatz Turmwiese* und von dort mit den Markierungen weißer Punkt und rotes Andreaskreuz durch ehemalige Weinberge, mit schönen Ausblicken ins Mümlingtal, steil hinab und zurück nach *Neustadt.*

60 Groß-Umstadt – Hainrichsberg – Hohe Straße – Rödelshäuschen – Steinerwald – Groß-Umstadt

Verkehrsmöglichkeiten Groß-Umstadt liegt an der Bundesstraße 45, Autobahn-Anschlußstelle Dieburg 7 km. Busverbindungen nach Dieburg, Erbach, Hanau, Schaafheim, Wiebelsbach. Bahn Groß-Umstadt.
Parkmöglichkeiten Stadtmitte, Parkplatz an der Georg-August-Zinn-Straße.
Wegmarkierungen Rotes Dreieck bis Rödelshäuschen, roter Doppelstrich bis Groß-Umstadt.
Tourenlänge Etwa 12 km.
Wanderzeit Etwa 3 Stunden.
Höhenunterschiede Insgesamt etwa 200 m.
Wanderkarte 1:50 000 Odenwald, Blatt Nordost; 1:30 000 Freizeitkarte Darmstadt/Dieburg.
Wissenswertes Groß-Umstadt, 741 erstmals urkundlich erwähnt, kann auf eine wechselvolle Geschichte zurückblicken. Die ehemaligen Herren, Fuldaer, Hanauer, Kurpfälzer und Hessen, sie alle ließen sich Verwaltungsschlößchen bauen, die noch heute, verteilt über das ganze Stadtgebiet, anzutreffen sind.

Schmuckstück der Stadt ist der Marktplatz mit dem in den Jahren 1596 bis 1605 erbauten Renaissance-Rathaus, giebelgekrönt durch die Figuren der Klugheit und Gerechtigkeit. An der

Stelle, an der über Jahrhunderte hinweg der Zehnte abgeliefert werden mußte, wurde 1714 der Marktbrunnen errichtet, auf dem die Bietjungfrau zum Frieden mahnt.

Um Groß-Umstadt das mit vierzig Hektar Fläche wohl kleinste Weinanbaugebiet der Bundesrepublik. Die sogenannte »Odenwälder Weininsel« bringt einen rassigen, vielfach mit Silber- und Goldplaketten prämierten Wein hervor, der wohl kaum über die Mainlinie gelangt, weil er zum größten Teil gleich an Ort und Stelle getrunken wird.

Tourenbeschreibung Mit dem roten Dreieck vom Marktplatz ausgehend zunächst durch die *Untere Marktstraße*, über eine Fahrstraße und weiter auf der Straße *Am Steinborn.* Es geht am Friedhof vorbei und teilweise hohlwegartig aus der Altstadt hinauf zum neueren Teil der Stadt. Etwa eben weiter und über freie Flur, vorbei am *Farmerhaus* und mit Blick zu der auch als »Weiße Rübe« bezeichneten Burg Otzberg, zum Wald.

Vorbei am Wanderparkplatz und Kinderspielplatz und auf der *Hohen Straße* über den *Hainrichsberg* bis zum Waldarbeiterstützpunkt *Rödelshäuschen.*

Hier biegen wir zusammen mit den Markierungen roter Doppelstrich und blaues Kreuz nach rechts ab. Durch den Wald ansteigend, bei der Weggabel nach rechts gehend, zum Waldende und geradewegs hinüber zum *Steinerwald.*

An der Weggabel wiederum nach rechts und am Wald entlang. Bei der Wegekreuzung noch einmal nach rechts und jetzt mit dem roten Doppelstrich (das blaue Kreuz geht links ab) geradewegs zurück in den bereits sichtbaren Ort Groß-Umstadt.

61 Hirschhorn – Langenthal – Heddesbach – Kreuzeiche – Adlerstein – Zollstock – Wald-Michelbach

Verkehrsmöglichkeiten Hirschhorn liegt im Neckartal an der Bundesstraße 37 (Burgenstraße). Bahnstation. Busverbindungen nach Heidelberg und Mannheim. Schiffahrten nach Eberbach und Heidelberg.

Wissenswertes Wald-Michelbach siehe Wanderung Nr. 62.

Parkmöglichkeiten Beim Bahnhof.

Wegmarkierungen Weiße Raute bis Heddesbach, gelbe Raute bis Kreuzeiche, rotes Quadrat bis Wald-Michelbach.

Tourenlänge Etwa 21 km.

Wanderzeit Etwa 6 Stunden.

Höhenunterschiede Insgesamt etwa 390 m. Steiler Anstieg von Heddesbach zur Kreuzeiche.

Wanderkarten 1:50 000 Odenwald, Blatt Südwest.

Wissenswertes Die mittelalterliche Stadt Hirschhorn erstreckt sich langgezogen auf dem schmalen, eng ansteigenden Streifen zwischen Neckar und Hang. Der kaum veränderte Grundriß mit seinem Straßennetz (Treppenwege) gibt eine lebendige Vorstellung von der Anlage einer spätmittelalterlichen Stadt.

Wissenswertes Schloß Hirschhorn siehe Wanderung Nr. 33, Wald-Michelbach siehe Wanderung Nr. 62.

Tourenbeschreibung Vom Bahnhof gehen wir auf der *Neckarsteinacher Straße* nach links, vorbei am Rathaus, gleich wieder scharf nach links und durch die Eisenbahnunterführung.

Mit der Markierung weiße Raute nach rechts und auf der Straße *Schießbuckel* hinauf zum Wald. Der Markierung und dem Wegweiser Campingplatz folgend steigen wir zunächst weiter leicht aufwärts, am Campingplatz vorbei, dann hinab zum *Laxbach.*

Zu Tour 61 **Hirschhorn** (Foto: Kur- und Verkehrsgesellschaft Hirschhorn)

An der Weggabel nehmen wir den rechten Weg, und bei der nächsten Gabel wandern wir auf dem oberen Weg weiter, der zunächst weiterhin durch den Wald und dann durch ein Neubauviertel hinein nach *Langenthal* führt.

Auf der *Wald-Michelbacher Straße* durch den Ort, rechts ab in den *Unteren Dammbergweg* und auf Wiesenweg, unterhalb des

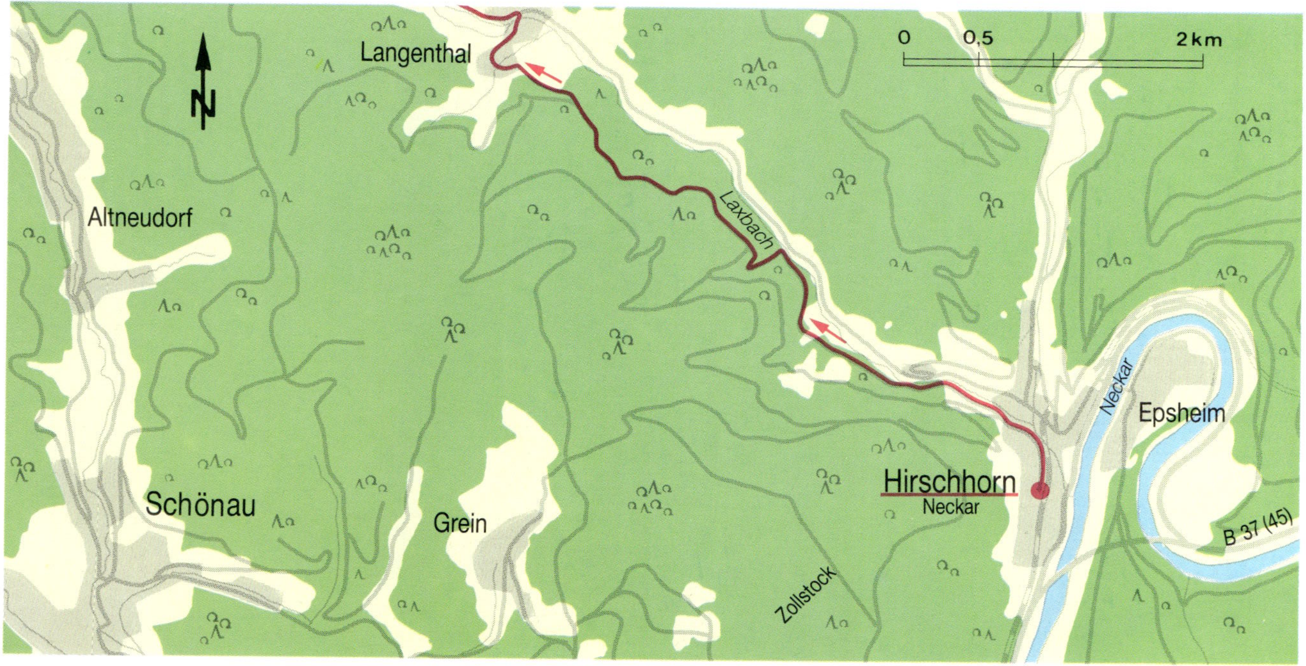
Langenthal
0
0,5
2 km
Altneudorf
Laxbach
Schönau
Grein
Zollstock
Hirschhorn
Neckar
Neckar
Epsheim
B 37 (45)

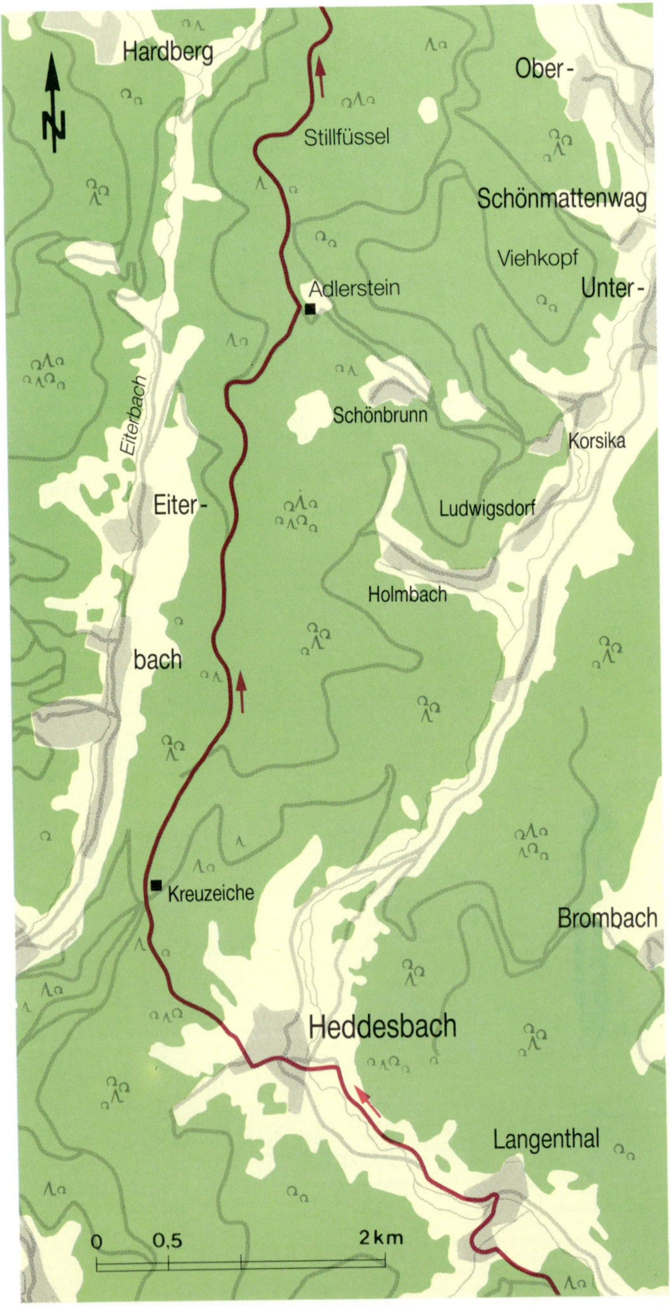
Hardberg
N
Stillfüssel
Ober-
Schönmattenwag
Viehkopf
Unter-
Adlerstein
Schönbrunn
Korsika
Eiterbach
Eiter-
bach
Ludwigsdorf
Holmbach
Kreuzeiche
Brombach
Heddesbach
Langenthal
0
0,5
2 km

Waldes, dahin. Bei der Wegteilung nach links und leicht abwärts nach *Heddesbach.*

Hier wechseln wir zur Markierung gelbe Raute und gehen durch die *Lindengasse* zur *Hauptstraße*, die wir links haltend queren und auf dem *Wolfsgrubenweg* steil ansteigend den Ort wieder verlassen.

Steil bergauf zum Wald. Dort zunächst nach rechts und nach etwa 50 Metern links ab. Auch bei der folgenden Weggabel nach links, mäßig steil weiter und hinauf zur *Kreuzeiche.*

Von hier geht es dann, unter Führung des roten Quadrates, vorbei an einem Spielplatz und einer Rastanlage, auf breitem Waldweg leicht bergan. Der gut markierte Weg bringt uns, mit gelegentlichem Blick hinab ins Eitertal, hinauf zum *Adlerstein*, einem interessanten Grenzstein aus dem Jahr 1792.

Weiter, leicht ansteigend, bis zur Wegekreuzung *Zollstock*, diese ohne Richtungswechsel passieren und mit Blick auf Siedelbrunn leicht abwärts. Im Hang des *Krottenberges* dahin, bei der Weggabel nach links abwärts und letztlich über freie Flur zur Straße. Auf dieser nach links und steil hinab nach *Wald-Michelbach.*

62 Wald-Michelbach – Ireneturm – Tromm – Rimbach

Verkehrsmöglichkeiten Autobahn Frankfurt – Darmstadt – Heidelberg, Ausfahrt Heppenheim: über Juhöhe und Mörlenbach nach Wald-Michelbach (Straßen-Nr. L 3120). Ausfahrt Weinheim: über Birkenau (B 38) nach Mörlenbach und weiter nach Wald-Michelbach (Straßen-Nr. L 3120). Busverbindungen nach Heppenheim, Hirschhorn, Michelstadt, Weinheim.

Rimbach liegt an der Bundesstraße 38. Bahnstation. Busverbindungen nach Erbach, Heppenheim, Michelstadt, Weinheim.

Parkmöglichkeiten Parkplatz an der Poststraße.

Wegmarkierungen Gelber Punkt bis rotes Quadrat, rotes Quadrat bis Tromm, weißes Dreieck bis Rimbach.

Tourenlänge Etwa 13 km.

Wanderzeit Etwa 3½ bis 4 Stunden.

Höhenunterschiede Insgesamt etwa 250 m.

Wanderkarte 1:50 000 Odenwald, Blatt Südwest.

Wissenswertes Der staatlich anerkannte Erholungsort Wald-Michelbach ist der Mittelpunkt des als Überwald bezeichneten Teils des südlichen Odenwaldes.

Rimbach, 795 Rintbach, 1383 Rympach, Ort mit altem Marktrecht. Ursprünglich Lorsch zugehörig, ab 1232 pfälzisch, 1409 zu Erbach, ab 1806 hessisch. 1778 erbaute Kirche.

Tourenbeschreibung Vom Parkplatz an der *Poststraße* zur *Ludwigstraße*, in welche wir nach links einbiegen. An der Kirche vorbei durch den Ort bis zum Straßenabzweig nach Gadern.

Rechts ab und gleich wieder links und geradewegs aufwärts (Straßenschilder »Im Hirtenklingen« und »Am Kohlhof«) zum Wald. Bei der Bank nach links und durch den Hangwald bergauf. Bei der Weggabel rechts ab und auf später ebenem Weg zu einer Forststraße und auf dieser zu einem quer laufenden, geschotterten Weg, in welchen wir nach rechts einbiegen.

Hier finden wir auch das Wanderwegzeichen rotes Quadrat, mit welchem wir bei der folgenden Weggabel nach rechts abbiegen (Gelbpunkt geradeaus).

Der Weg führt zunächst über eine Lichtung, dann am Wald entlang und schließlich in den Wald. Bei der Weggabel halten wir uns rechts und sind nach wenigen Schritten auf freier Flur. Mit schönen Talblicken nach links und rechts wandern wir, eine Stromleitung unterquerend, letztlich leicht abwärts zu einem asphaltierten Sträßchen. Hier wenden wir uns erneut nach rechts und folgen diesem Sträßchen aufwärts. Auf der Höhe zeigt der Wegweiser Tromm nach links. Auf breitem, bequemem Weg und schönem Blick über die Odenwaldhöhen geht es am Waldrand entlang abwärts. Nach der Einsenkung führt der Weg wieder leicht aufwärts an eingezäunten Weiden vorbei, letztlich ein Stück durch den Wald und wieder in die Feldmark.

Von dem nun folgenden, zum gegenüberliegenden Wald führenden Höhenweg hat man einen einmaligen Panoramablick hinab auf die im Tal liegenden Dörfer, hinüber auf die Odenwaldhöhen und letztlich gar bis in die Rheinebene.

Allein die Ausblicke auf diesem Teilstück des Weges lohnen die Tour zu unternehmen.

Zu Tour 65 **Eberbach, Altes Badhaus** (Foto: Kurverwaltung Eberbach)

Rechts des Weges die 1977 erbaute *Gaderner Hütte.*

Auf breiter Forststraße wandern wir anschließend leicht ansteigend weiter. Schließlich knickt der markierte Weg abrupt nach links ab und bringt uns hinauf zum *Ireneturm.*

Dieser 1910 auf dem langgestreckten Höhenzug der *Tromm* erbaute 23 Meter hohe Aussichtsturm mit Blick über die Rheinebene hat seinen Namen von Prizessin Irene von Hessen.

Ab Turm geht es leicht abwärts und nach dem Waldende links haltend zur *Ausflugsgaststätte Trommer Hof*, wo wir auf das Markierungszeichen weißes Dreieck treffen. Wir biegen mit diesem Zeichen links ab. Nach dem *Höhengasthaus Zur schönen Aus-*

Fahrenbach
0 0,5 2 km
N
Rimbach
Fuhrhöfe
Trommer Hof
Ausflugsgaststätte
Whs.
Münschbach
Höhengasthaus
Zur schönen Aussicht
Ireneturm
Tromm
Zotzenbach
Mörlenbach
Hasenböhl
Gadener Hütte
Weiher
Unter-
Gadern
Mengelbach
Ober-
Wald-
Michelbach
Stallenkandel
Mörlenbach
Kreidach
Vöckelsbach
Mackenheim

sicht wenden wir uns erneut nach links und gehen am Zaun entlang hinab zum Wald.

Hier noch einmal nach links, schließlich rechts ab und, anfänglich recht steil, auf steinigem Pfad talwärts. Nachdem wir zwei Forststraßen gequert haben, wird der Weg besser, er ist auch nicht mehr so steil. Es sind noch zwei weitere Forststraßen zu queren, ehe es auf einem Holzabfuhrweg weiter talwärts geht. Dort, wo wir durch die lichten Stämme bereits das Waldende und eine Wiese sehen, biegt der markierte Weg nach links ab.

Der Weg ist jetzt in etwa eben und mündet schließlich in einen anderen Holzabfuhrweg, der mit einem gelben Doppelstrich markiert ist. Gemeinsam mit diesem Zeichen nach rechts, das wir jedoch alsbald rechts abbiegend wieder verlassen. Rechts von uns, auf einer Wiesenfläche, die Fuhrhöfe.

Am Waldende eine Bank. Von hier aus sehen wir bereits Rimbach liegen, von dem uns aber noch fast eine Wegstunde trennt. Geradewegs weiter, teils am Waldrand, teils an eingezäunten Viehweiden entlang schlängelt sich unser Weg weiter talwärts.

Dann auf Feldweg dahin, bei der Bank rechts ab und immer auf diesem Weg bleibend, leicht abwärts, bis zum Ortsrand von *Rimbach.* Geradezu und recht steil hinab zum *Rimbacher Marktplatz.*

63 Obernburg – Hainhaus – Vielbrunn

Verkehrsmöglichkeiten Obernburg liegt an der Bundesstraße 469. Bahnstation. Busverbindung Aschaffenburg – Miltenburg.

Vielbrunn siehe Wanderung Nr. 64.

Parkmöglichkeiten In Obernburg an der Mainbrücke, in Vielbrunn bei der Limeshalle.

Wegmarkierungen Schwarzer Turm auf weißem Grund (Limes-Wanderweg).

Tourenlänge Etwa 20 km.

Wanderzeit Etwa 6 Stunden.

Höhenunterschiede Insgesamt etwa 400 m.

Wanderkarten 1:50 000 Odenwald, Blatt Nordost.

Anmerkungen Im Jahre 1980 wurde im Odenwald ein Limes-Wanderweg angelegt. Auf unserer Wanderung benutzen wir diesen am sogenannten älteren Limes entlangführenden Weg.

Wissenswertes Im nördlichen Teil des Odenwaldes liegt an der Mündung der Mömling in den Main die Stadt Obernburg. Die Stadt entwickelte sich aus dem 83 n. Chr. gegründeten römischen Kastell Nemaninga. Die Stadtrechte besitzt Obernburg seit 1330, die Stadtbefestigung wurde Mitte des 15. Jahrhunderts vollendet. Die zum Teil noch erhaltenen Wehranlagen mit Toren und Türmen prägen noch heute das Stadtbild.

Besuchenswert das im ehemaligen Benifiziatenhaus eingerichtete Museum »Römerhaus« mit Funden aus der Kastellperiode. Geöffnet ist das Römerhaus während der Dienststunden des Rathauses. – Vielbrunn siehe Wanderung Nr. 10.

Tourenbeschreibung Wir starten unsere Wanderung beim *Museum »Römerhaus«* und gehen, der Markierung schwarzer Turm auf weißem Grund folgend, durch den *Stiftshof*, die *Mainstraße* zu den *Mainanlagen* und, am *Almosenturm* vorbei, zur *St.-Anna-Kapelle*. Weiter durch die *Kapellenstraße*, die *Römerstraße* und letztlich auf der *Miltenberger Straße* stadtauswärts.

Etwa 300 Meter nach dem Überqueren der *Mömling* biegt unsere Route nach rechts aufwärts ab. Es geht am *Schützenhaus* vorbei und hinter dem Wäldchen nach halb rechts. Der Weg ist in etwa eben, zieht nach etwa 15 Minuten nach links aufwärts und geht kurz vor dem asphaltierten Sträßchen nach rechts ab. Wenig später ist die *Karlshöhe* erreicht.

Bei dem dort befindlichen Turmfundament handelt es sich, wie wir den Informationstafeln entnehmen können, um die Reste eines römischen Bauwerks aus der ersten Hälfte des 2. Jahrhunderts, vermutlich um ein römisches Bergheiligtum.

Wenig später kommen wir zunächst zum Parkplatz und dann zum *Waldhaus Obernburg*, einer Gaststätte (geöffnet Mittwoch und Sonntag) mit Kinderspielplatz.

Vom Waldhaus wandern wir leicht aufwärts, vorbei an dem Naturdenkmal *Lichte Eiche* (vier schöne Eichen), noch ein Stück geradeaus, dann dem Wegverlauf folgend, in Kurven durch den Mischwald. Bei der Weggabel halten wir nach rechts und gehen jetzt leicht abwärts.

An der nächsten Weggabel halten wir nach links aufwärts, verlassen später den breiten Weg ebenfalls nach links und folgen einem Pfad hinauf zu einer Lichtung.

Wiederum nach links, aus dem Wald und durch Feldflur, in etwa eben zur *Straße Höchst – Wörth* (Abzweig Lützelbach).

Nach etwa 150 Metern verlassen wir die Straße und folgen der Markierung nach links in den Wald. Nach etwa 10 Minuten passieren wir den *Lützelbacher Sportplatz* und kommen nach weiteren 5 Minuten an eine Waldecke, hinter der das ehemalige *Kastell Lützelbacher Schlößchen* zu finden ist. Der Wall und auf der Wiese davor das einstige Kastellbad sind in Form von Erhöhungen nur noch schwach erkennbar.

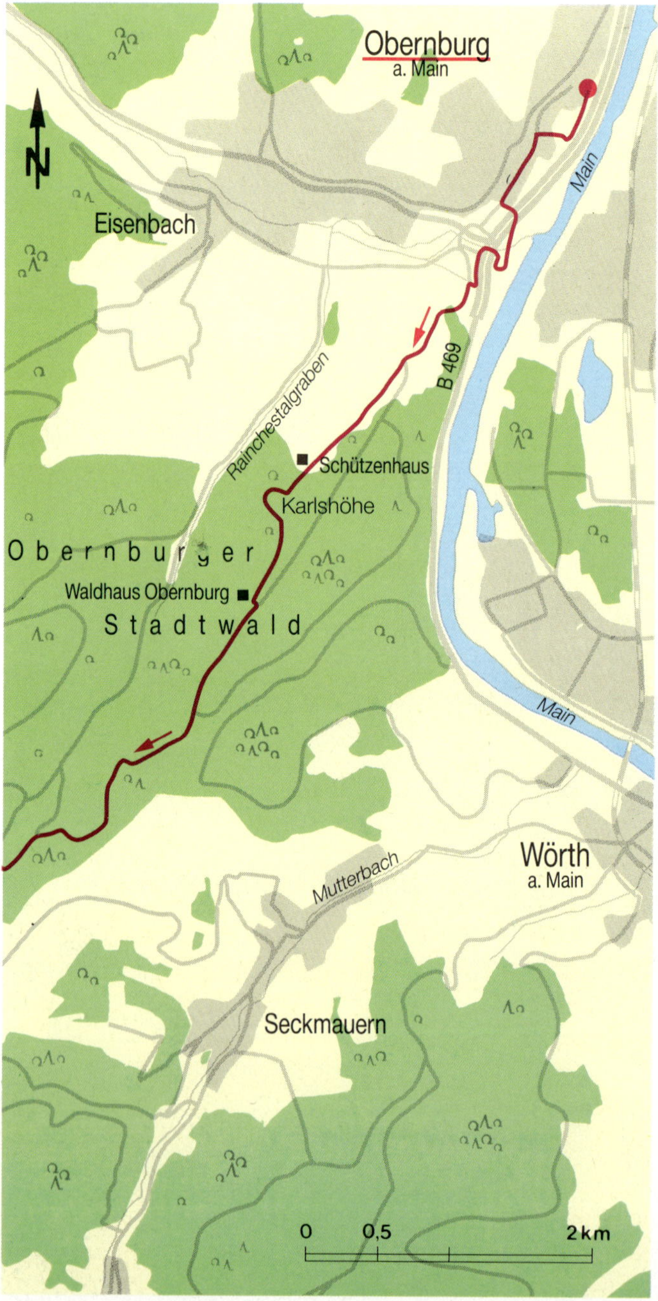
Obernburg
a. Main
Main
Eisenbach
B 469
Rainchestalgraben
Schützenhaus
Karlshöhe
Obernburger
Waldhaus Obernburg
Stadtwald
Main
Wörth
a. Main
Mutterbach
Seckmauern
0
0,5
2 km

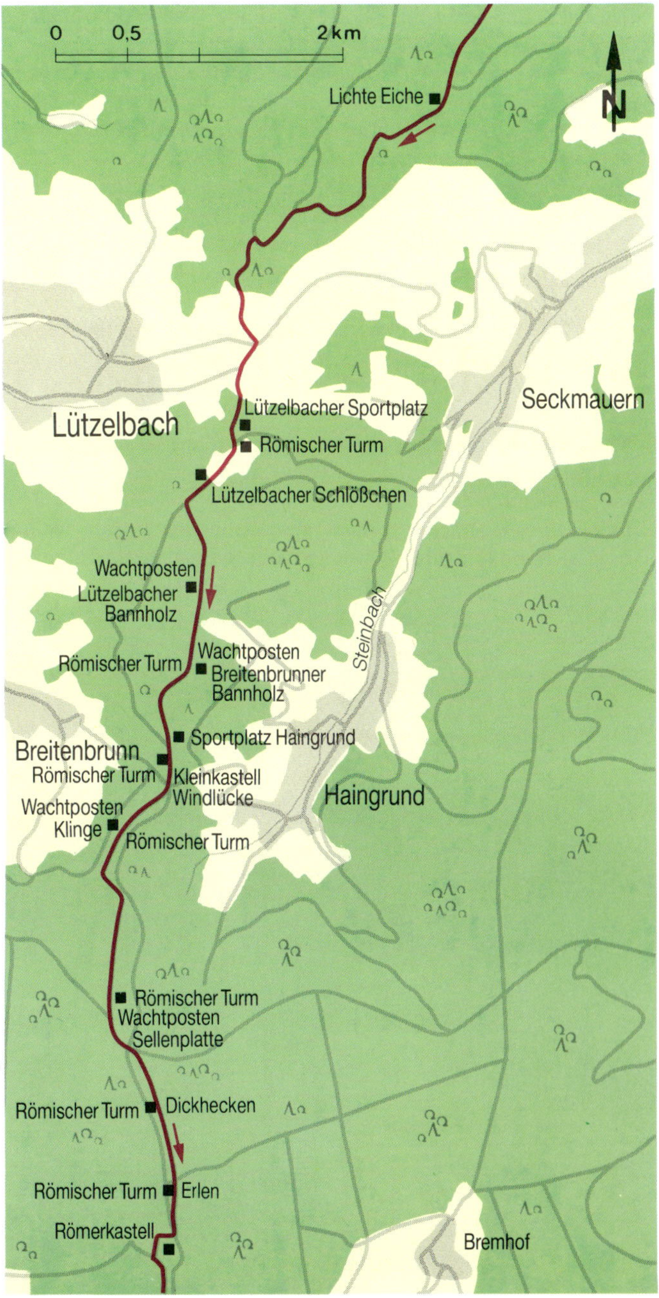
0
0,5
2 km
N
Lichte Eiche
Lützelbach
Lützelbacher Sportplatz
Römischer Turm
Seckmauern
Lützelbacher Schlößchen
Wachtposten
Lützelbacher
Bannholz
Steinbach
Römischer Turm
Wachtposten
Breitenbrunner
Bannholz
Sportplatz Haingrund
Breitenbrunn
Römischer Turm
Kleinkastell
Windlücke
Haingrund
Wachtposten
Klinge
Römischer Turm
Römischer Turm
Wachtposten
Sellenplatte
Römischer Turm
Dickhecken
Römischer Turm
Erlen
Römerkastell
Bremhof

Anschließend auf schmalem Pfad durch den Wald aufwärts, wobei aufmerksame Beobachter die Hügelreste des ehemaligen römischen *Wachtpostens Lützelbacher Bannholz* ausmachen können. – Der Weg führt weiter zu einer Lichtung und etwa 300 Meter danach vorbei am ehemaligen *Wachtposten Breitenbrunner Bannholz* (Ringgraben noch relativ gut erkennbar).

Etwa 10 Minuten später erreichen wir den *Sportplatz Haingrund*, in dessen Nähe einst das *Kleinkastell Windlücke* stand, von dem aber kaum noch Spuren vorhanden sind.

Zwei Straßen werden überschritten, etwa 400 Meter danach passieren wir den ehemaligen *Wachtposten Klinge* (Hügelreste).

Nachfolgend kommen wir, noch einmal leicht aufwärts gehend, auch noch am *Wachtposten Sellenplatte* (Steinreste) vorbei und treffen wenig später an einem Zaun auf die Markierung rotes Dreieck.

Mit diesem gemeinsam an der Straße entlang, bis nach rechts ein Weg zum *Römerkastell Hainhaus* abzweigt, dessen Erdwall noch gut sichtbar ist.

Der Limes-Wanderweg führt anschließend zwischen Wohnhaus und Kapelle weiter. Etwa 15 Minuten nach dem Hainhaus

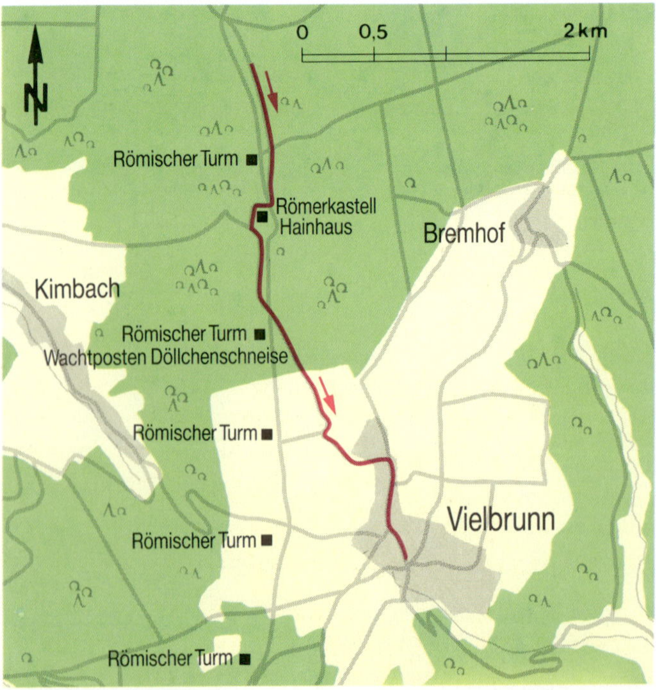

kommen wir noch am *Wachtposten Döllchenschneise* (Turmhügel und Ringgraben deutlich erkennbar) vorüber, wandern in südöstlicher Richtung weiter bis zum Waldende und anschließend durch Feldflur nach *Vielbrunn.* – Auf der *Römerstraße* hinab zur Ortsmitte und zur Bushaltestelle.

64 Vielbrunn – Würzberg – Bullauer Bild – Gebhardshütte – Reisenkreuz

Verkehrsmöglichkeiten Der auf einer Hochfläche im inneren Odenwald gelegene Luftkurort Vielbrunn ist sowohl über die B 45 (Abzweig Bad König) als auch über die B 47 (Abzweig Eulbach) gut zu erreichen. Busverbindungen nach Bad König und Michelstadt.
Parkmöglichkeiten Bei der Limeshalle.
Wegmarkierungen Gelbes Quadrat bis Odintanne, schwarzer Turm auf weißem Grund bis Jägertor, rotes Dreieck bis Reisenkreuz.
Tourenlänge Etwa 20 km. **Wanderzeit** Etwa 5 Stunden.
Höhenunterschiede Insgesamt etwa 150 m.
Wanderkarten 1:50 000 Odenwald, Blatt Nordost und Blatt Südwest.
Wissenswertes Hügelgräberreste aus der Bronzezeit (880 bis 500 v. Chr.) lassen die Vermutung zu, daß der Raum um Vielbrunn schon sehr früh besiedelt war. Im 8. Jahrhundert wurde in Amorbach eine Benediktinerabtei gegründet, welche die weitere Besiedelung der Umgebung leitete. Vielbrunn und Bremhof kamen alsbald in den Einfluß dieses Klosters. In einer Urkunde aus dem 8. Jahrhundert taucht erstmals der Name »Villebrunnen« auf. Es liegt nahe, die Herkunft dieses Namens mit den zahlreichen Quellen in Verbindung zu bringen.

Wissenswertes Reisenkreuz siehe Wanderung Nr. 65.

Tourenbeschreibung Wir gehen vom Parkplatz bei der Limeshalle, zunächst mit der Markierung gelbes Quadrat, am Rathaus und an der Limeshalle vorbei, mit Blickrichtung Kirche, hinab zur Straßenkreuzung. Dort biegen wir nach links ab und folgen dem *Schulbuckel* aufwärts. Noch einmal nach links in die *Schulstraße*, an deren Ende wir auf den mit dem *Falterweg* von rechts kommenden schwarzen Turm, die Markierung des Limes-Weges, stoßen.

Mit diesem Zeichen gehen wir, an der *Odintanne* vorbei, leicht aufwärts zu den Rastplätzen und in den Wald. Die Route

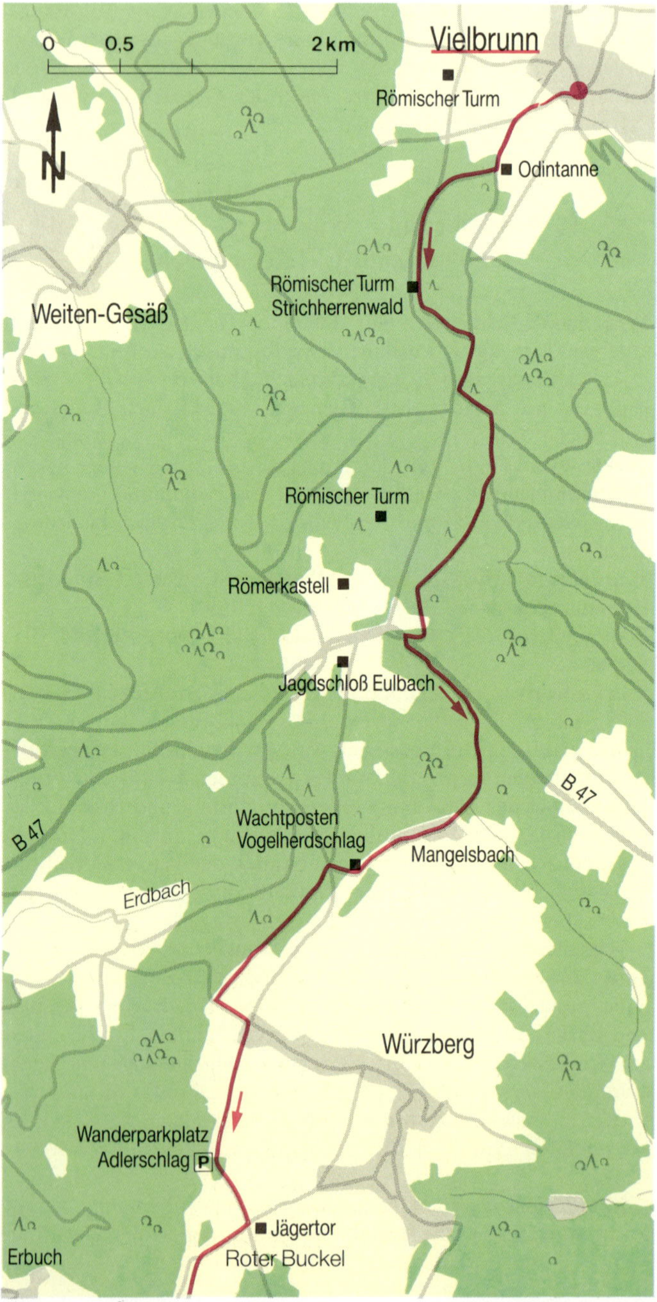
0
0,5
2 km
N
Vielbrunn
Römischer Turm
Odintanne
Römischer Turm
Strichherrenwald
Weiten-Gesäß
Römischer Turm
Römerkastell
Jagdschloß Eulbach
B 47
B 47
Wachtposten
Vogelherdschlag
Mangelsbach
Erdbach
Würzberg
Wanderparkplatz
Adlerschlag
P
Jägertor
Roter Buckel
Erbuch

führt gemeinsam mit der Markierung rotes Dreieck in südlicher Richtung zu einem Querweg, in den wir, dem Zeichen Turm folgend, nach rechts einbiegen. Kurz vor Erreichen der Straße knickt der Weg nach links ab und führt uns zum ehemaligen *Limes-Wachtposten Strichherrenwald* (der Ringgraben mit Holzturmhügel ist noch gut sichtbar).

Wenig später zieht der Weg nach links, trifft wieder auf die Markierung rotes Dreieck und führt gemeinsam mit dieser weiter bis zur Bundesstraße 47 (Nibelungenstraße).

Hier biegen wir mit dem schwarzen Turm nach links ab und bleiben bis zur hessisch-bayerischen Grenze neben der B 47. Dort biegt dann unsere Route nach rechts ab und zieht auf einem alten Grenzweg in südlicher Richtung durch den Wald. Nach Verlassen desselben kommen wir zu den Häusern von *Mangelsbach* und biegen etwa 200 Meter danach wieder nach rechts in den Wald ab und wandern auf einem Pfad zum *Wachtposten Vogelherdschlag*, dessen Steinsockel sich im Eulbacher Park befindet (siehe Wanderung Nr. 1).

Unser Weg führt durch den noch sichtbaren Ringgraben des ehemaligen Holzturmes und führt weiter zu der nach Würzberg führenden Straße, die wir überqueren.

Wir treffen hier wieder auf die Markierung rotes Dreieck sowie auf das auf den Kopf gestellte blaue T und wandern auf jetzt dreifach markiertem Weg, letztlich links schwenkend, zum Ortsbeginn von *Würzberg*.

Hier biegen wir nach rechts ab und marschieren auf dem Fahrsträßchen vorbei am Sportplatz, Friedhof, Wasserbehälter, Sendeanlage und dem *Wanderparkplatz Adlerschlag* bis zur Wegekreuzung am sogenannten *Jägertor*.

Wir verlassen hier die Markierung schwarzer Turm und gehen, dem roten Dreieck folgend, am Forsthaus vorbei in Richtung Wald. Bei der Weggabel (mit Baum und Bank) halten wir nach links und tauchen nach etwa 800 Metern in den Wald ein.

Auf der *Bullauer Straße* wandern wir zum *Forsthaus Hubertus*. Kurz danach teilt sich der Weg, wir halten nach rechts, unterqueren eine Stromleitung und wandern auf teilweise feuchtem Waldweg geradewegs bis zum Waldende.

Auf jetzt befestigtem Weg wandern wir an zwei rechts des Weges stehenden Häusern vorbei und kommen nach etwa 100 Metern zu einer Tafel mit der Aufschrift: »Bildstock«, gehen nach rechts und stehen nach wenigen Schritten vor dem *Bullauer Bild*.

Der steinerne Bildstock ist in eine dreistämmige Buche eingewachsen und trägt die Jahreszahl 1761. Er wird mit einem spätmittelalterlichen Wallfahrtsweg in Verbindung gebracht.

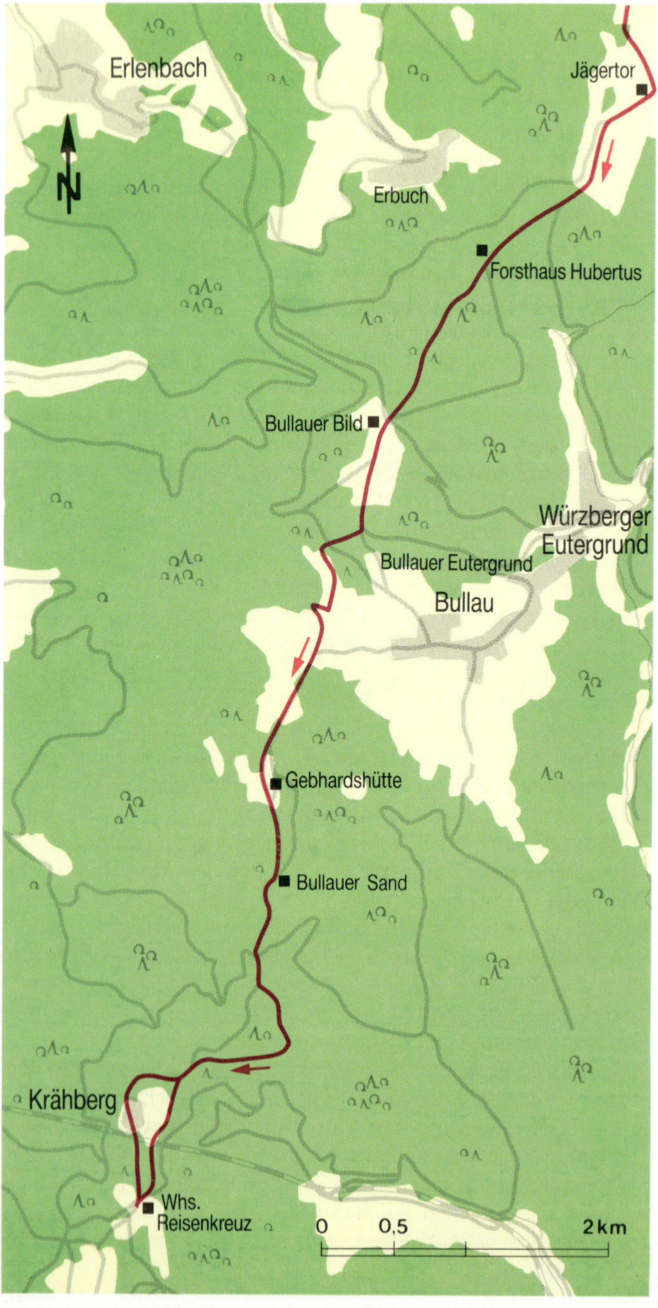
Erlenbach
Jägertor
Erbuch
Forsthaus Hubertus
Bullauer Bild
Würzberger
Eutergrund
Bullauer Eutergrund
Bullau
Gebhardshütte
Bullauer Sand
Krähberg
Whs.
Reisenkreuz
0
0,5
2 km

Wir folgen weiter dem Fahrweg, überqueren die nach Bullau führende Straße und folgen jenseits im Wald einem Holzabfuhrweg leicht aufwärts. Es geht über eine Lichtung, schließlich nach rechts und am Waldrand entlang.

Beim Wasserbehälter biegen wir links ab und gehen hinab zur Straße, der wir rechts abwärts zum *Weiler Gebhardshütte* folgen.

Nach rechts und durch ein Bauernanwesen zum Wald. Nach etwa einem Kilometer erreichen wir den *Bullauer Sand*, eine nicht zu übersehende Lichtung mit frei stehender Buche. Wegweiser und Markierungszeichen weisen in die verschiedensten Richtungen. Wir folgen weiter dem roten Dreieck, halten nach links und wandern im Bogen durch den Wald und kommen nach etwa 15 Minuten an eine Forststraße. Hier haben wir die Wahl, der Forststraße nach links zu folgen und geradewegs zum *Reisenkreuz* zu wandern oder aber nach rechts abzubiegen (Markierung gelbe 1) und über den Krähberg, vorbei am *Jagdschloß* (Privatbesitz und nicht zu besichtigen), unser Etappenziel anzusteuern.

65 Reisenkreuz – Sensbacher Höhe – Eberbach/Neckar

Verkehrsmöglichkeiten Anfahrt zum Reisenkreuz über B 45 bis Hetzbach und hier zum Reisenkreuz abzweigen. Am Reisenkreuz Bushaltestelle der Linie Michelstadt – Eberbach.

Eberbach liegt an der Bundesstraße 37/45 im Neckartal. Bahnstation. Busverbindungen nach Heidelberg, Mosbach und Mudau. Schiffsverkehr nach Heidelberg.

Parkmöglichkeiten Parkplatz Reisenkreuz. In Eberbach beim Bahnhof.

Wegmarkierung Rotes Dreieck.

Tourenlänge Etwa 16 km.

Wanderzeit Etwa 4 Stunden.

Wanderkarte 1:50 000 Odenwald, Blatt Südwest.

Wissenswertes Das Reisenkreuz steht an einer Kreuzung ehemals wichtiger Höhenwege und galt als beschützendes Heilszeichen im düsteren Reis (= Gehölz). Heute geben sich neben den Wanderern vor allem auch viele Ausflügler hier oben ein Stelldichein, wird doch von Odenwaldkennern behauptet, man habe von der Paßhöhe den schönsten Blick ins Sensbacher Tal.

Eberbach, unser Etappenziel, die ehemalige freie Reichsstadt aus der Stauferzeit, liegt an einem der schönsten Abschnitte des Neckartales und des badischen Odenwaldes. Sehenswert u. a. die vielen schönen Fachwerkhäuser, von denen einige mit Sgraffitomalerei geschmückt sind, die Stadtmauer mit vier Wehrtürmen und die Burgruine.

Zu Tour 65 **Eberbach,** Gesamtansicht (Foto: Kurverwaltung Eberbach)

Tourenbeschreibung Wir verlassen den *Parkplatz am Reisenkreuz*, dem roten Dreieck folgend, in südlicher Richtung, queren die ins Sensbachtal führende Straße, schwenken nach links und bummeln in der Folge auf einem Höhenweg südwärts und erreichen nach etwa einer Stunde den *Parkplatz Sensbacher Höhe.*

Dort queren wir die Straße (Beerfelden – Sensbachtal), gehen am Friedhof vorbei und setzen unseren gen Süden führenden Weg ohne Richtungswechsel fort. Dieser führt uns mit immer wieder schönen Fernblicken über die *Sensbacher Höhe.* Auf der leicht abwärts führenden Route passieren wir die Wegekreuzungen ohne Richtungswechsel. Etwa eine Stunde nach dem Parkplatz Senbacher Höhe beginnt der Weg etwas steiler abzufallen.

Nach einer weiteren Viertelstunde biegen wir bei der Weggabel nach links ab und gehen an einer Schutzhütte vorbei; eine Tafel informiert uns, daß wir uns hier bereits im *Erbacher Stadtwald* befinden.

Mit weiteren schönen Fernsichten wandern wir weiter, erreichen die *Schutzhütte »An der Ruhe«* und folgen dem geteerten Weg abwärts.

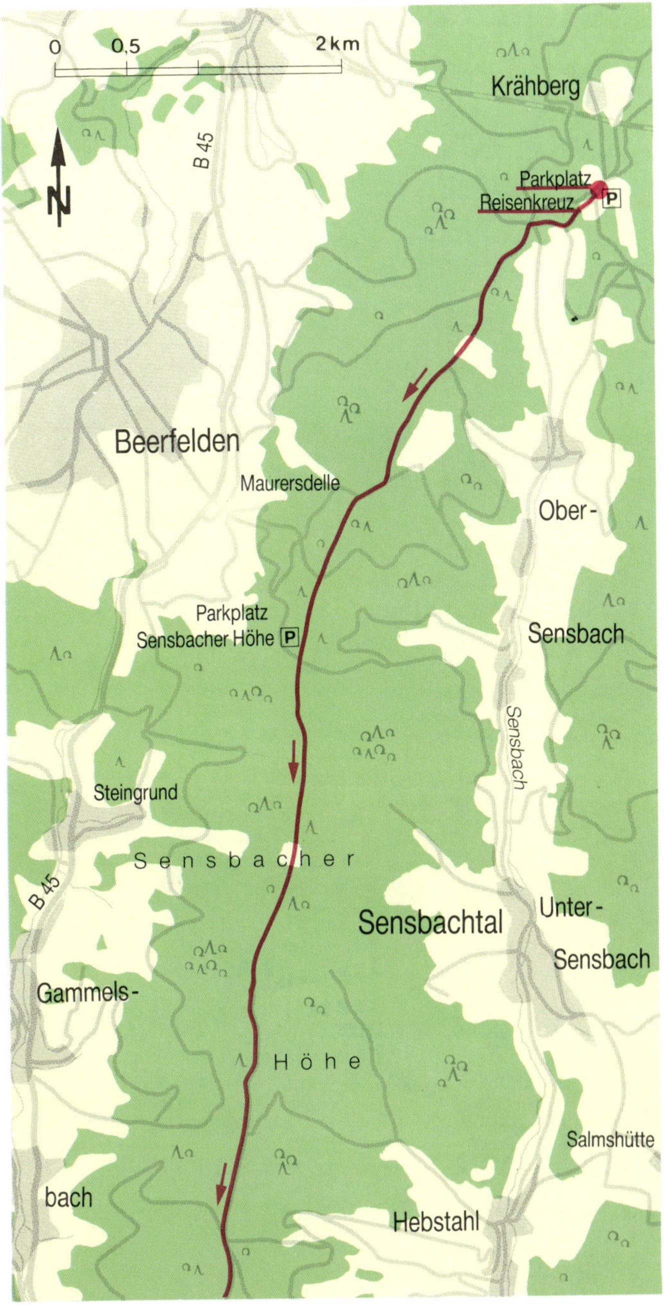
0
0,5
2 km
Krähberg
B 45
Parkplatz
Reisenkreuz
P
Beerfelden
Maurersdelle
Ober-
Sensbach
Parkplatz
Sensbacher Höhe
P
Sensbach
Steingrund
Sensbacher
Höhe
Sensbachtal
Unter-
Sensbach
B 45
Gammels-
bach
Salmshütte
Hebstahl

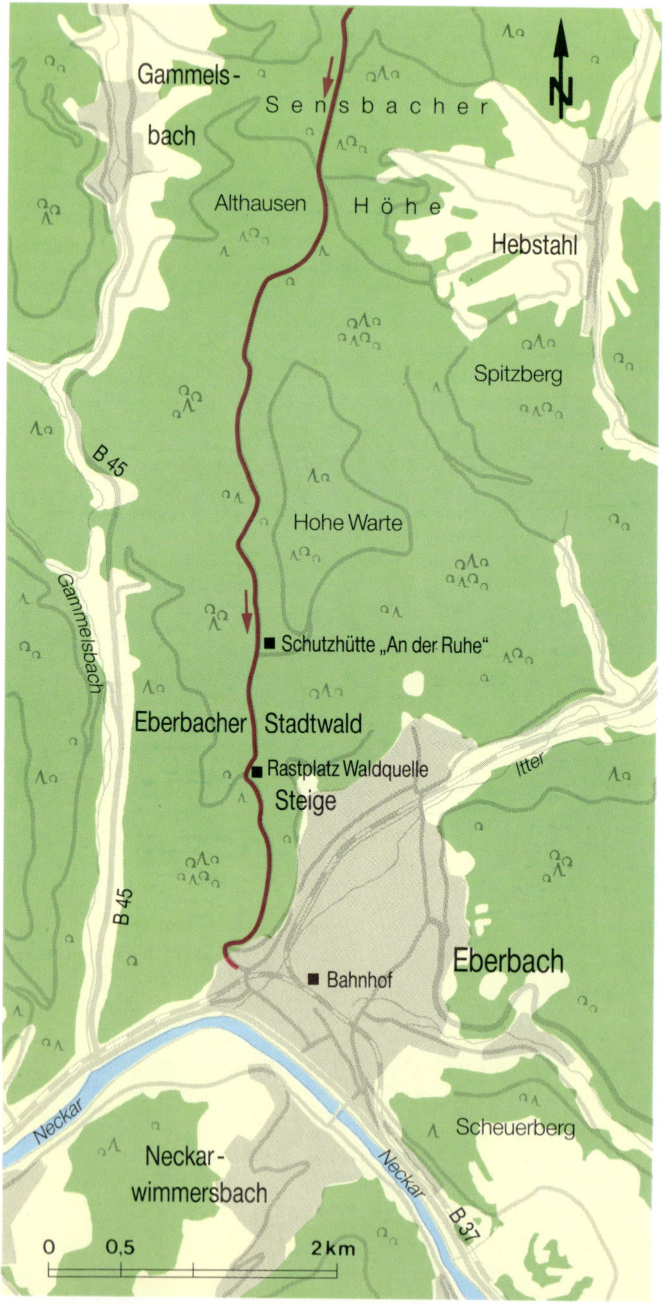
Gammels-
bach
Sensbacher
Höhe
Althausen
Hebstahl
Spitzberg
B 45
Hohe Warte
Gammelsbach
Schutzhütte „An der Ruhe“
Eberbacher Stadtwald
Rastplatz Waldquelle
Steige
Itter
B 45
Eberbach
Bahnhof
Neckar
Scheuerberg
Neckar-
wimmersbach
Neckar
B 37
0
0,5
2 km
N

Bei der Weggabel halten wir uns links, kommen an zwei weiteren Schutzhütten vorüber und erreichen nach einem in etwa ebenen Wegstück den *Rastplatz Waldquelle* (mit Brunnen).

Anschließend geht es, mit schönen Durchblicken ins Neckartal, auf einem Serpentinenweg talwärts und hinein nach *Eberbach.*

Der Weg zum Bahnhof führt auf dem *Parallelweg* über eine Eisenbahnbrücke, nach links über Treppen hinab zur *Hirschhorner Straße*, der wir nach links zur *Friedrich-Ebert-Straße* folgen, um schließlich nach links in die *Luisenstraße* einzubiegen, die uns zum *Bahnhof* bringt.

66 Heidelberg-Neuenheim – Philosophenweg – Ziegelhausen

Verkehrsmöglichkeiten Heidelberg ist Verkehrsknotenpunkt mit Bahn- und Busverbindungen nach allen Richtungen. Neckarschiffahrt. Der Ausgangspunkt dieser Wanderung ist ab Innenstadt mit der Straßenbahnlinie 1 (Haltestelle Ladenburger Straße) zu erreichen.
Parkmöglichkeiten Gegebenenfalls in der Bergstraße oder Ladenburger Straße; günstiger in einem der Innenstadt-Parkhäuser und mit der Straßenbahn zum Ausgangspunkt.
Wegmarkierungen Wegweiser Philosophenweg und rotes R.
Tourenlänge Etwa 9 km.
Wanderzeit Etwa $2^1/_2$ bis 3 Stunden.
Höhenunterschiede Insgesamt etwa 200 m. Kurzer, steiler Anstieg am Beginn der Wanderung.
Wanderkarte 1:50 000 Odenwald, Blatt Südwest.
Anmerkungen An der Ecke Bergstraße/Philosophenweg informiert eine vom Odenwaldklub angebrachte Tafel über den Wegverlauf. Rückfahrt von Ziegelhausen mit Neckarschiff oder Stadtbus.
Wissenswertes Heidelberg, die romantische Stadt am Neckar mit ihren winkeligen Gassen und malerischen Plätzen, wird durch die mächtige Ruine des Schlosses beherrscht. Fünf Jahrhunderte war das Schloß glanzvolle Residenz der Kurpfalz. Die Stadt ist geistig geprägt von der ältesten Universität im heutigen Deutschland.

Nähere Informationen erteilt der Verkehrsverein Heidelberg, Friedrich-Ebert-Anlage 2.
Tourenbeschreibung Von der Wegeübersichtstafel an der Ecke Bergstraße/Philosophenweg gehen wir mit der Markierung rotes

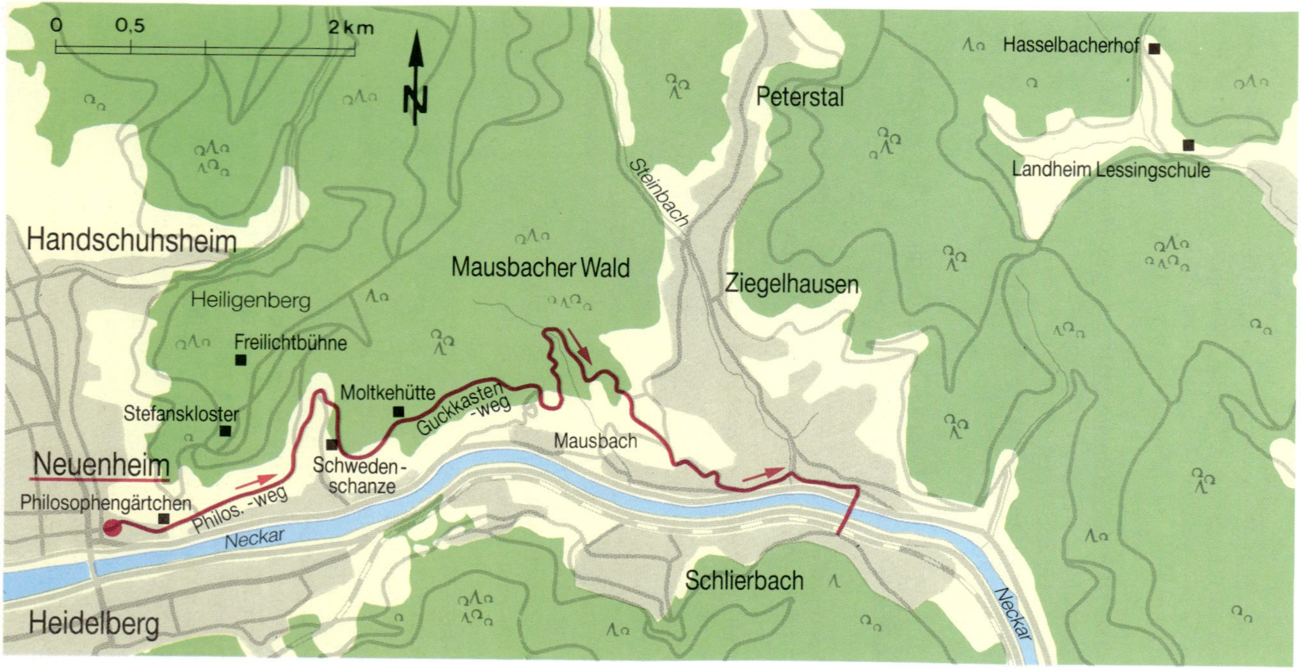
0
0,5
2 km
N
Hasselbacherhof
Peterstal
Landheim Lessingschule
Steinbach
Handschuhsheim
Mausbacher Wald
Ziegelhausen
Heiligenberg
Freilichtbühne
Moltkehütte
Guckkasten -weg
Stefanskloster
Mausbach
Neuenheim
Schweden-schanze
Philosophengärtchen
Philos. -weg
Neckar
Schlierbach
Heidelberg
Neckar

R auf dem *Philosophenweg* rechts steil bergan, an Universitätsinstituten vorbei, hinauf zum *Philosophengärtchen*, von wo aus man einen einmalig schönen Blick hat auf Alt-Heidelberg und das Schloß, den Neckar und die alte Brücke.

Wir bleiben auf dem *Philosophenweg*, wandern an der *Hölderlin-Anlage* vorbei und gehen die *Hirschgasse*, ein kleines Tal, in einem weiten Bogen nach Norden aus. Ziehen weiter zur *Schwedenschanze* (Aussicht) und zur *Moltkehütte* mit aussichtsreichem Rastplatz und Liegewiese.

Danach verlassen wir den breiten Weg und folgen einem schmalen Weg, dem sogenannten *Guckkastenweg*, nach rechts. Von diesem Weg haben wir wiederum schöne Tiefblicke auf den Neckar.

Später stoßen wir wieder auf den breiteren Weg und biegen sogleich nach Norden ab, um den *Mausbach* an der Quelle zu umgehen. In südlicher Richtung geht es dann zum Waldende, nach rechts und mit Blick auf Ziegelhausen, Stift Neuburg und natürlich auf den Neckar, zu einem Straßendreieck.

Wir gehen in bisheriger Richtung weiter und auf der Straße *Neuer Weg* steil, teils über Treppen, hinab nach *Ziegelhausen.*

Rückfahrt mit dem Stadtbus oder Neckarschiff nach Heidelberg.

67 Neckargemünd – Linsenteicheckhütte – Hohlenkästenbaumhütte – Königstuhl/ Heidelberg

Verkehrsmöglichkeiten Neckargemünd liegt an der Bundesstraße 37, an der Mündung der Elsenz in den Neckar. Bahn Heidelberg, Bus nach Neckargemünd (20-Minuten-Takt).
Parkmöglichkeiten Am Neckar (Schiffgasse).
Wegmarkierung Nr. 12.
Tourenlänge Etwa 8 km.
Wanderzeit Etwa 2½ bis 3 Stunden.
Höhenunterschiede Insgesamt etwa 400 m.
Wanderkarte 1:50 000 Odenwald, Blatt Südwest.
Anmerkungen Diese Wanderung eignet sich besonders für Familien mit Kindern, liegen doch am Wanderweg zwei schöne Rastplätze mit Quellen und Schutzhütten, und auf dem Königstuhl wartet ein rund sechzig Hektar großes Kinderparadies.

Zu Tour 67 **Neckargemünd** (Foto: Verkehrsamt der Stadt Neckargemünd)

Vom Königstuhl mit der Bergbahn hinab nach Heidelberg und mit dem Bus oder Neckarschiff zurück nach Neckargemünd.

Wissenswertes Neckarsteinach wir urkundlich erstmals im Jahre 988 in einer Schenkungsurkunde Kaisers Otto III. an Bischof Hildebald von Worms als »Gemundi« erwähnt und blickt somit auf eine über tausend Jahre alte, wechselvolle Geschichte zurück. Das Neckarsteinach von heute präsentiert sich mit einem Stadtbild aus dem 16. und 17. Jahrhundert. Die Altstadtsanierung sorgte dafür, daß das Bild der Kernstadt mit dem neugestalteten Marktplatz wieder seinen ursprünglichen Charakter zurückerhielt.

Tourenbeschreibung Der markierte Weg beginnt in der *Hildastraße*, die wir wie folgt erreichen: Vom Parkplatz am Neckar gehen wir zum *Hanfmarkt* mit seinen schiefbalkigen Fachwerkhäusern, nach rechts über die *Elsenz* und auf der *Bahnhofstraße* bis zur Ampelanlage. – Dort über die Straße, wenig später nach links und auf der das *Bahngelände überspannenden Schützenhausbrücke* hinauf zur *Hildastraße*.

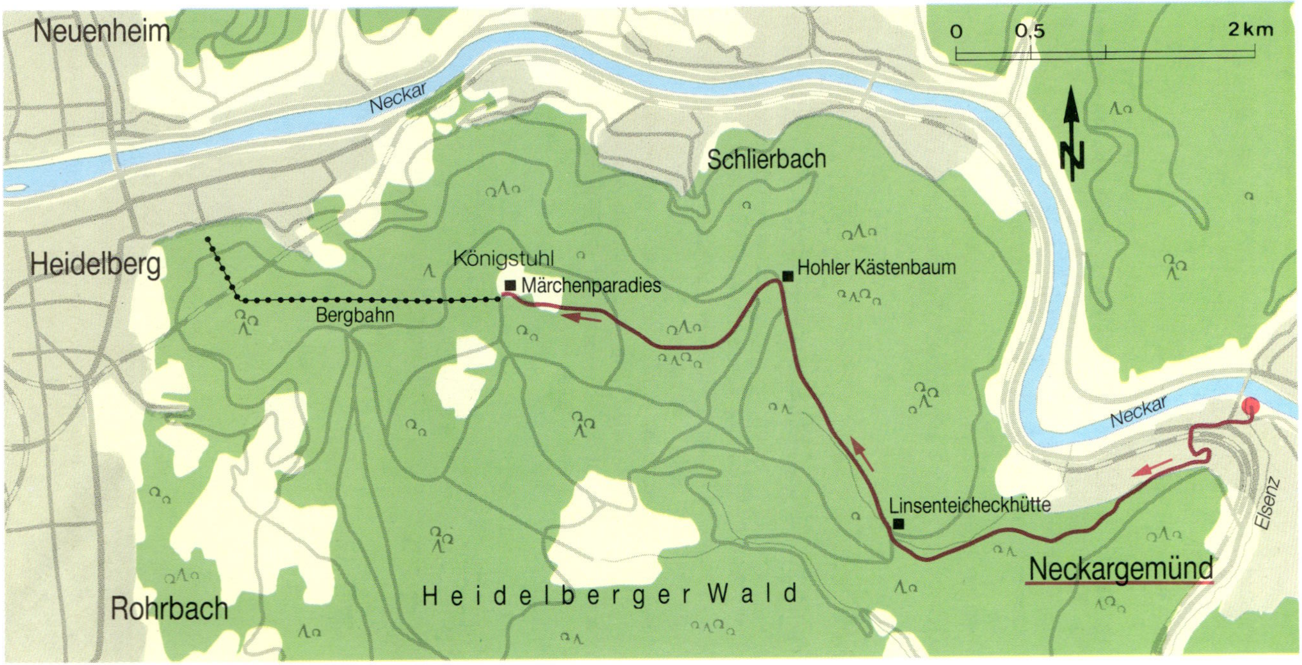

Neuenheim
0
0,5
2 km
Neckar
Schlierbach
Heidelberg
Königstuhl
Märchenparadies
Hohler Kästenbaum
Bergbahn
Neckar
Linsenteicheckhütte
Elsenz
Neckargemünd
Rohrbach
Heidelberger Wald

Dort finden wir (rechts an der Gartenmauer) einige Wegetafeln und entscheiden uns für die Nr. 12 »Königstuhl«.

Hinweis: Auf unserem Weg dorthin begegnen wir einer Reihe anderer Markierungn und Wegzeichen, wir konzentrieren uns jedoch ausschließlich auf die Nummer 12.

Wir gehen die *Hildastraße* aufwärts, biegen nach links in die *Waldstraße* ein und geben gut Obacht, damit wir den hinauf in den Wald führenden Treppenaufgang nicht verpassen. Auf einem Pfad in den Wald und durch diesen, bei der Weggabel rechts haltend, in etwa 45 Minuten hinauf zur *Linsenteicheckhütte* mit Brunnen und Rastplatz.

Für den Weiterweg benutzen wir den linken Hauptweg und erreichen nach gut 2 Kilometern die Wegspinne *Hohler Kästenbaum* mit Hütte und Brunnen. Wir gehen auf dem linken, aufwärts führenden Weg in etwa 40 Minuten hinauf zum *Königstuhl.*

Wer noch höher hinauf will, kann zur Aussichtsplattform des Fernsehturms hinauffahren. Am Fuße des Fernsehturms das *Märchenparadies Königstuhl* mit sprechenden Märchengruppen, Spiel- und Turngeräten, Kindereisenbahn. – Das Märchenparadies Königstuhl und der Fernsehturm sind von Mitte März bis Mitte Oktober täglich von 10 bis 18 Uhr geöffnet.

Mit der Bergseilbahn geht es mit vierzig Prozent Gefälle über die Stationen Molkenkur und Schloß hinab zum *Kornmarkt* in *Heidelberg* und von dort entweder mit Bus oder einem der Neckarschiffe zurück nach *Neckargemünd.*

Zu Tour 67 **Jugendherberge Dilsberg, Untere Straße 1, D-6903 Neckargemünd-Dilsberg.** Die Jugendherberge liegt hoch über dem Neckartal.

68 Jugenheim – Schloß Heiligenberg – Kaiserbuche – Kuralpe – Felsberg – Felsenmeer – Reichenbach

Verkehrsmöglichkeiten Jugenheim liegt an der Bergstraße, Bundesstraße 3. Busverbindungen nach Bensheim, Darmstadt, Heppenheim, Weinheim. Ab Darmstadt mit Straßenbahn (Linie 8) nach Jugenheim.

Reichenbach siehe Wanderung Nr. 45.

Parkmöglichkeiten Parkplatz Nonnenbrunnen (in Richtung Balkhausen), von hier mit Markierung gelbe 1 zum Schloß Heiligenberg und weiter wie bei Haupttour beschrieben.

Wegmarkierung Weißes F.

Tourenlänge Etwa 9 km.

Wanderzeit Etwa 3 Stunden.

Höhenunterschiede Insgesamt etwa 450 m. Stärkere Steigungen.

Wanderkarte 1:50 000 Odenwald, Blatt Nordwest.

Wissenswertes Der urkundlich erstmals 1241 genannte Ort Jugenheim kann auf eine wechselvolle geschichtliche Vergangenheit zurückblicken.

Aufgrund seiner Lage und seines Klimas ist Jugenheim heute ein beliebter Luftkurort, der besonders während der Zeit der Baumblüte viele Besucher anzieht.

Im 13. Jahrhundert wurde auf dem Heiligenberg bei Jugenheim ein Klarissenkloster gegründet, welches 1413 wieder aufgelöst wurde. Die Baulichkeiten verfielen, und der Heiligenberg blieb lange Zeit unbesiedelt. Erst 1810 ließ sich ein Darmstädter Hofbeamter dort oben ein Landgut errichten, welches 1827 von der damaligen Herzogin Wilhelmine erworben und zu einem Schloß umgebaut wurde. – 1928 ging Schloß Heiligenberg in den Besitz des Landes Hessen über.

Wissenswertes: Reichenbach und Felsenmeer siehe Wanderungen Nr. 45 und 46.

Tourenbeschreibung Von der *Endhaltestelle der Straßenbahn* durch die *Ludwigstraße* zur *Hauptstraße* und links schwenkend (Richtung Stettenbach) zum *Rathaus*.

Rechts durch das Parktor und ab dem *Kriegerdenkmal* mit der Markierung weißes F, an der *Bergkirche* vorbei, bergauf. Der Weg führt an der *Ruine des Klarissenklosters* und an der *Zehntlinde* (bereits 1447 als Gerichtsplatz genannt) vorbei und letztlich durch den *Haselgang* (Laubengang) zum *Schloß Heiligenberg* mit schöner Aussicht in die Rheinebene.

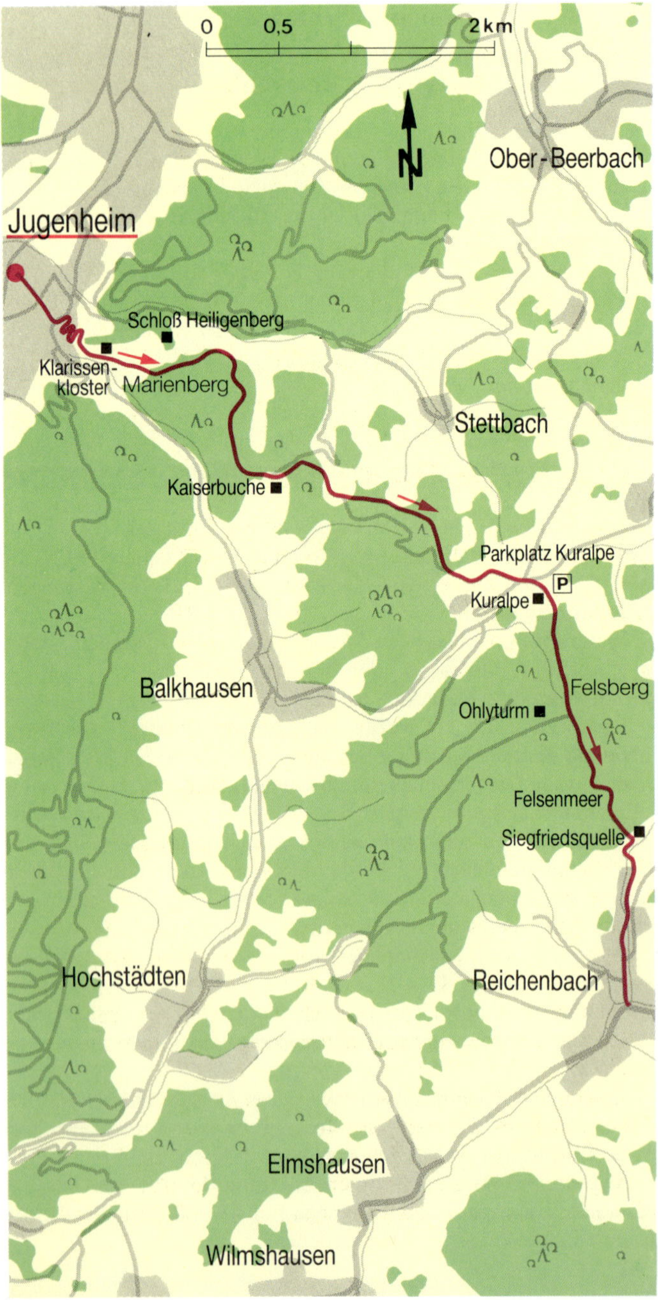
0
0,5
2 km
N
Ober-Beerbach
Jugenheim
Schloß Heiligenberg
Klarissen-
kloster
Marienberg
Stettbach
Kaiserbuche
Parkplatz Kuralpe
P
Kuralpe
Balkhausen
Felsberg
Ohlyturm
Felsenmeer
Siegfriedsquelle
Hochstädten
Reichenbach
Elmshausen
Wilmshausen

Darmstadt, Der »Hochzeitsturm«
Darmstadt ist Ausgangspunkt der Wanderungen 50, 68, 69
(Foto: Klaus Puntschuh)

Der Weiterweg führt als Hangweg (»Alexanderweg«) um den *Marienberg*, wobei sich unterwegs einige Male Blicke hinab ins Stettenbacher Tal ergeben.

Die Route schwenkt dann nach Süden, und wir erreichen etwa eine Wegstunde nach dem Schloß die am Waldrand stehende *Kaiserbuche* mit schönem Rastplatz.

Das Alter dieses unter Naturschutz stehenden Baumes, dessen Umfang in etwa 2 Meter Höhe stolze 5 Meter beträgt, wird auf 300 Jahre geschätzt. Den Namen Kaiserbuche bekam sie im September 1864 zu Ehren des russischen Zaren Alexander II., der während seiner Regierungszeit des öfteren Schloß Heiligenberg besuchte.

Anschließend führt unser Weg bergauf und wieder in den Wald. Mit Blick auf den Hof Heinzenklingen geht es, an einer Forsthütte vorbei, in südlicher Richtung durch den Forst.

Ab dem Aussichtspavillon über freie Flur hinüber zur *Kuralpe* (Gasthaus) und ein kurzes Stück auf der Straße zum *Parkplatz Kuralpe.*

Rechts ab, Wegweiser: Felsberg und Felsenmeer, bei der Weggabel erneut nach rechts, an den Hecken entlang zum Wald und durch diesen recht steil hinauf zum *Felsberg.* Gaststätte, Einkehrmöglichkeit.

Hier machen wir zunächst einmal, nach rechts den Parkplatz querend, einen Abstecher zum *Ohlyturm.* Dieser im Jahre 1901 erbaute, 27 Meter hohe Aussichtsturm trägt den Namen des einstigen Darmstädter Oberbürgermeisters Albrecht Ohly, der auch über viele Jahre Vorsitzender des Odenwaldklubs war.

Vom Turm zurück zur Markierung weißes F und von diesem sicher geleitet durch das *Felsenmeer* (siehe hierzu Wanderung Nr. 46) hinab zur *Siegfriedquelle* und dem Gasthaus gleichen Namens.

Weiter mit dem weißen F, am Sportplatz vorbei, in etwa 10 Minuten nach *Reichenbach.*

69 Fränkisch-Crumbach – Heilsruhe – Nonroder Höhe – Ruine Rodenstein – Freiheit Laudenau – Reichelsheim

Verkehrsmöglichkeiten Fränkisch-Crumbach liegt etwa 1 km abseits der Bundesstraße 38. Busverbindungen nach Darmstadt, Dieburg, Reichelsheim, Reinheim, Weinheim.
Parkmöglichkeiten In der Darmstädter Straße, gegenüber vom Schloß.
Wegmarkierungen Weißer Doppelstrich bis Wegekreuzung im Wald, etwa 500 Meter nach der Heilsruhe, rot umrandetes Dreieck bis weißer Strich und mit diesem bis Ruine Rodenstein, gelber Strich bis Freiheit Laudenau, weiße 1 bis Lehrpfad, gelbes Quadrat bis Reichelsheim.
Tourenlänge Etwa 15 km.
Wanderzeit Etwa 4½ bis 5 Stunden.
Höhenunterschiede Insgesamt etwa 350 m. Steiler Aufstieg zur Heilsruhe, steiler Abstieg zur Ruine Rodenstein.
Wanderkarte 1:50 000 Odenwald, Blatt Nordwest.
Wissenswertes Fränkisch-Crumbach war ursprünglich Wohnsitz der seit dem Jahre 1150 urkundlich bekannten Herren von Crumbach. Rudolf von Crumbach ließ um 1250 Burg Rodenstein erbauen. Er und seine Nachkommen nannten sich fortan »von Rodenstein«.

Auf Geheiß Hans III. von Rodenstein wurde im Jahre 1485 an die Dorfkirche ein spätgotischer Chor angebaut. Unter den

Grabdenkmälern der Rodensteiner in der Kirche zu Fränkisch-Crumbach ist das seinige, von Hans von Amorbach geschaffene, das schönste.

Neben der Kirche das Schloß. Im 30jährigen Krieg abgebrannt, wurde es 1645 wieder aufgebaut. 1693 traten die Herren von Gemmingen-Hornberg die Nachfolge der Rodensteiner an. Im Schloß, das noch heute von den Nachkommen derer von Gemmingen bewohnt wird, befindet sich auch das kleine, jeweils sonntags von 14 bis 16 Uhr geöffnete Heimatmuseum »Rodensteiner Land«.

Freiheit Laudenau, dort befand sich an der Grenzstelle dreier Kirchenspiele einst ein durch Hecken abgegrenztes, gefreites Gebiet, auf dem niemand festgenommen werden durfte.

Reichelsheim siehe Wanderung Nr. 52.

Tourenbeschreibung Mit der Markierung weißer Doppelstrich auf der *Darmstädter Straße* steil hinauf zum Ortsende und auf befestigtem Fahrweg geradezu. Vorbei an einer Grillhütte und dem Wegabzweig zur Ausflugsgaststätte Schleierbach, hinauf zu der am Waldrand stehenden Unterstellhütte *Heilsruhe.* Von hier schöner Blick ins Gersprenztal.

In der bisherigen Richtung weiter und durch den Wald hinauf zu einer Forststraßenkreuzung, wo wir auf das Markierungszeichen rot umrandetes Dreieck stoßen.

Mit beiden Zeichen nach links und auf breiter Forststraße bis zum Waldende. Hier passieren wir den *Parkplatz Nonroder Höhe* und wandern auf einem aussichtsreichen Höhenweg hinüber zum Aussichtspunkt *Nonroder Höhe.*

Bei der Baumgruppe verläßt uns der weiße Doppelstrich nach rechts, und wir setzen unsere Wanderung jetzt unter der alleinigen Führung des rot umrandeten Dreiecks in bisheriger Richtung fort. Bei der Weggabel geht es nach rechts und hinauf zum Wald. Dann längere Zeit durch den Wald, mitunter an mächtigen Felsformationen vorbei. Bei der ersten Weggabel halten wir uns links, bei der folgenden gehen wir nach rechts, und dort, wo die Dreieckmarkierung erneut nach rechts schwenkt, folgen wir den Rundwegmarkierungen Nr. 2 und Nr. 3 zum nahen Gipfel des *Rimdidim.*

Dieser etwas eigenartige Name soll im Jahre 1898 entstanden sein, als Oberförster, Bürgermeister und andere Honoratioren das Ausmaß und die Folgen eines Sturmes besichtigten, und einer der Herren konstatierte, daß man jetzt vom Felsen »rimdidim« (rundherum) sehen könne.

Wieder voll aufgeforstet, verwehren heute hohe Bäume jegliche Fernsicht.

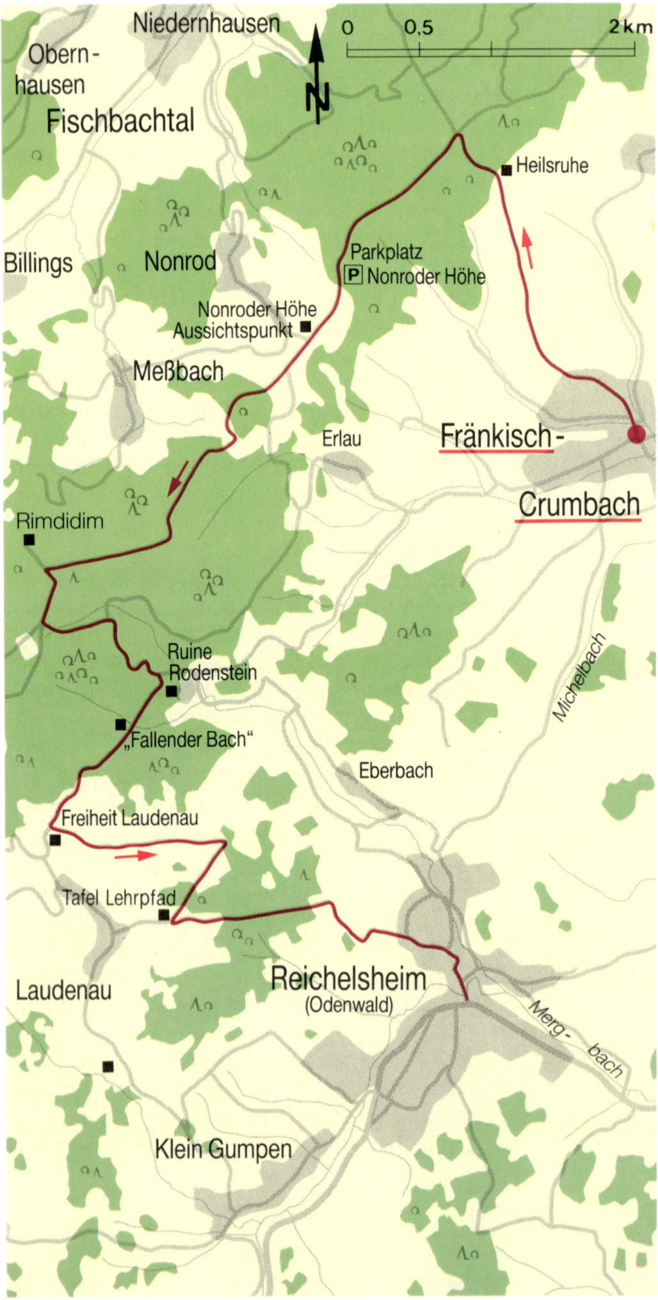

Niedernhausen
0
0,5
2 km
Obern-
hausen
Fischbachtal
Heilsruhe
Billings
Nonrod
Parkplatz
P Nonroder Höhe
Nonroder Höhe
Aussichtspunkt
Meßbach
Erlau
Fränkisch-
Crumbach
Rimdidim
Ruine
Rodenstein
Michelbach
„Fallender Bach“
Eberbach
Freiheit Laudenau
Tafel Lehrpfad
Laudenau
Reichelsheim
(Odenwald)
Merg-
bach
Klein Gumpen

Auf dem Herweg zurück zum rot umrandeten Dreieck und mit diesem weiter. Wenig später treffen wir an einer Wegkreuzung auf die Markierung weißer Strich und biegen damit nach links ab. Gut auf die Markierung achtend geht es mit mehrmaligem Richtungswechsel, das letzte Wegstück steil, hinab zur *Ruine Rodenstein*.

Wer einkehren möchte, geht durch die Burganlage, deren Mächtigkeit die einstige Größe erahnen läßt, verläßt dieselbe durch das Südtor und geht, letztlich rechts schwenkend und über Treppen hinab zum *Hofgut Rodenstein*.

Auf dem Herweg zurück bis hinter die Ruine und jetzt mit dem gelben Strich links haltend hinauf zu einer Forststraße. Auf dieser wandern wir, vorbei an einem kleinen Wasserfall (*»Fallender Bach«*) mit Rastplatz, bei der Weggabel nach rechts aufwärts, und dort, wo die Forststraße eine Rechtskurve macht, geradeaus weiter und zum Waldrand.

Darmstadt, Russische Kirche
Darmstadt ist Ausgangspunkt der Wanderungen 50, 68, 69
(Foto: Klaus Puntschuh)

Zunächst am Wald entlang, dann auf einem Feldweg, an Brombeerhecken entlang und leicht aufwärts zu einer Wegkreuzung oberhalb von *Freiheit Laudenau.*

Hier biegen wir mit der örtlichen Markierung Nr. 1 nach links ab. (Dabei lassen wir uns von der auf dem Wegweiser stehenden Kilometerangabe »Reichelsheim 3 km« nicht beirren, denn diese stimmt nicht!)

Auf einem befestigten Fahrweg, vorbei an den letzten Häusern von Freiheit Laudenau und weiter auf einem teilweise von Obstbäumen gesäumten, aussichtsreichen Höhenweg dahin. Kurz vor Erreichen des Waldes endet bei einer rechts des Weges stehenden Schutzhütte der befestigte Weg.

Hier biegen wir nach rechts ab und wandern auf einem Schotterweg hinüber zum Wald. Dann in den Wald. Dort, wo die weiße 1 im spitzen Winkel nach links abzweigt, gehen wir noch ein kurzes Stück geradeaus bis zum Waldende.

Dort stoßen wir bei der Übersichtstafel Waldlehrpfad auf das Wegzeichen gelbes Quadrat. Biegen diesem Zeichen folgend scharf links ab und wandern, an Weidezäunen entlang, hinab zum Wald. – Zunächst ein Stück am Wald entlang, dann durch den Wald weiter abwärts, eine Forststraße querend, und zu einer Wegkreuzung.

Jetzt gemeinsam mit der wieder zu uns gestoßenen Nr. 1 weiter talwärts, an der Schutzhütte vorbei, zum Waldende und links ab. Am Wald entlang, auf dem Fahrsträßchen nach rechts, und immer auf diesem Weg bleibend, am Friedhof vorbei, und hinab nach *Reichelsheim.*

70 Miltenberg – Greinberg – Monbrunn – Reuenthal – Gotthardsberg – Amorbach

Verkehrsmöglichkeiten Das an einem Mainknie im bayerischen Teil des Odenwaldes gelegene Miltenberg ist aus allen Richtungen über gut ausgebaute Straßen, letztlich über die B 469,zu erreichen. Bahnstation an der Strecke Frankfurt – Aschaffenburg – Ulm. Busverbindungen nach Heidelberg, Wertheim, Würzburg. Schiffsverkehr Wertheim – Miltenberg – Aschaffenburg.

Amorbach liegt an der B 47 und ist Bahnstation an der Strecke Miltenberg – Osterburken. Busverbindungen nach Kirchzell, Würzburg.

Parkmöglichkeiten Mainufer-Anlagen.

Wegmarkierung Blaues Andreaskreuz.

Tourenlänge Etwa 13 km. **Wanderzeit** Etwa 4 Stunden.

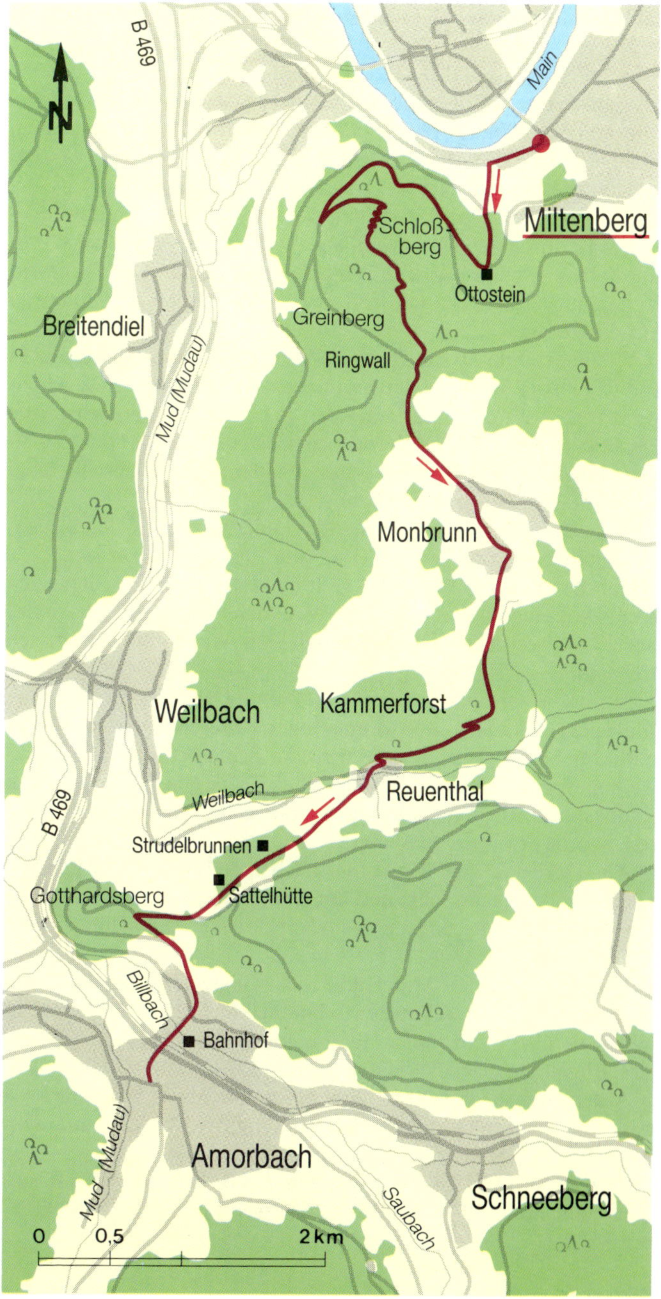

N
B 469
Main
Miltenberg
Schloß-
berg
Ottostein
Greinberg
Ringwall
Breitendiel
Mud (Mudau)
Monbrunn
Weilbach
Kammerforst
Weilbach
Reuenthal
B 469
Strudelbrunnen
Sattelhütte
Gotthardsberg
Billbach
Bahnhof
Amorbach
Mud (Mudau)
Saubach
Schneeberg
0
0,5
2 km

Höhenunterschiede Insgesamt etwa 450 m. Stärkere Steigungen.
Wanderkarte 1:50 000 Odenwald, Blatt Nordost.
Wissenswertes Miltenberg siehe Nr. 14, Amorbach Nr. 17.
Tourenbeschreibung Vom *Schnatterloch* aus gehen wir mit dem blauen Andreaskreuz bergauf, kreuzen den *Conradyweg* und steigen durch ein kleines Felsenmeer zum *Ottostein* an.

Dort biegen wir rechts ab und wandern auf einem in etwa ebenen Weg durch den Mischwald am *Schloßberg*. Nach etwa 30 Minuten biegen wir im spitzen Winkel nach links ab. Der Weg wird steiler und zieht, letztlich in Serpentinen, empor zum *Ringwall* am *Greinberg*.

Wir überschreiten die Bergkuppe, verlassen die Wallanlage in südlicher Richtung und setzen unseren Weg durch den Buchenwald fort. – In den querlaufenden Weg biegen wir nach rechts ein, um wenig später nach links zu schwenken. Auf dem folgenden Querweg nach rechts zum Waldende und anschließend durch Feldflur nach *Monbrunn*.

Wir gehen durch die Streusiedlung und weiter, bei der Weggabel nach rechts und in den Mischwald des *Kammerforstes*.

Bei der nächsten Weggabel geht es nach links und später nach rechts auf einen etwas breiteren Weg, den wir aber gleich wieder nach links verlassen. Weiter durch den Wald und hinab nach *Reuenthal*.

In diesem Ort wurde zwischen 1180 und 1190 – genaue Daten sind nicht bekannt – der Minnesänger Ritter Neithart von Reuenthal geboren. Durch seine meist in Schenken und auf Kirchweihen vorgetragenen derb-kritischen Lieder fiel er bei seinem Landesherren in Ungnade und mußte nach Österreich emigrieren, wo er etwa um 1240 starb.

Am Ortsende von Reuenthal nach links über den *Weilbach*, gleich wieder nach rechts und auf einem gepflasterten Hangweg, am *Strudelbrunnen* und der *Sattelhütte* vorbei, zur Kirchenruine auf dem *Gotthardsberg*.

Von dem etwa 150 Meter über dem Talgrund stehenden Turm hat man einen der schönsten Rundblicke, die es im Odenwald gibt. Wir blicken in sieben Taleinschnitte und hinüber zum Kloster Engelberg (siehe Wanderung Nr. 15).

Auf zunächst schmalem, dann auf einem etwas breiteren Weg talwärts, über eine Obstbaumhalde und schließlich auf dem *Gotthardsweg* hinab nach *Amorbach*.

Durch die *Neudorfer Straße*, über den *Billbach* und die Eisenbahn zum *Bahnhof*, von wo aus man nach Miltenberg zurückfahren kann.

71 Waldlehrpfad Michelstadt

Verkehrsmöglichkeiten Siehe Wanderung Nr. 1.
Parkmöglichkeiten Parkplatz im Kühgrund beim Waldschwimmbad. Zufahrt ab Michelstadt in Richtung Weiten-Gesäß und rechts ab zum Parkplatz.
Wegmarkierungen Gelbe 3.
Tourenlänge Etwa 1 km.
Wanderzeit Etwa 1 Stunde.
Höhenunterschiede Insgesamt etwa 100 m.
Wanderkarte 1:50 000 Odenwald, Blatt Nordost.
Anmerkungen Diese Wanderung eignet sich besonders für Familien mit Kindern. Zum einen kann man auf dem Lehrpfad allerlei Interessantes erfahren, zum anderen lädt der Sagen- und Märchenpark (am Eingang schöner Spielplatz) zu einem Besuch ein.
Wissenswertes Michelstadt siehe Wanderung Nr. 1.
Dieser Rundweg ist ein Lehrpfad mit Informationstafeln über den Waldbestand und die Tiere des Waldes.

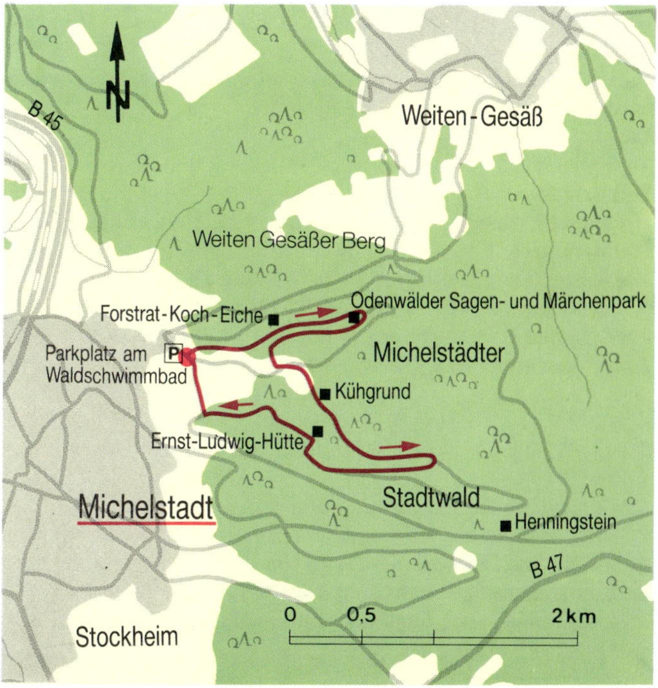

Tourenbeschreibung Neben der Wegeübersichtstafel steigen wir über Treppen hoch zum Wald und wandern durch diesen zur *Eckartsbuche.* Ab hier zieht der Rundkurs ostwärts, führt an der *Forstrat-Koch-Eiche* vorbei und biegt im spitzen Winkel zum *Odenwälder Sagen- und Märchenpark* ab.

Auf dem Lehrpfad weiter in den *Kühgrund* und etwa 500 Meter auf dem *Jägersteig* entlang. Die Route biegt dann, wiederum im spitzen Winkel, nach rechts und führt, leicht ansteigend, zur *Ernst-Ludwig-Hütte.*

Weiter auf dem *Römerweg* und dann auf einer Forststraße links, bald nach rechts, hinab und zurück zum Parkplatz.

72 Naturlehrpfad Kimbacher Tal

Verkehrsmöglichkeiten Bad König siehe Wanderung Nr. 8. Bushaltestelle Drei Mühlen, hier einfädeln in den Rundweg möglich.
Parkmöglichkeiten Parkplatz Erlenbrunnen im Kimbacher Tal an der Straße von Bad König nach Vielbrunn.
Wegmarkierungen Gelbe 4.
Tourenlänge Etwa 4 km.
Wanderzeit Etwa 1 Stunde.
Höhenunterschiede Keine nennenswerten Höhenunterschiede.
Wanderkarte 1:50 000 Odenwald, Blatt Nordost.
Wissenswertes Bad König siehe Wanderung Nr. 8.

Der Lehrpfad führt durch das Kimbacher Tal und informiert über Bäume und Vögel des Waldes.

Tourenbeschreibung Wir wandern zunächst am Waldsaum entlang, parallel zur Straße, in Richtung Bad König, vorbei am Forsthotel zu den *Drei Mühlen* (heute Gaststätten), biegen bei der *Ölmühle* links ab und gehen leicht aufwärts zur *Georg-Vetter-Hütte.*

Weiter der Markierung Nr. 4 und den Wegweisern »Lehrpfad« folgend, treffen wir auf die Markierung gelber Strich, wenden nach links und wandern in etwa eben durch den Wald, letztlich nach links und vorbei am *Gesundheitsbrunnen* zur Straße.

Noch einmal nach links und auf einem Waldweg zurück zum Parkplatz.

Zu Tour 73 **Jugendherberge Weinheim, Breslauer Straße 46, D-6940 Weinheim.** Die Jugendherberge liegt im Westteil der Stadt in einem Freizeitzentrum direkt beim Sportstadion, vom Bahnhof 30 Minuten Fußweg

73 Rimbacher Naturlehrpfad Boschrain

Verkehrsmöglichkeiten Rimbach liegt an der Bundesstraße 38. Bahnstation. Busverbindungen nach Erbach, Michelstadt, Weinheim.
Parkmöglichkeiten Wanderparkplatz »An der Tränke«. Zufahrt: Ab Stadtmitte Rimbach (Rathaus) der Beschilderung »Lehrpfad« folgen. 2,2 km bis zum Parkplatz.
Wegmarkierungen Gelbe 3.
Tourenlänge Etwa 3 km.
Wanderzeit Etwa 1 Stunde.
Höhenunterschiede Etwa 140 m.
Wanderkarte 1:50 000 Odenwald, Blatt Nordwest.
Wissenswertes Rimbach ist ein im Weschnitztal gelegener Erholungsort. Kirche im Barockstil von 1778 mit einem der schönsten Zwiebeltürme Deutschlands.

Der bequem zu begehende Rundkurs des 1979 angelegten Naturlehrpfades informiert über den Wald mit seiner Pflanzen- und Tierwelt.

Zu Tour 73 **Weinheim, die Wachenburg und Ruine Windeck**

(Foto: Klaus Puntschuh)

Tourenbeschreibung Wir folgen dem am Bach entlangziehenden *Boschwiesenweg* und wandern wechselnd am Wald entlang, durch den Wald, dann an Wiesen und Weidehängen vorbei, in nordöstliche Richtung.

Gleich die ersten Tafeln sind von besonderem Interesse. So gibt die Tafel Nr. 2 Auskunft über die Baumartenverteilung, während Tafel Nr. 4 über die Waldbesitzverteilung informiert.

Der Weg in etwa eben, steigt später kaum merklich an. Wir kommen an dem im Hangwald liegenden *Rastplatz Adam-Schmitt-Ruhe* vorbei und biegen bei der *Infotafel »Stammholz-Schichtholz«* spitzwinkelig links ab.

Links des Weges eine aus Baumstämmen gezimmerte siebeneckige Schutzhütte; davor Tisch und Bänke; eine Tafel gibt Auskunft über »Arbeiten im Wald von Januar bis Dezember«.

Der Weg steigt jetzt etwa stärker an und führt durch den Hangwald hinauf zur *Jungholzhöhe.*

Nach der *Tafel »Waldbau«* ist zwischen den Bäumen hindurch ein Blick hinauf zu dem auf der Trommhöhe stehenden Ireneturm möglich (siehe Wanderung Nr. 62).

Nach der *Tafel »Vogeluhr«* geht es wieder bergab und nach der *Tafel »Kulturpflege«* verlassen wir die Forststraße nach links und wandern auf einem Waldweg zurück zum Parkplatz.

74 Waldlehrpfad Dürr-Ellenbacher-Tal

Verkehrsmöglichkeiten Autobahn Frankfurt – Darmstadt – Heidelberg, Ausfahrt Heppenheim: über Juhöhe nach Mörlenbach und über Wald-Michelbach nach Ober-Schönmattenwag, Ausfahrt Weinheim: über Birkenau (B 38) nach Mörlenbach und weiter wie oben. Busverbindungen nach Heppenheim, Hirschhorn, Wald-Michelbach, Weinheim.
Parkmöglichkeiten Wanderparkplatz Dürr-Ellenbach in Ober-Schönmattenwag, Raubacher Weg.
Wegmarkierungen Tafeln Lehrpfad.
Tourenlänge Etwa 4 km.
Wanderzeit Etwa 1 Stunde.
Höhenunterschiede Insgesamt etwa 120 m. Im letzten Teil der Strecke kurzer steiler Auf- und Abstieg.

Jugendherberge Starkenburg, D-6148 Heppenheim.
Die Jugendherberge liegt oberhalb von Heppenheim, auf dem Schloßberg. Verkehrsverbindungen von Heppenheim zu Tour 36, 37, 62, 74

Wanderkarte 1:50 000 Odenwald, Blatt Südwest.
Wissenswertes Ober-Schönmattenwag, im Volksmund »Schimetewoch« genannt, ist ein Ortsteil der Großgemeinde Wald-Michelbach. Der Lerhpfad, einer der ersten im Odenwald, gibt auf zahlreichen Tafeln Auskunft über Flora und Fauna des Waldes.
Tourenbeschreibung Vom Parkplatz auf der Straße nach links und zum Ortsende. Bei der Tafel »Lehrpfad« erneut nach links und hinab zu einer Schutzhütte mit Grillplatz.

Dort über den Bach, den Wegweisern »Lannertskopf« und »Forsthaus Dürr-Ellenbach« folgend, und beim Wegabzweig geradeaus. Vorbei an einer *Kneippanlage* mit Armbad und Wassertretbecken und leicht aufwärts. Links von uns der Wald, rechter Hand der plätschernde *Dürr-Ellenbach.*

Der *Lehrpfad* führt nach rechts, über den Bach und auf der anderen Seite über Treppen aufwärts. Ein Fahrweg wird gequert und auf einem serpentinenartigen Weg angestiegen.

Im folgenden geht es auf einem breiteren Weg mit zahlreichen Informationstafeln und Blick ins Tal zu der nach Raubach führenden Straße.

Über die Straße und bergauf, über mehrere Holzbrücken und am Bach entlang, jetzt etwas steiler, bis zu einem Querweg.

Diesem folgen wir nach rechts, in der Kurve geradeaus, dann scharf nach rechts und hinab zum Waldrand. Nach links und auf der Straße zurück nach *Ober-Schönmattenwag.*

75 Waldlehrpfad Handschuhsheim

Verkehrsmöglichkeiten Der Heidelberger Vorort Handschuhsheim liegt an der Bundesstraße 3 und ist ab der Innenstadt mit der Straßenbahn zu erreichen. OEG-Haltepunkt.
Parkmöglichkeiten Auf dem am Ende der Mühltalstraße gelegenen Waldparkplatz »Am Turnerbrunnen«.
Wegmarkierung Rote 8.
Tourenlänge Etwa 4 1/2 km.
Wanderzeit Etwa 1 1/2 Stunden.
Höhenunterschiede Insgesamt etwa 130 m.
Wanderkarte 1:50 000 Odenwald, Blatt Südwest.
Anmerkungen Bequem zu begehender Rundkurs mit 23 informativen Hinweistafeln.
Tourenbeschreibung Mit der Markierung rote 8 vom Parkplatz auf dem *Talweg Sommerseite*, oberhalb des Mühlbaches, an Pferdekoppeln und Fischteichen vorbei, leicht bergan zu einer Liegewiese mit Rastplatz, und ohne Richtungswechsel weiter zum *Buchbrunnen.*

Kurz danach biegen wir scharf links ab und folgen dem *Buchbrunnenweg* durch den Wald aufwärts.

Wir kommen zum Rastplatz an der *Schottischen Hütte,* mit einzigartigem Blick zum Heiligenberg (siehe Wanderung Nr. 34) und in die Rheinebene und erreichen etwa 500 Meter danach den *Schrägen Weg*, dem wir nach links zum Waldende folgen.

Hier biegen wir links ab und bummeln vorbei an der *Handschuhsheimer Hütte* auf dem *Oberen Bohofweg,* mit schönen Talblicken, zurück zum Ausgangspunkt.

(Foto: Ulrich Schnabel, Archiv DWV)

Wandern mit offenen Augen

(Bilder entnommen aus »Hallwag-Taschenbücher«, Hallwag Verlag Bern und Stuttgart, und aus »Der große Natur- und Landschaftsführer«, Mairs Geographischer Verlag, Stuttgart.)

Buche (Fruchtbecher mit Bucheckern)
Stieleiche (Eicheln und männliche Blüten)
Kuckuck
Sommerlinde (Blüten und Früchte)
Esche (a Blütenstand, b Früchte)

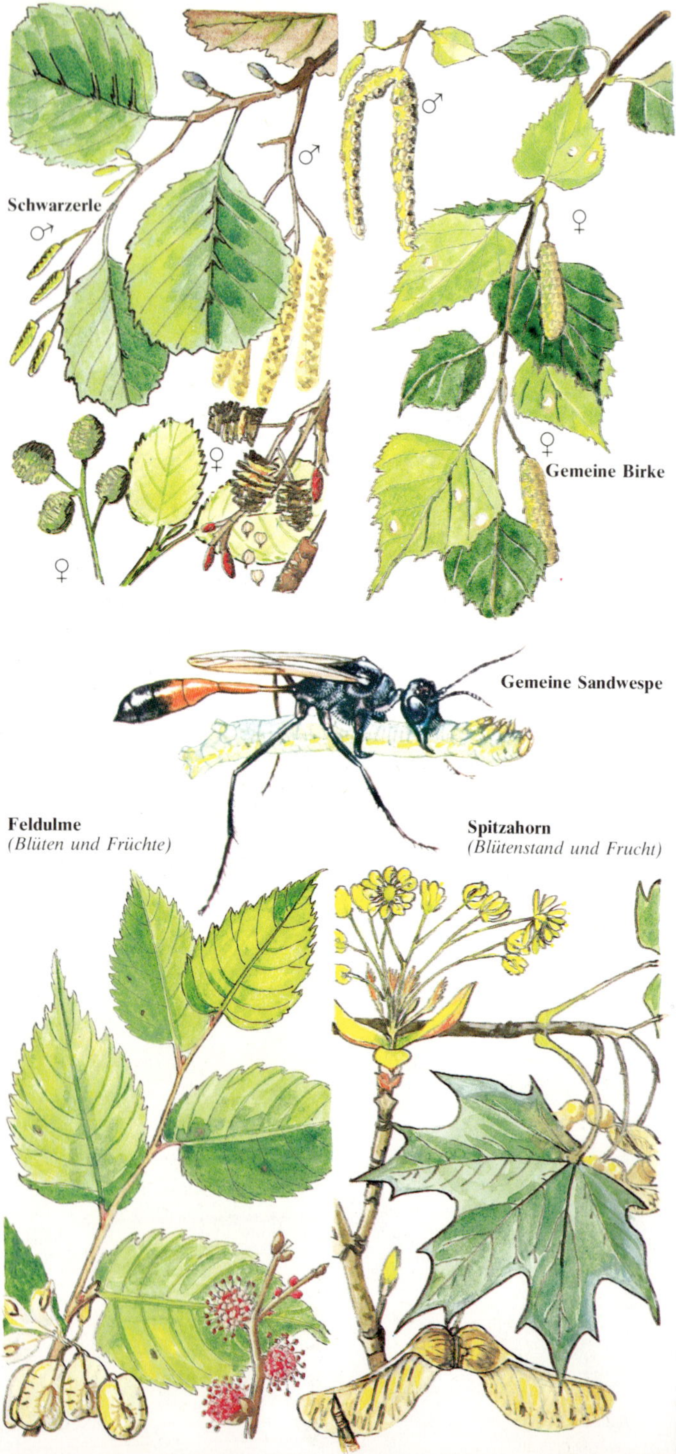
Schwarzerle
♂
♂
♀
♀
♂
♀
♀
Gemeine Birke
Gemeine Sandwespe
Feldulme
(Blüten und Früchte)
Spitzahorn
(Blütenstand und Frucht)

Zitterpappel *(weibliche und männliche Kätzchen)*

Silberpappel *(weibliche und männliche Kätzchen)*

Feuergoldwespe

Distelfalter

Silberweide *(männliche und weibliche Kätzchen)*

Ohrweide *(männliche und weibliche Kätzchen)*

Die Vogeluhr

Die Vögel des Waldes erwachen nicht alle gleichzeitig. Sie halten pünktlich ihre Zeiten ein, so daß sich eine *»Vogeluhr«* ergibt. Der Hausrotschwanz z. B. meldet sich 75 Minuten vor Sonnenaufgang zuerst; ihm folgen Singdrossel, Amsel (63 Minuten), Rotkehlchen (57 Minuten), Kuckuck (55 Minuten), Zaunkönig (48 Minuten) und Buchfink (29 Minuten). Kurz vor Sonnenaufgang kommen Zilpzalp, Specht und Kleiber. Star und Grünfink lassen sich Zeit bis nach Sonnenaufgang.

...Der größte Langschläfer unter den Vögeln ist aber – man sollte es nicht glauben – der sonst so flinke und vorlaute Sperling.

Anschriftenverzeichnis
Organisationen

Deutsches Jugendherbergswerk
Bismarckstraße 8, D-4930 Detmold

Europäische Wandervereinigung e. V.
Reichstraße 4, D-6600 Saarbrücken

Verband Deutscher Gebirgs- und Wandervereine e. V.
Reichstraße 4, D-6600 Saarbrücken

Deutsche Wanderjugend
Wilhelmstraße 39, D-7263 Bad Liebenzell

Touristenverein »Die Naturfreunde«, Bundesgruppe Deutschland e. V
Großglocknerstraße 28, D-7000 Stuttgart 60

Deutsche Zentrale für Tourismus e. V. (DZT)
Beethovenstraße 69, D-6000 Frankfurt 1

Deutscher Fremdenverkehrsverband e. V.
Niebuhrstraße 16b, D-5300 Bonn 1

Zu Tour 22 **Blick auf Buchen** (Foto: Verkehrsamt Buchen/Wolfgang Mackert)

Jugendherbergen

D-6930 Dilsberg
Postanschrift:
6903 Neckargemünd-Dilsberg,
Untere Straße 1

D-6930 Eberbach
Richard-Schirrmann-Straße 6

D-6950 Mosbach
Am Sonnenrain 60

D-6933 Reisenbach
Postanschrift: 6933 Mudau,
Gaimühler Straße 48

D-6900 Heidelberg 1
Tiergartenstraße 5

D-6972 Tauberbischofsheim
Schirrmannweg 2

D-6968 Walldürn
Auf der Heide 37

D-6940 Weinheim a. d. Bergstraße
Breslauer Straße 46

D-6980 Wertheim a. Main
»Jugendherberge Frankenland«,
Alte Steige 16

D-6100 Darmstadt
Am großen Woog,
Landgraf-Georg-Straße 119

D-6127 Breuberg
Burg Breuberg

D-6120 Erbach
Eulbacher Straße 33

D-6148 Heppenheim
»JH Starkenburg«

D-6948 Wald-Michelbach
Bürgermeister-Stein-Straße 11

D-6144 Zwingenberg/Bergstraße
»Carl-Ulrich-Jugendherberge«
Auf dem Berg 41

Naturfreundehäuser im Odenwald

Trommhaus
Mooswiese 67, D-6949 Grasellenbach Ot. Scharbach
Anfragen bei: Horst Schlehlein, Ladenburger Straße 24,
D-6940 Weinheim

Kohlhof
D-6905 Schriesheim-Altenbach
Anfragen bei: Doris Wagner,
Auf der Vogelstang 23,
D-6800 Mannheim 31

Wormster Naturfreundehaus am Borstein/Odenwald
Am Borstein, D-6141 Lautertal Ot. Reichenbach
Anfragen bei: Gerh. Albrecht, Hochheimer Straße 23,
D-6520 Worms

Riedberg-Heim
D-6100 Darmstadt-Eberstadt

Naturfreundehaus am Heidenacker
Außerhalb des Ortes 8
D-6105 Ober-Ramstadt

Darmstädter Naturfreundehaus
»Auf der Lenzwiese«
D-6128 Höchst/Odenwald
Ot. Hassenroth

Wanderführer Frankenwald

Begangen und beschrieben von Heribert Schiller.

Rund- und Streckenwanderungen zwischen Ludwigsstadt, Bayreuth und Hof. Wald, soweit das Auge blickt. 3000 km markierte Wanderwege, zwischen 200 und 700 Meter bergauf und bergab, das ist der Frankenwald, eines der schönsten deutschen Wandergebiete. Die in diesem Buch zusammengestellten und vom Autor so vortrefflich ausgewählten und erprobten Wanderrouten regen an, den Frankenwald als Wanderlandschaft zu entdecken und zu erleben. Wen der Frankenwald erst einmal in seinen Bann gezogen hat, den läßt er so schnell nicht wieder los.

Wanderführer Fränkische Schweiz und Frankenalb Nord

Die 100 schönsten Wanderungen: Rundwanderungen, Streckenwanderungen, Naturlehrpfade (eine Landschaft mit bizarren Felsen, Burgen, Höhlen und Städtchen mit zahlreichen Fachwerkhäusern).
Begangen und beschrieben von Heribert Schiller.

Wanderführer Altmühltal Südliche Frankenalb

Der Naturpark Altmühltal-Südliche Frankenalb, ältester der deutschen Naturparks, liegt im Herzen Bayerns. Kleine Städte und Dörfer, lichte Wälder und schroffe Felsen, Zeugnisse alter und ältester Kultur. Aus dem schier unerschöpflichen Angebot von Rund- und Streckenwanderungen sowie Natur- und Waldlehrpfaden, stellt dieser Band die lohnendsten vor.
Begangen und beschrieben von Heribert Schiller.

Wanderführer Fichtelgebirge

Die 100 schönsten Wanderungen: Rundwanderungen, Streckenwanderungen, Naturlehrpfade (ideales Wandergebiet, wildromantische Täler, durchzogen von einem Netz gut markierter Wanderwege).
Begangen und beschrieben von Heribert Schiller.

wandern + radwandern

Die zuverlässigen, tausendfach bewährten Wegweiser mit der Marke ‚Kompass' und dem roten Punkt

Die schönsten Wanderungen

Allgäu I:
Ober-/Ostallgäu
Allgäu II:
Region Westallgäu
Altmühltal/
Frankenalb Süd
Bayerischer Wald
Berchtesgadener Land
Bergisches Land
Bodensee und
Umgebung
Deutsch-Belgischer Naturpark:
Eifel Nord –
Hohes Venn
Eifel
Ems – Weser
Fichtelgebirge
Großer Fränkische-Schweiz-Führer
Fränkische Schweiz/
Frankenalb Nord
Frankenwald
Frankfurt-Offenbach
Hamburg, Wanderregion
Harz
Hohenlohe mit
Georg-Fahrbach-Weg
Holsteinische Schweiz
Hunsrück
Lüneburger Heide
Mark Brandenburg
Mittelrhein
Mosel, Wanderregion
Münsterland
Neckarland
Niederrhein
Oberbayern I:
Bayerische Voralpen/
West
Oberbayern II:
Bayerische Voralpen/
Ost
Oberschwaben
Odenwald
Ostfriesland
Pfalz
Burgen- und Felsenwanderungen
Pfalz
Großer Pfalz-Führer
Rhön mit Vogelsberg
Saarland
Sauerland
Schönbuch mit
Stuttgart
Schwäbische Alb
Schwäbischer Wald
Schwarzwald Nord
Schwarzwald Süd 1:
Kinzig – Feldberg
Schwarzwald Süd 2:
Feldberg – Rhein
Spessart
Taunus
Teutoburger Wald
Weser-Leine-
Bergland
Westerwald
Limes I:
Vom Rhein
zum Main
Limes II:
Von Miltenberg
bis Lorch/Remstal
Limes III:
Lorch/Remstal
bis Donau

Streckenwanderwege

Deutschland-Wanderung
von JH zu JH
Ahrhöhenwege/
Ahrtalwege
Albrandweg
Lech – vom Ursprung
bis zur Mündung
Mainwanderweg
Main-Donau-Wege
Main-Neckar-Rhein:
Wanderweg
Baden-Württemberg
Moselhöhenwege
Rheinhöhenwege
Sauerland-Höhenring
Schwarzwaldhöhenwege
Fernwanderwege im Voralpenland
(König-Ludwig-Weg/
Lech-Höhenweg/
Schwäb.-Allgäuer
Weg/Prälatenweg)
Westpfalz-Wanderwege

Wandern in Europa

Dolomiten
Harz-Niederlande-Wanderweg
Kanarische Inseln
Luxemburg
Riesengebirge
Schweizer Jura/
Genfer See
Tschechoslowakei
Vogesen Nord
Vogesen Süd

Europäische Fernwanderwege

E 1: Flensburg–Genua
E 2: Holland–Mittelmeer
E 3: Böhmerwald–Atlantik
E 4: Pyrenäen–Neusiedler See
E 5: Bodensee–Venedig
E 6: Ostsee–Adria
Lexikon Europäische Fernwanderwege
Große Wanderwege – Übersichtskarte 1:550 000 BRD
Europäische Fernwanderwege/Internationale – und Hauptwanderwege (Auswahl)

Wanderbares Österreich

Burgenland
Kärnten
Oberösterreich
Salzburger Land
Tirol
Osttirol
Vorarlberg
Wien, Wanderregion

Stadtwanderführer

Berlin/West
Zu Fuß durch Stuttgart

Die schönsten Radtouren

Allgäu/Bodensee
Bayerischer Wald
Bergisches Land mit Siegerland
Berlin/West
Der Donau entlang: Vom Ursprung bis Wien
Eifel
Fränkische Schweiz/Frankenalb/Altmühltal
Harz/Weser/Leine
Hohenlohe/Taubergrund
Hunsrück/Pfalz/Saar
Lüneburger Heide mit Wendland
Münsterland
Niederrhein/Hohe Mark
Nordfriesland mit Hamburg
Nordhessen
Oberrhein/Elsaß/Vorderpfalz
Oberschwaben/Bodensee
Odenwald/Spessart, Kinzigtal
Ostfriesland und Unterweser
Ostsee und Holsteinische Schweiz
Rhein-Main-Nahe
Set Radwandern in Rheinland-Pfalz inkl. 3 Radwanderkarten 1:100 000
Ruhrgebiet
Sauerland
Schwäbische Alb
Schwäbischer Wald/Neckarland
Schwarzwald
Taunus/Wetterau
Teutoburger Wald/Weser/Wiehen- und Eggegebirge
Voralpenland I: Iller-Donau-Lech
Voralpenland II: Lech-Donau-Salzach
Westerwald mit Siebengebirge
Rad-Deutschland-Tour: Von JH zu JH
Radfernwandertouren BR Deutschland
Frankreich
Niederlande

DJH-Wegweiser

Wandern mit Kompaß und Karte
Spuren der Römer im Rheinland
Wandern mit Kindern und Jugendlichen
Wandern gut geplant und vorbereitet
Radwandern gut vorbereiten: Technik, Tips
Pflanzen und Tiere (Gewässer)
Pflanzen und Tiere (Gebirge)
Fossilien
Mineralien

Wandern mit Kindern und Jugendlichen

Wandernd die Natur erleben: Spiele, Abenteuerwanderungen, Wander-Rallye und viele weitere Möglichkeiten. Dargestellt von der Deutschen Wanderjugend.

Wandern mit Kompaß und Karte

und anderen Hilfsmitteln zur Orientierung. Beschrieben von Heinrich Streich.

Radwandern gut vorbereiten. Technik, Tips

Rund ums Rad. Kleine Geschichte des Fahrrades. Aufbau und Funktion. Pflegen – Reinigen – Warten. Das richtige Fahrrad. Verhalten im Verkehr.

Pflanzen und Tiere

an Bächen, in Flüssen und Seen.

Wandern gut geplant und vorbereitet

Ratgeber und Wanderregeln. Beschrieben von Friedrich Schuhmacher.

Auf den Spuren der Römer im Rheinland

Ausflüge zu Überresten aus römischer Zeit. Beschrieben von Werner Schönhofen.

Auf den Spuren der Römer vom Main zur Rems

44 Rundwanderungen zu den schönsten Limesstrecken und zu sehenswerten römischen Bauresten. Beschrieben von Karlheinz Eckardt.

Auf den Spuren der Römer von der Rems zur Donau

44 Rundwanderungen zu den schönsten Limesstrecken und zu sehenswerten römischen Bauresten. Beschrieben von Karlheinz Eckardt.

Die Deutsche Wanderjugend (DWJ) ist die Jugendorganisation des Verbandes Deutscher Gebirgs- und Wandervereine. Die jugendlichen Mitglieder von sechs bis 25 Jahren pflegen natürlich das Wandern in kind- und jugendgerechten Formen. Die Deutsche Wanderjugend wanderte schon lange aus Freude an der Natur und aus Spaß, bevor das „Volkswandern" erfunden wurde. Die Kinder und Jugendlichen bei der Wanderjugend lernen, wie man richtig wandert, erfahren alles über eine wandergerechte Ausrüstung von den Wanderschuhen bis zum Rucksack und üben den Umgang mit Kompass und Karte.

Wandern ist aber nur ein Teil der Aktivitäten. Die Jugendarbeit der Deutschen Wanderjugend umfaßt ein viel breiteres Angebot. Die Jugendgruppen der Wanderjugend legen die Inhalte und Schwerpunkte ihrer Arbeit selbst fest. Im Rahmen einer sinnvollen aktiven Freizeitgestaltung werden in der Gruppenarbeit oft musisch-kulturelle Aktivitäten bevorzugt: Basteln, Werken, Pantomime, Laienspiel, kreatives Gestalten, Singen und Instrumentalspiel, Volkstanz. Die vielfältige Bildungs- und Jugendarbeit der Deutschen Wanderjugend erstreckt sich auf Freizeiten, Fahrten, Zeltlager, Lehrgänge zur politischen Bildung, internationale Jugendbegegnungen.

Eine wichtige Aufgabe stellt der aktive Natur- und Umweltschutz für die Wanderjugend dar. Dabei steht v. a. die Erziehung und Bildung der Kinder und Jugendlichen zum umweltbewußten Menschen im Vordergrund.

Wer mehr über uns, die DWJ, wissen will, schreibt an die

DWJ-Bundesgeschäftsstelle, Wilhelmstraße 39, D-7263 Bad Liebenzell.